KB269213

자녀 교육의
비법은 없다

자녀 교육의
비법은 없다

자녀 교육의
비법은 없다

이 성 호 (연세대학교 교육학과 교수) 지음

문이당

책머리에

1994년 9월, 그때 나는 연세대학교 교수로서 겸직으로 맡았던 교육부 대학정책실장을 그만두고, 모처럼 쉴 수 있는 시간을 얻어 자녀 교육에 대한 그동안의 생각을 정리해서,《지금 당신의 자녀가 흔들리고 있다》를 출판하였다. 그 후 연세대학교 중앙도서관장, 교육과학대학장, 일반대학원장, 행정·대외부총장 등의 행정 보직을 수행하면서, 또 한편으로는 교수로서 본래의 책무인 교육과 연구 활동을 하느라 정신없이 보냈다.

그러다가 꼭 10년 만인 2004년 3월, 나는 모든 대학 내 행정 보직으로부터, 그리고 대학 밖의 모든 활동으로부터 물러나 모처럼 교육과 연구에만 전념할 수 있는 시간을 얻게 되었다. 그리고 다시금 그동안 끈질기게 계속되어 온 많은 사람들의 간곡한 요청을 받아들여, 자녀 교육에 대한 생각을 또 한 번 정리하여 책으로 출판하게 된 것이다.

옛말에 10년이면 강산이 변한다고 했지만, 지금의 초고속 정보 통신 및 과학 기술 시대에는 변화의 속도 그 자체가 너무나도 빨라서 우리의 삶에서도 하루가 다르게 많은 변화가 일어나고 있다. 그럼에도 세상사에는 결코 변화하지 않는 기본 원리들이 있다. 자녀 교육의 기본 원리가 바로 그렇다. 이를테면 제아무리 세상이 바뀐다 해도 자녀에 대한 부모의 사랑에는 변함이 없다. 이 책에서 기술한 자녀 교육 원리들은 10년 전에 내가 쓴 《지금 당신의 자녀가 흔들리고 있다》나 그 후에 쓴 《흔들리는 부모 방황하는 아이들》 속에 제시된 기본 원리들과 크게 다르지 않다.

다만, 나는 이 책을 쓰면서 나의 어린 시절을 많이 회고하였다. 나도 이제 나이가 들었는가 싶다. 옛날 어린 시절이 떠오를 때가 많은 것을 보면 말이다. 이번 책은 어찌 보면 내 삶에 대한 회고와 자녀 교육의 원리를 접목시킨 자전적 자녀 교육 에세이이기도 하다.

또한 10년 전 자녀 교육에 관한 책을 집필했을 때나 지금이나, 한국의 교육 상황은 크게 달라진 것이 없다. 특히 학교 교육에 대한 불신과 날로 치열해지는 입시 경쟁 안에서 학부모들이 자녀를 정말로 어떻게 키워야만 하는가를 고민하고 있다는 점에서는 큰 변화가 없다. 아직도 많은 부모들이 자녀 교육에 관한 가치 혼란을 경험하면서 흔들리고 있다. 한국 교육 전체에 대한 비애를 느끼고 혼돈스러워하고 절망하기도 한다. 어떤 젊은 부부들은 그런 환경 속에서 자녀를 키우기가 힘들 것 같아 자녀 출산을 아예 미루거나 포기하는 경우까지 있다. 아예 초등학교 때부터 외국에 내보내서 그곳에서 학교 교육을 받도록 하고 싶어하는 부모들도 많다. 그런가 하면 홈 스쿨링을 하겠다는 부모들도 조금씩 나타나고 있다. 이처럼 학부모들의 자녀 교육에 대한 갈등과 혼돈이 날로 증대되고 있음은 실로 안

타까운 일이다. 이 작은 책이 그런 학부모들에게 조금이라도 위안이
되고, 또 자녀 교육의 어떤 방향을 정하고 원칙을 세우고 행동으로
실천하는 데 도움이 되었으면 하는 바람이다. 그래서 지금의 이 혼
돈을 극복하고 희망에 찬 삶을 자녀들과 함께할 수 있으면 좋겠다.

개인적으로는 이 책을 한창 집필하던 중, 작년에 출가한 큰아들 녀
석으로부터 아들을 낳았다는 기쁜 소식을 들었다. 나는 이 책을 우
선 아들 내외가 읽고 자녀 교육의 본을 그들이 행동으로 보여 줌으
로써, 아버지의 생각을 이어받아 주기를 바란다. 물론 그 과정에 혹
시나 이 아버지의 생각이 잘못된 것이라면 주저 없이 내게 조언을
해주기를 바란다.

그동안 30년 넘게 열정, 애정, 우정, 동정의 관계로 함께 살아오면
서, 내 생각을 정리하는 데 많은 도움을 준 아내, 특히 할머니가 되었
다는 흥분 가운데서도 더위를 이겨 내며 침착하게 교정을 봐주고 조
언을 해준 아내에게 고마움을 표한다.

2004년 7월

이 성 호

차 례 / 자녀 교육의 비법은 없다

4장 관계(關係)

5장 경험(經驗)

6장 기초(基礎)

1장 자존(自尊)

너만이 아니라, 이 세상 그 누구든
각자 쓰임새가 있어 이 땅에 태어난
귀중하고 존엄한 존재이다.

오래전 어느 연구 단체에서 서울 시내 중학교 학생 2,000명을 무작위로 표집하여 의식 조사를 한 적이 있었다. 그때 제시된 설문 가운데 하나는 「당신은 지금 자신이 이 땅에 존재할 가치가 있다고 생각하는가?」 하는 것이었다. 응답은 리커트(Likert) 식 5단계 평정 척도로 하게 되어 있었다. 즉, 〈① 전혀 그렇지 않다 ② 대체로 그렇지 않다 ③ 그저 그렇다 ④ 대체로 그렇다 ⑤ 매우 그렇다〉의 다섯 단계였다. 응답자 중, 이 다섯 개 가운데서 긍정적인 ④와 ⑤에 표를 한 학생은 불과 27퍼센트밖에 되지 않았다. 뒤집어서 얘기하면 지금 거리에 지나다니는 중학생 가운데 자신의 존재 가치를 느끼지 못하는 학생이 73퍼센트나 된다는 것이었다.

그런데 문제는 거기에서 끝나는 것이 아니다. 일반적으로 자신의 존재 가치를 세우려면 먼저 타인의 존재 가치를 인정해야 된다. 즉, 타인의 존재 가치를 인정하지 못하면 그것은 결국 자신의 존재 가치를 세우지 못하는 것이 된다. 그러한 현상은 부부간에도 나타난다. 즉, 남편이 자신의 존재 가치를 세우려면, 먼저 아내의 존재 가치를 인정해야 한다. 아내 역시 자신의 존재 가치를 세우려면 먼저 남편의 존재 가치를 인정하고 높이 세워 주어야 한다. 이렇게 볼 때 73퍼센트의 중학생들이 자신의 존재 가치를 느끼지 못한다는 것은, 결국 그 학생들이 그만큼 다른 사람의 존재 가치도 인정하지 못하고 있다는 뜻으로 확대하여 해석할 수도 있다. 이러한 것이 곧 지금 우리

초·중등학교에서 일어나는 '왕따'와 같은 현상을 더욱 부추기는 것이 아닌가 싶다. 자신의 존재 가치를 세우는 일은 결국 자신이 이 땅에 쓰임새가 있어 태어났음을 스스로 확인하는 것이다. 그리고 타인의 존재 가치를 인정하는 것은 바로 그 타인도 이 땅에 쓰임새가 있어 태어났음을 인정하고 확인하는 것이다.

우리가 자녀들에게 키워 주어야 할 여러 가지 목표들 가운데 중요한 하나는 바로 타인의 존재 가치를 인정함으로써 자신의 존재 가치를 세우도록 하는 일이다. 그렇게 하기 위해서, 부모는 먼저 자녀들의 존재 가치를 세워 주고 인정해 주어야 한다. 비록 가난해서 춥고 배고파도 아이들은 우리 어른들처럼 그것을 이겨 낸다. 그러나 정말 못 견뎌 하는 것은 자신들의 존재가 무시될 때이다. 어른들도 마찬가지 아닌가? 가난하다고, 못 배웠다고, 가방끈이 짧다고, 출신 학교가 어떻다고, 못생겼다고, 힘이 없다고, 심지어는 고향이 어디라고 해서 사람을 통째로 무시해 버릴 때, 우리는 얼마나 못 견뎌 했는가? 아니꼽고, 분하고, 치사하고, 더러운 기분을 느끼지 않았던가? 그런 것은 아이들도 마찬가지다.

성경에도 씌어 있다. 「또 아비들아 너희 자녀를 노엽게 하지 말고 오직 주의 교양과 훈계로 양육하라」(에베소서 6:4). 이는 자녀 교육에 관한 바울의 충고이다. 그렇다면 자녀들은 어떨 때 가장 분노하는가? 바로 그들 자신의 존재 가치가 무시되고 위협받을 때일 것이다.

놀고먹는 것도 모두 하나님의 뜻이다

어떤 곤충학자가 개미들의 생활을 관찰하고 실험을 했다고 한다. 개미는 여러 곤충 가운데서도 인간의 삶을 가장 많이 닮은 사회적인 곤충이라고 한다. 예컨대 그들 무리들 간의 전쟁은 사람들의 국가 간, 부족 간의 전쟁과도 흡사하고, 어떻게 보면 개미들은 인간들의 전쟁보다도 더 잔인한 싸움을 벌이기도 한다.

곤충학자가 개미들의 굴을 파보았더니, 굴 안에 수백 마리의 개미가 부지런히 움직이고 있었다. 그냥 쉬거나 놀거나 드러누워 있거나 엎드려 있는 개미는 한 마리도 없었다. 모두가 바쁘게 움직이고 있었다. 이리 뛰고 저리 뛰고, 줄지어 계속해서 어딘가를 향해 내달리고 있었다. 그런데 그들의 움직임을 자세히 관찰해 보니, 그들 가운데 진짜 생산적인 일을 하느라 바삐 움직이는 개미는 전체의 20퍼센트 정도에 불과하였다. 나머지 80퍼센트는 괜스레 왔다 갔다 하고 있었던 것이다. 결국 먹이를 구해서 나르고 모으고 하는 일은 20퍼센트의 개미들이 하고 있었고, 나머지 80퍼센트는 그냥 놀고먹는 개미들이었다.

그러다 보니, 열심히 일하는 20퍼센트의 개미들은 아무리 먹이를 물어 와도 늘 배가 고팠다. 그리고 놀고먹는 80퍼센트가 미워졌다. 죽었으면 좋겠다는 생각까지 들었다. 저들만 없으면, 우리끼리 언제고 배불리 먹고 편히 살 터인데……. 이런 마음을 알아차린 곤충학자는 재미난 생각을 했다. 저 개미들을 두 집단으로 떼어 놓으면 어떻게 될까? 그는 우선 열심히 일하는 20퍼센트의 개미들을 하나씩 집어내어 한쪽 굴에 몰아넣었다. 그 속에서 너희끼리 살라고. 너희끼리 배불리 먹으라고. 너희는 모두가 열심히 일하는 친구들이니까. 그리고 나머지 놀고먹는 80퍼센트의 개미들을 모아서 다른 굴에 넣었다. 그러고는 걱정했다. 이런 친구들끼리 몰아넣어 놓으면, 결국 모두 굶어 죽게 되지 않을까?

얼마간의 세월이 지났다. 곤충학자는 굴을 조심스레 다시 파보았다. 열심히 일하는 20퍼센트의 개미들을 모아 놓은 곳에서는 어떤 변화가 일어났을까? 모두들 살이 엄청 쪘겠지. 그리고 늘 놀고먹던 80퍼센트의 개미들은 모두들 비실거리고 있겠지. 먹지 못해서 야윌 대로 야위어 있을 거야. 그러나 굴을 파본 그는 놀라지 않을 수 없었다. 전혀 예상 밖의 일이 일어났던 것이다.

열심히 일하는 20퍼센트의 개미 집단은 살이 뒤룩뒤룩 찌기는커녕, 원래의 모습 그대로였다. 즉, 그들 가운데 다시금 20퍼센트만 열심히 일하고, 나머지 80퍼센트는 또 놀고먹는 것이었다. 열심히 일하는 녀석들만 몰아넣어 두었던 것인데도.

그러면 놀고먹기만 하던 개미들을 모아 놓은 곳은 어떻게 되었을까? 모두들 말라비틀어져 거의 죽기 직전에 놓여 있을까? 아니었다. 일하기 싫어하는 녀석들끼리만 모아 두었더니, 그 가운데서 다시금 20퍼센트가 나와서 낑낑대며 일해 그들 역시 굶어 죽지 않았더라는 것이다.

결국 개미 집단은 그들이 어떻게 구성되든 간에, 그들 가운데 20퍼센트는 열심히 일하고 80퍼센트는 놀고먹는다는 결론이 내려졌다. 이것이 그 유명한 20 : 80의 논리이다. 즉, 100 가운데서 20 정도는 쓸모 있고 그 조직에 도움을 주지만, 80 정도는 조직에 도움이 되지 않는, 그래서 쓸모 있는 20에게 피해를 준다는 것이다.

물론 여기서 중요한 것은 20 : 80이라는 비례가 아니다. 그것은 얼마든지 달라질 수 있다. 30 : 70일 수도 있고 10 : 90일 수도 있다. 또 아예 뒤집어서 90 : 10 혹은 80 : 20일 수도 있다. 이를테면 어느 회사의 사원들 중 80퍼센트는 열심히 일하고, 20퍼센트는 없어도 될 만큼 별로 하는 일 없이 봉급만 챙기는 사람일 수도 있다는 것이다. 또는 99퍼센트가 열심히 일하고 1퍼센트가 그렇게 놀고먹을 수도 있는 것이다. 이런 현상은 큰 조직이든 작은 조직이든, 또는 회사와 같은 공조직이든 친구들 모임과 같은 사조직이든, 어디에서든 나타난다. 이를테면 열 명 남짓 모이는 어느 초등학교 반창회 모임에 가도 아홉 명은 회비도 잘 내고 모임에 열심인가 하면, 한 명은 그렇지 않을 수가 있다. 회비를 내는 것은 고사하고 모임에도 자주 빠질뿐더러 그나마 나오면 불평이나 늘어놓고 친구들 험담이나 하고 해서 문제를 일으키기 때문에 아예 안 나오는 게 더 나을 정도다. 그런 식의 현상은 지위가 높은 사람들의 모임에도 있고, 대학교수들의 조직체에도 있다. 아니, 형제지간에도 있고 교회 전도회 모임에도 있고 어른들 모임에도 있고 아이들 모임에도 있다. 배운 사람들끼리 모인 단체에도 있고 많이 배우지 못한 사람들 모임에도 있다.

미국 대학의 경우이다. 3,000여 개가 넘는 4년제 정규 대학에서 교수들은 저마다 엄청난 양의 연구 업적을 쏟아 낸다. 그런데 여기서 재미있는 것은 그 연구 업적을 누가 얼마큼이나 만들어 내느냐 하는 것이다. 전체 연구 업적의 90퍼센트 이상을, 전체 대학교수의 10퍼센트가 만들어 낸다는 점이다. 그것은 아마 우리나라 대학교수들 사회에서도 비슷하리라고 본다.

그렇다면 하나님의 섭리로 느껴지기까지 하는 이러한 양태는 결국 무엇을 의미하는가? 쉽게 말하자면, 이 세상은 결코 그저 잘난 사람만으로 구성되지는 않는다는 것이다. 세상에는 많이 배우고, 똑똑하고, 선하고, 그래서 사회에 기여하는 바가 많은 그런 사람들만으로 가득 차도록 만들어진 것은 결코 아니라는 것이다. 세상엔 온갖 사람들이 다 있게 마련이다. 남들보다 좀 덜 배우고, 별로 똑똑하지도 못하고, 있으나 마나 하듯이 사회에 보탬이 되지 않는 사람들도 있게 마련이다. 앞에서도 이야기했지만, 조그만 모임이나 단체나 조직에서도 여러 유형의 사람들이 있다. 사람이 모여 있는 곳이면 어디든 다양한 종류의 사람들이 저마다의 특성으로 존재한다.

그렇다면 그러한 구성에 있어 무엇이 문제인가? 문제는 개미 집단에서 80퍼센트에 속하는 무위도식하는 개미들과 같은 사람들을 그렇지 않은 20퍼센트의 사람들이 그들의 존재를 통째로 무시하고, 천시하고, 얕잡아 보고, 욕하고, 소외시키는 데서 발생한다.

어느 아파트 단지에서의 일이다. 한곳에 오래 살다 보면 으레 앞집, 옆집, 아래층, 위층 할 것 없이 서로들 알게 된다. 예전엔 반상회라는 것이 있어서 사람들이 이따금 한데 모이기도 했다. 요즘은 비록 그런 것이 없더라도 한 아파트에 사는 사람들끼리 이런저런 동호 모임을 갖기도 한다. 골프 모임도 갖고, 테니스 모임도 갖고, 등산이나 낚시 같은 것을 함께하기도 한다. 이른 아침 아파트 뒷동산에 함께 모여 운동도 한다. 또 여자들의 경우에는 자녀들이 같은 학교에 다니다 보면, 그 학교의 어떤 행사에서도 마주치고 만난다. 그래서 서로 친해지고 가까워진다. 그러다 보면 만나서 이런저런 얘기, 이를테면 아이들이나 남편, 주차장 문제, 쓰레기 버리는 문제 등과 같은 얘기를 나눈다. 또 그러다가 어느 집 누구에 대한 얘기를 하기도 한다.

「영미 엄마, 601호에 사는 여편네, 근래 만나 본 적 있우?」

「왜?」

「나, 참, 그 여편네 꼴 보기 싫어서 내가 이사를 가든지 해야지, 정말 한 아파트에서 같이 못살겠어. 여자가 어쩜 그런지 몰라?」

「왜? 무슨 일 있었우?」

「글쎄, 저번에 왜 비 많이 온 토요일 날 아침에 말이야, 내가 우유를 사려고 나갔더니, 글쎄 이 여편네가 쓰레기 한 봉지를, 그것도 아마 음식 쓰레기인가 봐. 축축해 보이는 것이, 글쎄, 그것을 그냥 엘리베이터 안에다 놓아두고 내리지 않겠어? 자기 말로는 밖에다 버리려고 했는데, 비가 와서 비 그친 다음에 버리려고 잠깐 엘리베이터에 놓아둔 거래……」

「어머머…… 아니, 그 여자가 그렇게 말했어?」

「그래, 내가 물어봤잖아! 마주쳤거든. 요새 여름이라 얼마나 더워. 그걸 그냥 엘리베이터 안에다 놓아두면, 오르락내리락하면서 좀 냄새를 풍기겠어? 이번이 처음이 아닌 것 같아. 그전에도 엘리베이터 안에 쓰레기 봉지가 있어서, 이상하게 생각했거든. 도대체 누가 이런 짓을 하는지……」

두 사람은 침을 튀겨 가며 601호 여자를 욕했다. 그리고 한 아파트에 살기는커녕 상종을 해서는 안 될 인간으로 결론지었다. 물론 그런 짓을 한 그 여자에게 잘못이 있다. 그러나 그렇다고 해서, 그 사람이 이 세상에 존재할 가치가 전혀 없는 그런 사람인가. 꼭 쓰레기를 엘리베이터에 버려서가 아니라, 한 아파트에 살다 보면 그 어떤 일로든 다른 사람들에게 피해를 주거나 최소한 도움이 안 되는 사람이 한두 명은 늘 있게 마련이다. 그렇다고 해서 그런 사람이 이사를 가면 그 아파트에는 그야말로 100퍼센트, 모두 선하고 함께 살 줄 아는 그런 사람들로만 가득 차리라고 생각하는가? 결코 아니다. 어디에 가든 정도의 차이는 있어도 그런 사람들이 꼭 있게 마련이다. 그런 사람들은 하나님의 섭리인지는 몰라도, 그런 짓을 하는 것이 그들의 소임인 양 그곳에 그렇게 보내진 사람이라고 생각해야만 한다. 어찌 보면 그 사람들에게 고마워해야 할 일이다. 왜냐하면 그 사람들이 그런 역할을 안 해주면 우리들 가운데 누군가가 그런 역할을 맡아야만 할 것 아닌가? 그러니까 그들 역시 우리 사회에서 매우 중요한 존재 가치를 지닌 사람들이다. 그들도 다 저마다 존엄한 존재요, 드높은 가치를 갖고 이 땅에 태어났음을 인정해 주어야만 한다. 또한 그것은 결국 그들을 통해서 나 자신의 존재 가치를 세우는 일이 되는 것이기도 하다.

성경에도 씌어 있다. 이 땅의 모든 사람들은 저마다 쓰임새가 있어서 태어난 것이라고. 그렇다면 하나님께서는 왜 악인을 만들어 내셨을까? 악인도 쓰임새가 있어서 만드셨다고 한다. 이를테면 악인은 악한 시대에 쓰임받기 위해 태어난 것이다. 그러고 보면 지금처럼 악한 시대에, 그들이 쓰임받고 있는 것 아니겠는가! 그러니까 그들에게도 존엄한 존재 가치를 부여해야 하지 않겠는가?

이 세상 그 누구든 모두 저마다 소중한 존재이다. 내 자식만이 아니라 남의 자식들도 모두 소중한 존재이다. 내 아이에게만 너는 이 땅의 소중한 존재라고 가르치는 일은 매우 위험하다. 이 땅에서 함께 살아가려면, 아이들이 자기 자신뿐만 아니라 자신과 이웃하는 모든 친구들, 모든 사람들이 다 저마다 하나님으로부터 귀한 쓰임새로 지명받아 태어났음을 인식하도록 가르쳐야 한다. 그것이 곧 자녀들이 각기 자신의 자존 의식을 세우는 일이 된다.

상대방의 존재 가치는 인정하지 않으면서 자기 자신의 존재 가치만 내세우는 지극히 이기적이고 편협한 사람으로 자녀가 성장하기를 원하는 부모는 결코 없으리라고 본다.

그 아이들도 공부를 못하는 것은 아니다

앞에서 이야기한 개미들의 20 : 80 현상을 우리나라 고등학교 교실에 적용시켜 보면, 아마도 25 : 75쯤이 될 것이다. 예를 들어 한 반에 평균 40명 정도라고 하면 25퍼센트, 즉 열 명쯤은 공부를 잘하는 학생들이고, 75퍼센트인 서른 명은 공부를 잘 못하는 학생들이다. 여기서 공부를 잘하는 학생이냐 못하는 학생이냐의 기준은 대체로 4년제 대학에 갈 수 있느냐 없느냐 하는 것이다. 25퍼센트에 속하는 열 명의 학생들은 그래도 번듯한 4년제 대학에 갈 수 있는 학생들이고, 75퍼센트에 속하는 서른 명의 학생들은 상대적으로 그렇게 하기가 어려운 학생들이다.

그러면 여기서 무엇이 문제가 되는 것인가? 4년제 대학에 갈 수 있느냐 없느냐 하는 것이 문제가 아니다. 문제는 4년제 대학에 갈 수 있는 열 명에 대한 대접(?)과 그렇지 못한 서른 명에 대한 인간적 대접이 다르다는 데 있다.

예컨대 어느 부모의 경우, 자신의 자녀가 그 25퍼센트에 속해 있다고 하자. 그럴 때 부모는 그 자녀를 어떻게 대하겠는가? 열 명 안에 드는 자녀가 들어왔다. 학교에서 자율(보충) 학습까지 마치고 저녁 늦게 집에 들어왔다. 그 엄마는 아이를 맞으며 가슴 깊은 곳에서 우러나오는 사랑의 정을 잔뜩 마음에 실어 아이에게 말을 건넨다.

「지금 오니? 배고프지?」

「아니에요. 학교에서 저녁 먹었어요.」

「비 안 맞았어? 아까 비 오는 것 같았는데.」

「조금밖에 안 맞았어요.」

「그래? 엄마한테 전화하지. 그러면 엄마가 데리러 갔을 텐데.」

「아니에요. 괜찮았어요.」

「그래! 그런데 엄마가 너 오면 주려고, 아주 맛있는 고구마 쪄놨다. 밤고구만데 정말 맛있어. 어서 손 씻고 와. 엄마가 까놓을게.」

「괜찮은데요.」

「아니야, 어서 씻고 이리 와 앉아.」

아이는 손을 씻고 부엌으로 왔다. 그리고 조그만 간이 식탁 앞에 앉았다. 아이를 대견한 눈빛으로 바라보던 엄마는 말을 잇는다.

「한 개만 먹어. 너무 많이 먹으면 졸릴지도 모르니까…… 애, 너 주스하고 먹으련, 물하고 먹으련? 뭘 줄까?」

「주스요.」

「그래, 비타민이 많이 들어 있는 오렌지 주스가 좋겠다. 근데, 천천히 먹어. 꼭꼭 씹어 먹고…… 이따가 공부하다 졸리거나 배고프면 엄마가 공주떡 녹여 놓은 것도 있으니까, 꺼내 먹으렴.」

「알았어요.」

정말 정이 차고 넘치는 대화다. 아이는 고구마보다는 엄마의 사랑, 엄마의 지극한 정성이 더 맛있고 좋았을 성싶다.

그런데 만약 서른 명 중에 속하는 자녀가 집에 와도 엄마는 그렇게 똑같이 사랑을 듬뿍 담아, 비 맞았을까 걱정하며, 고구마를 까주고 주스를 따라 주었을까? 공부를 못하는 아이들이 성격은 오히려 쾌활하고 좋은 경우가 많다. 서른 명 중에, 그것도 저만큼이나 뒤편에 줄 서 있는 작은아들이 집에 들어왔다. 물론 형은 열 명 중에 속해 있었고. 학교에서 보충(자율) 수업도 빼먹고 집에 일찍 들어온 작은아들은 문을 열자마자 집 안에서 모락모락 풍기는 고구마 냄새를 맡고는 씩씩하게 말한다.

「엄마! 고구마 쪘어요? 야, 맛있겠다.」

그리고 아이는 쏜살같이 엄마가 있는 부엌으로 돌진한다.

「엄마, 고구마 쪘지. 내 코는 못 속여. 하나 먹어 보자, 응?」

그때, 엄마는 아이를 째려보듯 하면서 응답한다.

「공부도 못하는 게 콧구멍은 뚫려 가지고…… 야! 공부를 좀 그렇게 해봐! 공부는 못하면서 어떻게 먹을 궁리는 그렇게 잘하니!」

「…….」

아이는 아무런 대꾸를 못한다. 그러나 엄마는 계속 퍼붓는다.

「누가 너 먹으라고 쪄놓았냐? 네 형 학교에서 늦게 오면 배고플까 봐 쪄놨지! 그냥 놓아둬. 형 오면 먹으라고 하게. 넌 여기 찬밥 한 그릇 있으니까, 그냥 전자레인지에 데워서 먹든지 말든지 해! 거기 가스레인지 위에 아침에 먹다 남은 된장찌개 있으니까 데워서 먹든가…… 엄마는 들어가 볼게. 연속극 할 시간 다 됐네…….」

혼자 부엌에 남겨진 아이는 이내 자기 방으로 문을 쾅 닫고 들어가 버린다. 저녁도 안 먹는다. 그러면 그 아이는 방 안에 들어가서 무얼 할까? 무슨 생각을 할까? 아마 속으로 이렇게 중얼거릴 것이다.

'내 앞으로 평생 고구마를 입에 대는가 봐라! 절대로 고구마는 안 먹는다. 그래! 공부 잘하는 사람들이나 실컷 먹어라!'

속이 뒤집어질 것이다. 아니꼽고 더럽고 치사한 기분에 그 아이는 씩씩대며 가방 속의 책들을 내팽개치듯 꺼낼 것이다.

이런 일들은 집 안에서만 일어날까? 어쩌면 학교에서도 25퍼센트에 속하는 학생들과 75퍼센트에 속하는 학생들에 대한 선생님들의 태도가 크게 다를지도 모른다는 생각이 든다. 물론 모든 선생님이 그렇지는 않을 테지만, 혹시나 한두 분의 선생님이 그럴지도 모른다.

예컨대 25퍼센트에 속하는 열 명의 학생들을 대하는 선생님의 눈길은 따뜻하다. 선생님의 입가엔 미소가, 말에는 정이, 손길에는 따스함이 가득 배어 있다.

「구현아! 너 눈이 왜 그렇게 충혈되었냐?」

「괜찮아요. 별일 아니에요.」

그래도 안심이 안 되는 듯, 선생님은 사랑스럽게 구현에게 말을 한다.

「김구현! 너, 불안해할 필요 없어. 너 정도면 4년제 대학에 충분히 가고도 남아. 연세대도 갈 수 있어. 정 안 되면 ○○대에 가면 되고. 선생님이 장담해. 그러니 너무 걱정하지 말고, 자신감 갖고 남은 기간 동안 열심히 해.」

「네.」

「수능, 이제 40일 정도밖에 안 남았어! 너무 무리하지 말고 체력관리 잘해. 특히 수능 며칠 안 남았을 때 컨디션 조절을 잘해야 돼. 기껏 공부 잘해 놓고, 병나서 실력 발휘 못하는 일이 생겨서야 되겠니?」

「네.」

학생과 선생님의 대화는 정말 사랑이 넘친다.

그러면 75퍼센트에 속하는 서른 명의 학생들에게는 선생님이 어떻게 말할까? 어떤 마음으로, 어떤 태도로 그들에게 말을 건넬까? 가상해 본다.

「야! 너희들, 정말 계속 떠들 거야! 하여튼 공부 못하는 것들이 떠들기는…… 정말 어쩔 수가 없다. 야, 공부하기 싫으면 엎드려 잠이라도 자라! 야! 너, 민석이 이리 나와 봐. 뭐가 우스워. 선생님 말이 우습냐! 응?」

민석이 앞으로 불려 나가자 아이들은 잠시 조용해진다. 하지만 그 뒤쪽의 아이들은 모두 민석 편이라는 듯한 태도로 불러내는 선생님을 노려본다. 선생님 앞에 고개 숙이고 서 있는 민석에게 선생님은 쉬지 않고 이야기한다.

「야, 고개 들어! 너 뭐 하는 녀석이야. 너 학교 왜 다녀? 떠들려고 다니냐!」

그러면서 선생님은 출석부로 민석의 가슴을 쿡쿡 찌른다. 그러자 민석이 뒷걸음친다.

「어쭈, 피하는 거냐! 이리 와, 이리! 뒤로 가면, 어디까지 갈래. 교실 밖으로 나갈래? 이리 와봐, 이리!」

그러고는 민석의 귀를 잡아당긴다. 선생님은 무엇인가 분에 못 이기는 듯한 모습이지만 인내심을 발휘하여 민석을 자리로 돌려보내고는 다시금 75퍼센트의 아이들을 향해 소리친다.

「너희는 인간쓰레기야, 이 녀석들아! 학교에 왜 다녀, 이 한심한 친구들아!」

그렇다면 그런 이야기를 들은 학생들은 속으로 무슨 생각을 하고 앉아 있을까?

'아, 우리도 공부 열심히 하자! 그래서 다시는 이런 수모를 겪지 말자! 어떻게 해서든 우리도 저 25퍼센트 무리에 끼이도록 하자!'

그렇게 결심하면서 다짐할까? 오히려 그런 다짐보다는 속으로 자조 섞인 한탄을 하는 아이들이 많을지도 모른다.

'그래! 우린 쓰레기다. 그래, 쓰레기니까 분리수거나 해라. 너는 월요일 날 치워지고, 나는 화요일에 치워지고. 그래, 우리 모두 그렇게 해서 난지도에 가서 만나자꾸나…… . 학교에 왜 다니냐고요? 그래요, 우리도 학교 따위엔 안 왔으면 좋겠어요! 그런데 지금 이 시간에 우리가 갈 데가 어디 있냐고요! 학교 말고는 갈 곳이 없어 이러고 앉아 있는 거라고요. 맘대로 하세요. 때리려면 때리고, 내쫓으려면 내쫓고요…… .'

아마도 그런 식의 자포자기에 그냥 이글대는 분노를 삭이며 씩씩거릴 아이들이 더 많을지도 모른다. 물론 위에 적은 예는 가상으로 꾸며 본 것이다. 실제로는 그런 선생님이 한 분도 안 계시리라 믿고 싶다.

문제는 이것이다. 75퍼센트에 속하는 학생들이 정말 공부를 못하는 것일까? 그래서 그들은 최소한의 인간 대접도 받을 수 없는 것인가? 집에서고 학교에서고 공부라는 잣대 하나로 학생들을 선별해서 그렇게 차별 대우해도 되는 것인가? 그들은 아예 이 땅에 태어날 가치조차 없는 그런 아이들인가? 아니 가치 있는 존재로 태어나긴 했는데 성장 과정에서 점점 존재 가치가 없어진 것인가?

도대체 공부를 잘한다는 것이 무슨 의미인가? 25퍼센트에 속하는 열 명의 학생들이 공부를 잘한다는 소리를 듣는 것은 저희들이 정말 공부를 잘해서인가? 누구 때문에 그들이 그런 자리에 있는 것인가? 75퍼센트에 속하는 학생들이 뒤편에서 떠받쳐 주지 않는 한, 아니 아예 그 학생들이 교실에 없다고 한다면, 그래서 공부 잘하는 열 명만이 한 반을 구성하고 있다면, 그때도 열 명 모두가 공부 잘하는 아이로 그렇게 극진히 대접을 받을 수 있을까? 열 명만 있으면, 그 안에서 다시금 공부 잘하는 아이와 공부 못하는 아이로 구별될 것 아닌가? 이를테면 두세 명은 공부 잘하는 학생으로, 나머지 일고여덟 명은 공부 못하는 학생으로 말이다.

역으로, 75퍼센트에 속하는 서른 명의 학생들은 정말 공부를 못하는 것일까? 그 아이들은 그토록 어린 나이에 희망과 꿈을 접어 버려야 할 만큼 쓰레기 같은 존재로 취급되어야만 하는가? 만약에 공부 잘하는 열 명이 그 반에 없다고 하면 어떻게 될까? 분명 서른 명 중에서도 공부 잘하는 아이들이 나올 것이다. 그 서른 명 중에 공부 잘하는 아이들이 일고여덟 명은 나올 것 아니겠는가! 그럼에도 왜 우리는 그냥 무조건 두 집단으로 나누어 놓고, 한쪽을 공부 못하는 아이들로 낙인찍어 버리고 그들을 포기하려 드는 것일까?

앞서 이야기했던 개미들의 생태에서 20：80이 주는 의미를 학교 상황에서 따져 보았다. 오늘날 우리 가정이나 학교에서 그것이 주는 의미도 마찬가지라고 생각한다. 주어진 조건과 상황에서 그들이 상대적으로, 정말이지 집단 내의 상대적인 경쟁에서 설혹 다소 뒤진다 해도 그들 역시 공부 잘하는 아이들 못지않게 이 세상에 중요한 존재 가치를 띠고 태어난 것이다. 비록 지금은 그 집단에서 공부를 못하는 것이 그들의 역할일지 몰라도……. 그러나 그들도 다른 조건과 다른 상황에서 다른 집단에 있을 경우 얼마든지 남들보다 우수한 재능을 발휘할 수 있는 소중한 존재임을 스스로 느낄 수 있도록 해 주어야 한다. 그렇게 해서 그들이 자존 의식을 세울 수 있게 도와야 한다. 그리고 그들이 또 다른 친구들, 그가 공부를 잘하건 못하건 간에 상관없이, 다른 친구들의 존재 가치도 인정하고 드높일 수 있도록 도와야 한다. 학교에서의 왕따는 결코 교실 속의 한두 명에게만 해

당되는 문제가 아니다. 왕따는 모든 학생들에게 널리 번져 있다. 그
것을 해결하는 일도 바로 학생들 서로 간에 존재 가치를 인정하도록
격려하고 고무하는 일에서 출발해야 할 것이다.

바라보는 부모님의 마음은 즐거우시겠지요

　석사과정 대학원생으로 내 지도를 받으며 내 연구실 조교를 해온 동엽과 민수를 데리고, 저녁노을이 질 무렵 학교 근처 조그만 식당으로 모처럼 저녁을 먹으러 갔다. 동엽이 나중에 들려준 얘기로는, 민수가 무척이나 기뻐했다고 했다. 내가 그동안 학장, 대학원장, 부총장 등 행정 보직을 하느라고 연구실에 있지를 못했는데, 이제는 그런 것 다 그만두고 이렇게 연구실로 돌아와서 저희들과 저녁을 먹으러도 다니니, 매우 즐거웠다는 것이다. 그러잖아도 행정 보직을 맡아 너무 바쁘다 보니, 학생들하고 따듯한 차 한잔 나눌 여유도 못 가져서 늘 미안했는데, 동엽이 녀석의 그런 이야기를 듣고는 가슴속 깊이 더욱 미안한 마음이 들면서 앞으로 더 잘해 주어야겠다는 때늦은 다짐까지 하게 되었다.

　그날 우린 식당에서 이런저런 이야기를 하다가 마침 식탁에 놓인 주인 아주머니가 장식한 작은 대나무 분재에 함께 눈길이 쏠렸다. 언뜻 보기에는 퍽 예뻐 보였다. 작은 대나무 20여 개를 자그마한 화분에 빙 둘러 심어 놓았는데, 각각의 대나무가 양옆의 것들과 소녀의 땋은 머리처럼 맞물려 조화를 이루면서 자신들의 잎사귀들을 화분 가운데로 모아 하나의 예쁜 숲을 이루고 있었다. 얼핏 보기에는 인공의 흔적이 보이지 않았다. 그러나 가까이서 들여다보니 무성한 대나무 줄기 사이로 저 안쪽에 여러 개의 가느다란 철사가 대나무들을 이리 비틀고 저리 비틀고 있는 것이 보였다. 마치 시키는 대로 따라오지 않으면 뽑아 버리겠다고 협박을 하듯, 대나무 줄기들은 그 철사의 인도에 따라 제각기 좌우로, 똑같은 모습으로 몸이 비틀린 채 묶여 있었다.

주문한 음식이 나오자, 우리 셋은 밥을 먹으면서 분재 이야기를 계속했다. 가을이 되면 곳곳에서 국화 전시회가 열린다. 국화를 작은 화분에 심어 놓고, 사람들이 온갖 예술적 기교를 부려 다양한 모습을 연출해 놓는다. 그래서 그 꽃을 바라보는 사람들의 마음을 기쁘고 즐겁게 한다. 그런 생각을 하고 있는데, 과묵하고 믿음직스러운 동엽이 불쑥 말을 던졌다.

「선생님, 집에서 애들 키우는 교육도 저런 것 아녜요. 대나무들처럼 조작하고 강제로 묶어 놓고, 그래서 만드는 사람 뜻대로 억지로 저런 모양으로 만드는 것이 꼭 우리네 가정교육 같습니다.」

「그래, 바로 그런 모양이지.」

그때, 민수가 대꾸를 했다. 동엽의 말로는 민수의 마음이 여리고 감성적이라고 했다. 내가 부총장을 그만두고 연구실로 내려온다니까, 연구실에 금붕어를 사다 놓았다고 한다. 내가 혼자서 쓸쓸해할까 봐, 금붕어를 사다 놓고는 혹시 죽으면 어쩌나 걱정이 많았다고 한다. 그래서 연구실을 지키며 조교 일을 하는 선배 대학원생인 동엽에게 잘 키워 달라고 부탁을 하면서 무척 미안해했다는, 그런 착한 심성을 가지고 있었다.

「바라보는 부모님 마음이야 즐거우시겠지요. 원하는 대로 애들이 저렇게 자라 주면 말이에요…….」

우리는 그렇게 즐겁게 식사를 하면서, 교육에 대한 지극히 원초적이고 지극히 상식적인 이야기를 나누었다. 바로 그런 일상의 모습 속에서 그동안 잊고 살아왔던 또 다른 진리를 새삼 서로 확인하면서 일어섰다. 식당에서 나오니 비가 조금씩 내리기 시작했다. 우산을 준비하지 못한 우리는 속도를 내어 어학당 뒷길을 통해 청송대 숲 속으로 걸었다. 민수가 따라오느라 숨을 가쁘게 쉬는 것이 느껴졌다. 셋은 제각기 강의실로, 연구실로, 또 대학원생 독서실로 흩어지면서도 마음속으로는 식사하면서 여운을 남긴 가정교육 문제를 생각했다.

흔히 부모들이 자식 자랑을 할 때, 가장 많이 쓰는 표현이 한 가지 있다.

「우리 아이는 참 착해요.」

「우리 아이는 부모 속을 썩인 적이 없어요. 그저 시키는 대로 잘 따라 주어서 얼마나 고마운지 몰라요.」

「우리 아이는 정말 모범생이에요. 초등학교 때부터 공부는 늘 1등을 했지요. 대학도 한 번에 원하는 대학에 떡하니 들어갔지요. 지금은 졸업하고 ○○회사에 다니는데, 그것도 남들은 취직을 못해서 난리인데, 애는 졸업도 하기 전에 그 회사에서 오라고 해서 다니고 있어요.」

그렇다면 어떤 아이가 정말 착한 것일까? 또 어떤 아이가 진짜 모범생일까? 그 엄마의 표현대로 부모 속을 썩이지 않고, 그저 시키는 대로 잘 따라 주고, 그래서 무난하게 부모가 원하는 대로 1등도 하고 대학도 쑥 들어가고, 또 취직도 무난하게 하는 그런 아이가 바람직한 아이인가?

　사람이 기대와 꿈을 갖는 것은 누구에게나 공통된 심리적 욕구이다. 자기 자신에 대해서는 물론 자기와 가까이 지내는 사람들에 대해 큰 기대와 꿈을 갖는 것 또한 지극히 당연하고 매우 바람직한 일이다. 하지만 여기서 중요한 것은, 그것은 오직 그 사람에 대한 자신의 바람일 뿐이지, 그 사람이 원하는 것과 결코 같을 수는 없다는 것이다. 또 그것은 어찌 보면 사람들마다 하나님께서 그를 세상에 태어나게 하시면서 정해 놓으신 어떤 쓰임새, 아직 겉으로 드러나지 않은 숨겨진, 비밀스러운 그 쓰임새와 전혀 다른 기대이고 꿈일 수도 있다. 그 사람에 대해서 그런 기대와 꿈을 갖는 경우, 대개는 지금까지 드러난 여러 가지 특성, 자질, 능력 등을 종합적으로 감안한 결과일 수도 있다.

　그러나 그런 기대와 꿈을, 더욱이 상대방의 특성이나 자질에 관계없이 또는 전혀 모르면서도, 무조건 자신의 그런 기대와 꿈을 그 상대방에게 주입시키고 강요할 경우에 문제가 발생하기 쉽다는 것이다. 특히 그러한 일은 자녀에 대해 기대와 꿈을 갖는 부모에게서 빈번하게 나타난다.

　부모들은 아이가 태어나는 순간부터 자녀에 대한 기대와 꿈을 키운다. 어떤 부모들은 아이가 배 속에 있을 때부터 벌써 큰 기대와 꿈을 갖는다. 그러고는 아이가 태어나 성장하기 시작하면서 부모의 기대와 꿈은 점차 고착되어 매우 강하게 아이에게 전해진다.

「자, 우리 영민이는 이 다음에 꼭 의사가 될 거예요…… 그렇지. 의사가 될 우리 영민이 잠에서 깨어났네요. 그래, 일어났어…… 옳지…… 쭈쭈 한번 할까? 그래, 다리 쭉 뻗고…… 의사는 키도 커야 돼요.」

낮잠을 자고 일어난 영민에게 엄마가 하는 말이다. 아직 돌도 지나지 않은 영민은 마치 엄마의 말을 알아들은 듯이, 그리고 그렇게 되겠노라고 화답이라도 하듯이 방긋 웃는다. 이러한 엄마의 기대와 꿈은 그 후 아이의 일거수일투족에 그대로 투영된다. 하다못해 아이가 울어도 엄마는 이렇게 말하면서 달랜다.

「어이구, 이 다음에 의사가 될 우리 영민이가 이렇게 울면 안 되지요. ……어디가 아파 우는 건가요, 배가 고파 우는 건가요…… 아냐! 기저귀가 축축해서 그러는가 본데…… 그래도 그만한 일 갖고 울면 안 되지요…….」

그 후 영민은 쑥쑥 잘 자라 주었다. 엄마의 기대와 꿈대로 영민은 일찍부터 글자를 깨치고, 엄마가 원하는 대로 그 유명하다는 어떤 대학의 부설 유치원에도 들어가고, 또 이어서 사립 초등학교에도 들어갔다. 영민은 정말 착하게 자랐다. 엄마가 원하는 대로 속 썩이지 않고 쑥쑥 자랐다. 공부는 언제나 1등이었고 원하는 의과대학에도 들어갔다. 우리나라에서 가장 좋은 의과대학은 아니었지만, 그래도 수도권에 있는 대학의 의과대학에 들어갔으니, 엄마 표현대로라면 '그만하면 그래도 성공적이었다'. 그래서 엄마는 그 아이를 바라보면 언제나 행복하고 기쁘고 즐거웠다. 마치 우리가 대나무 분재를 바라보며 즐거워했듯이 말이다. 아니다. 그보다는 훨씬 큰 즐거움을 느낄 것이다. 부모의 기쁨, 즐거움이 대나무 분재에 대한 느낌과 어찌 비교가 되겠는가?

부모들의 자녀에 대한 기대와 꿈은, 특히 그것이 자녀의 특성과는 상관없이 일방적인 경우에는 그 속에 몇 가지 사실이 숨겨져 있다. 첫째는 너를 우리가 지극히 사랑한다는 것이다. 이 세상에 너를 가장 사랑하는 사람이 부모 말고 또 누가 있겠느냐 하는 것이다. 네게 그런 기대와 꿈을 갖고 있는 사람은 부모 말고는 없다는 것이다. 둘째는 부모만큼 너를 잘 아는 사람이 없다는 것이다. 우리는 부모로서 그 누구보다도 너를 잘 알고 있기에, 우리는 네가 이런 훌륭한 사람, 이런 훌륭한 전문 직업인이 될 수 있다고 생각한다는 것이다. 셋째는 일종의 자기 충족적 예언을 갖는 것이다. 그렇게 믿고, 그렇게 일찍부터 정해 놓고, 그렇게 된다고 늘 확신하고 다짐하면 그대로 된다는 믿음을 갖는 것이다. 여기에다 기독교적이든 불교적이든 신앙심을 덧붙이는 사람들도 있다. 그러고는 늘 자녀를 위해서 기도할 때면, 자신의 사랑하는 자녀가 그렇게 되게끔 해달라고 간구하는 것이다. 심지어는 아이들에게 이렇게 말할 때도 있다.

「모든 것이 다 하나님 뜻이야. 하나님께서 너는 꼭 그렇게 되게끔 해주신다고 했어!」

어찌 보면 자기 기만에 빠져 있다고 할 만큼 헛된 믿음에 사로잡혀 있는지도 모른다.

그렇다면 부모들은 진정 그토록 자녀를 사랑해서 그러는 것일까? 또 그런 것이 진정한 사랑(authentic love)일까? 하기야 사랑에도 종류가 많으니까, 그런 사랑에 대해서 함부로 그렇다, 아니다 하고 단정 지어 이야기하기는 어려울 것이다. 더욱이 자식에 대한 부모의 그러한 기대와 꿈으로 나타나는 사랑에 대해 누가 감히 '그것은 진정한 사랑이 아니다'라고 말할 수 있겠는가. 하지만 그래도 그 속을, 그 사랑의 이면을 뒤집어 보면, 거기에는 부모 스스로도 의식하지 못하는 다른 면이 있는 것 같다.

즉, 그것은 부모들의 이기주의와 편의주의적 사고라고 하겠다. 여기서 부모들이 이기적이라고 표현한 것은 바로 이런 이치 때문이다. 아이가 부모들에게 큰 상처나 걱정이나 부담을 끼치지 않고 그저 순탄하게 부모가 원하는 대로 잘 따라와 주기만 하면, 아무런 걱정 없이 세상을 편히 살 수 있지 않을까 하는 이기적인 마음이 부모들에게 도사리고 있다는 생각에서이다. 사람은 누구든 고통받기를 싫어한다. 고통을 미연에 방지하고, 설혹 그것이 잘 안되어서 고통을 감수해야만 한다면, 그것을 되도록 가볍게 당하고 그것에서 빨리 벗어나려고 하는 것이 본능이다. 부모들은 바로 자녀들로 인해 생기는 그런 고통을 겪지 않으려고 할 것이다. 그래서 미연에 막으려고 아주 어린 나이 때부터, 그 자녀가 훗날 부모에게 고통을 주게 될지도 모를 모든 가능성들, 모든 원인들을 철저하게 방지하고 싹을 자르는 것이다. 그렇기에 부모 자신들의 숨겨진, 때로는 스스로도 의식하지 못하는 그런 본능적인 이기주의와 편의주의에 따라, 자녀들에 대한 기대와 꿈을 펼치는 것이다. 그리고 그러한 부모의 기대와 꿈에 바탕을 둔 로드맵(road map)에 따라 자녀들이 잘 커주면, 그 자녀는 착한 자녀가 되고, 심지어 부모는 그 자녀에게 고마움을 느끼기까지 하는 것이다.

그러면 여기서 스스로에게 물어보자. 아이를 분재 화분에 심어진 대나무나 국화처럼 키우고 있는 것은 아닐까. 남모르게 은밀히 철사로 동여매지고 비틀어지고 이끌려서 자신들이 원하는 대로 성장하지 못한 우리의 아이들이, 그토록 고통을 받으면서도 내색하지 못하고 있는 대나무나 국화를 자신들의 모습이라고 느끼지 않을까? 그래서 민수와 동엽이 이런 말을 던진 것이 아닐까?

「바라보는 부모님의 마음이야 무척 즐거우시겠지요.」

말속에 깔린 여운이 작은 메아리가 되어서 청송대를 넘어 연구실로 이따금 들려올 때가 있다.

2장 사고(思考)

그저 많은 지식을 외워서 머릿속에 보관하기
보다는, 그 지식을 꺼내서 처리하고 활용하는
능력을 갖추는 것이 더 중요하다.

옛 어른들이 일러 주던 속담이 생각난다.

「구슬이 서 말이면 뭐 하냐, 꿰어야 보배가 되지!」

퍽이나 지혜로운 가르침이다. 자기 자식과 아내를 자랑하면 팔불출이라는데, 그래도 아내에 관한 이야기를 하나 해야겠다. 나중에 아내가 이 글을 읽을 테고, 또 더 늙은 후에 여생이 편안하려면 이렇게 해서라도 점수를 좀 따서 예치해 두는 것이 좋을 테니까. 아내가 잘하는 일 중 한 가지가 음식이다. 음식을 참 맛있게 만든다. 그런데 우리 식구 입맛이나 내 입맛에만 그렇게 느껴지는 것은 아닌가 보다. 우리 집에 와서 밥을 먹어 본 사람들이 모두 그렇게 얘기하는 것을 보면 장담해도 될 것 같다. 예전에 동료 선후배 교수들이 우리 집에 온 적이 있었는데, 그때 젊은 교수 한 사람이 김치를 어떻게 담았는지를 꼬치꼬치 캐물은 일이 있었다. 물론 그 교수는 집에 가서 부인한테 섣불리 말했다가 꽤나 혼났겠지만. 하여튼 아내는 특별한 재료나 조미료를 사용하지 않으면서도 남달리 음식을 맛있게 만든다. 또 재료가 뭐 그렇게 썩 많거나 좋거나 하지 않은데도, 이따금 보면 이름도 없는 특별한 음식을 이렇게 저렇게 잘 만들어 낸다. 결혼해서 30년 넘게 해온 일이니까, 그렇게 잘하는 것이 어찌 보면 당연한 일 아니겠는가 싶기도 하다. 또 어쩌면 그동안 아내가 해준 음식을 맛있게 먹어 주며 격려해 준 나와 두 아들 녀석 덕분일지도 모른다.

여기서 중요한 것은 이런 것이다. 냉장고 안에 제아무리 많은 원재료가 있다 하더라도 그것을 꺼내 음식을 만드는 과정이 시원치 않으면, 음식은 맛이 없고 원재료의 가치가 발휘되지 못한다. 그럼에도 사람들은 무엇을 사서 냉장고에 보관할 것인가에 많은 관심을 보이지, 실제로 그것을 갖고 음식을 만드는 일에는 별로 신경을 쓰지 않는다. 또 냉장고 속에 원재료가 많으면, 부자가 된 듯 마음이 흡족하고 기쁘고 넉넉해지는 사람들이 많은 것이 사실이다.

사람의 머릿속을 냉장고에 비유해 볼 수 있다. 머릿속에 우리는 많은 정보를 집어넣는다. 그리고 가능하면 오래 보관하려고 애쓴다. 또 그렇게 해서 많은 정보를 오래 보관하고 있는 사람을 우리는 똑똑하다고 말할 때가 많다. 그러나 정말 그런 사람이 똑똑한 것일까? 정보가 제아무리 머릿속에 많은들, 그것을 꺼내서 적절히 활용하지 못한다면 무슨 소용이 있는가? 그것은 마치 냉장고에다 이것저것 아무 생각 없이 사 넣어 두었다가, 유통 기한이 지나 버리거나 아니면 그대로 오래 묵히는 바람에 냉장고 안에서 썩어 버리는 것과 아무런 차이가 없다. 그럼에도 오늘의 학교 교육이나 가정교육은 자꾸만 냉장고 속에 많은 식품 재료들을 사다 넣어 보관하듯이 그저 많은 정보를 이것저것 모아서 머릿속에 집어넣고, 오래 보관(기억)하도록 하고 있는 데 문제가 있다.

물론 냉장고 속에 식품 재료가 많으면 없는 것보다야 낫고, 마찬가지로 머릿속에도 정보가 많이 들어가 있으면 굳이 나쁠 것은 없다. 그러나 요즘은 컴퓨터가 인간의 머리를 대신해서 많은 정보를 보유하고 있으므로, 굳이 몇 년도에 임진왜란이 일어났고 그때 아군이 얼마나 전사했으며, 적군의 배가 몇 척이나 침몰했는지까지 머릿속에 보관할 필요는 없어졌다. 따라서 요즘과 같은 정보화 시대에는 정보를 보관하기보다는 정보를 어떻게 처리하고 어떻게 활용하느냐가 더욱 중요한 것이다. 그리고 그런 능력을 갖추어야 바로 똑똑하고 영리한 사람인 것이다. 이름하여, 사고력을 갖춘 사람이다.

요즘 젊은이들은 겉보기에 무척 똑똑해 보인다. 서너 살짜리 아이를 둔 많은 엄마들이 자기 자녀가 혹시 영재가 아닌가 생각하는 경우도 허다하다. 자신의 어린 시절과 비교하여 더욱 그런 생각을 하는 엄마가 많은 것 같다. 그러나 요즘 아이들이 똑똑해 보이는 것은 그들이 정말 똑똑해서가 아니라 머릿속에 온갖 정보를 들여놓았기 때문이다. 정보 접촉의 기회가 개방되고 확산되어 있어, 아이들도 아주 일찍부터 수많은 정보를 접하고 또 머릿속에 집어넣는다. 엄마나 아빠보다도 더 폭넓은 분야에 걸쳐 많은 정보를 갖고 있는 아이도 많다. 아이가 그러한 정보를 대화 중에 불쑥 꺼내 말하면 엄마들은 자지러지게 놀란다.

「얘가! 천재 아냐! 애! 누굴 닮아 그러냐?」

경악을 금치 못하고 기쁨을 감추지 못한다. 그러나 그것은 그저 정보를 저장했다가 재생한 것일 뿐, 아무것도 아니다. 아니, 아무것도 아니라기보다는 그저 매우 단순한 기억과 재생 수준의 인지 활동에 불과하다. 매우 고차원적인 사고에 해당하는 것은 아니라는 이야기이다.

따라서 요즘 아이들이 겉보기에는 매우 똑똑해 보여도, 실제로는 바보스러울 때가 많다. 즉, 어떤 어려운 문제에 봉착했을 때 그것을 분석하면서 해결해 가는 과정을 옆에서 지켜보면, 그들의 모습은 참으로 실망스러울 때가 많은 것이다. 우선은 문제를 풀어 보려는 의지도 약하지만 문제를 그저 요령을 피워 쉽게 빨리 풀려고만 한다든지, 또 얼마 해보지도 않고 쉽게 포기한다든지, 문제를 풀어 가는 과정이나 생각이 지극히 단순하고 미분화되어 있다든지, 참으로 한심

하게 느껴질 때가 많다. 냉장고 속에 원재료는 가득하지만 그것을
꺼내 음식을 만들어 보려는 의지도 없고, 만들어도 그저 모든 것을
함께 다 집어넣고 국도 찌개도 아닌 것을 쉽게 만들어 낸다든지 하
는 것과 별 차이가 없다.

한마디로 우리는 아이들에게 생각을 키워 주어야 한다. 무엇
(what)을 갖추어 주기보다는, 그것을 어떻게(how) 처리하고 활용해
야 하는지 가르쳐 주어야 한다. 그것이 곧 사고력을 키우는 일이다.

세상 모든 일에는 순서가 있다

전업 주부인 어떤 여자가 아침에 일어나서 남편 출근시키고 아이들 학교에 보내고, 설거지며 청소며 집안일을 대충 끝냈다. 매일 즐겨 보는 어느 방송국 아침 프로까지 보고 나니 10시쯤 되었다. 이때 그 아주머니는 오늘 밖에서 볼일을 몇 가지 생각한다. 모두 다섯 가지 일이 있다. 우선 약국에 가서 타이레놀을 몇 알 사고, 세탁소에 가서 작은아이 바지 줄여 달라고 맡긴 것도 찾고, 또 은행에 공과금도 내고, 모처럼 인근에 사는 여고 동창들과 점심을 먹기로 했으니 그 친구들도 만나야 하고, 김치가 시어 꼬부라졌으니 배추를 두 포기 사서 절였다가 내일은 김치를 담그고, 뭐, 그런 일들을 생각했다. 비록 매우 중요하고 값져 보이는 대단한 일은 아니라 하더라도, 사는 데 꼭 필요한 나름대로 의미 있는 일들이다.

이때 그 주부는 다른 사람들이 모두 그러하듯이 한 번에 나가서 모두 다 하고 들어올 수 있도록 일의 순서를 정하게 된다. 그 순서는 여러 가지 기준을 바탕으로 정하기 마련이다. 무엇을 기준으로 해서 순서를 정해야 될까 깊이 생각하는 것은 아니다. 그저 습성에 의해

순간적으로 머릿속에서 그 순서를 생각한다. 이를테면 시간을 가장 적게 들이고, 또 비용도 가장 적게 치르면서 에너지 소비도 적게, 힘 안 들이고 모두 처리하고 들어올 수 있도록 순서를 정한다. 우선 차를 갖고 나가는 것은 아니고 걸어서 다닐 것이니까, 어디부터 들러 무엇을 먼저 처리할까 궁리한다.

'배추를 사갖고 오려면 휴대용 장바구니 하나는 가방에 챙겨 갖고 나가는 것이 좋겠지' 하면서 동네에서 돌아다닐 때 가볍게 들고 다니는 작은 손가방에 장바구니를 접어 넣는다. 그리고는 순서를 확정한다.

'우선 아파트 상가 1층에 있는 은행에 들러 공과금부터 내고, 다음에 그 옆 약국에 들러 타이레놀을 산 후 친구들과 만나기로 한 음식점으로 가자. 거기까지 걸어가는 데 10분이면 되니깐. 가만 있어 봐. 12시에 만나기로 했으니까 집에서 11시 40분쯤에 나가도 시간은 충분하겠네. 점심 먹고 나서 오는 길에 세탁소에 들러 바지 찾고 그 옆에 있는 백화점 지하 슈퍼에 들러 배추 두 포기 사 들고 들어오자.'

별것도 아닌 것처럼 보이는 이런 생각과 행동은 그 사람이 얼마나 논리적인 사고를 할 줄 아는가를 잘 보여 준다. 논리적 사고의 여러 측면 중 한 가지 핵심은 계서화 또는 순차화(sequence)이다. 즉, 순서를 체계 있게 정하는 것이다. 우리가 글을 쓸 때 논리적으로 서술한다는 것은 바로 내용을 순서를 갖추어 체계적으로 쓰는 것을 두고 하는 말이다. 이를테면 서론, 본론, 결론으로 전개해 나간다든가, 기승전결(起承轉結)로 이끌어 나가는 것이 그렇다. 그런데 이런 순서를 잘못 짜거나, 또는 그 과정에서 한두 가지를 빼먹게 되면, 결국 그만큼 고생도 더 하고 여러 가지 손실을 입게 된다. 시간도 에너지도 비용도 더 지불하게 되는 것이다.

　예컨대 그 주부가 그만 약국에 들르는 것을 잊어버리고 집에 돌아와서 후회하기를 「아이고, 약국이 은행 바로 옆에 있었는데. 왜 은행에서 나와서 약국 간판도 못 봤지. 또 나갔다 와야 하잖아, 더워 죽겠는데……」 하면서 다시 나갔다 오는 경우가 그렇다. 또는 은행에 들렀다가 바로 그 옆 약국에 들르면 시간도 에너지도 그만큼 절약될 터인데, 그만 순서를 잘못 짜서 은행에 들렀다가 저만치에 있는 세탁소에 갔다가 다시 되돌아와서 약을 사는 경우, 또는 배추부터 사서 무겁게 낑낑대며 들고, 세탁소에도 가고 약국에도 갔다 오면서 뒤늦게 깨닫고 혼자 말하기를 「바보 같은 것하고는, 그래 뭐 미쳤다고 이 무거운 것을 미리 사 들고 이렇게 돌아다니는고? 아니, 뭐 배추 지금 안 사면, 이따가 다 없어지기라도 하나?」 하면서 자조하는 경우는 바로 논리적인 생각이 모자랐기 때문이다. 즉, 순서를 제대로 짜지 못해서 겪는 손해이고 고통인 셈이다.

　남녀 성차에 관한 연구 결과를 보면, 여자들은 대체로 시간성에 강하고 남자는 공간성에 강하다. 즉, 여자들은 시간적인 지각과 사고가 강하고 남자들은 공간적인 지각과 사고가 강하다. 남자들이 여자들보다 운전을 잘하고 주차를 잘 시키는 것이 바로 그런 까닭이다. 자기 부인과 나란히 걸어가면서, 또 부인과 멀쩡하게 이야기를 주고받으며 걸으면서도, 남자들은 저만치 다가오거나 지나가는 예쁜 여자들을 다 보는 듯싶다. 길 건너 저편에 지나가는 예쁜 여자들까지 다 보는 것 같다. 그만큼 공간 지각 범위가 넓다. 반면에 여자들은 시간적인 사고와 지각이 남자들보다 뛰어나다. 즉, 순서 따위를 잘 정한다. 부부 싸움을 할 때도 그렇다. 여자들은 남편한테 따질 것이 있다 싶으면 그냥 무모하게 덤비지 않는다. 관련된 정보와 자료를 차곡차곡 모아 두었다가 때를 기다려 말한다. 그것도 그냥 말하는 것이 아

니라 옛날 것부터 시간적인 순서로 계서화시켜 하나씩 증거를 들이
댄다.

「당신 왜 생각 안 나요? 작년 추석 때 큰집에 갔을 때 말이에요.
그날 저녁에 당신은 왜 베란다 쪽 소파에 앉아 있었고, 큰아주버
니는 현관 쪽 소파에 앉아 계셨잖아요. 그때 당신 부엌에 있는 나
에게 뭐라고 큰소리 쳤어요. 응?」

「언제 적 얘기를 갖고 그래, 지금? 나 원 참, 무슨 얘길 하는지 모
르겠네.」

시치미 떼는 남편에게, 아니면 정말 생각이 나지 않는 남편에게 아
내는 다시금 두 번째 증거를 들이댄다.

「그러면 지난 설에 대구 내려갈 때, 톨게이트비 누구보고 내라고
했어요? 당신 나보고 내라고 했지? 그까짓 톨게이트비가 아까워
서 그러는 게 아녜요. 그때 당신 말투며 내라고 하는 속셈이 뭔지
내가 다 알아서 그러는 거예요. 응? 그때 뭐라고 했어요?」

남편은 또 시치미를 떼는 것인지 생각이 정말 안 나서 그러는지,
계속 같은 말만 한다.

「아니, 근데 당신 왜 그래. 왜 자꾸 옛날 얘기하고 그래. 나 원 참,
시끄러워서.」

그 후의 얘기는 더 이어 나가지 않겠다. 중요한 것은 이렇듯 일상
생활에서 우리는 만사에 순서를 정하고 또 그것을 행동으로 옮기는
논리적 사고의 습성을 지니고 있다.

논리적 사고의 의미를 보다 분명히 하기 위해서 한 가지 예를 더
들겠다. 주부들이 저녁 식사를 준비하는 모습에서도 우리는 여자들
이 평소에 얼마나 논리적으로 생각하고 행동하는가를 느낄 수 있다.

「여보, 배고픈데, 저녁 안 해요?」

「어이구, 벌써 6시가 넘었네요.」

하기 싫은 밥이지만 아내는 어쩔 수 없다 싶어 일어나서 부엌으로 간다. 그러고는 빨간 플라스틱 바가지를 들고 베란다로 쌀을 푸러 나간다. 허리를 굽히고 바가지에 두세 공기 퍼 담으면서 속으로 중얼댄다.

'너무 많은가? 가만 있어 봐. 너무 많이 했다가 내일 온종일 나 혼자 찬밥만 먹는 거 아냐? 저 양반, 내일 저녁은 밖에서 먹고 온다고 했으니까.'

그러면서 조금 덜어 내고는 싱크대로 갖고 와서 쌀을 씻는다. 손가락 사이에 끼인 쌀을 물에 흔들어 바가지에 털어 넣으면서 계속 중얼거린다. 이를테면 궁리를 하는 것이다.

'가만 있어 봐, 뭘 해 먹지. 찌개든 국이든 뭐 한 가지는 있어야 할 것 아닌가. 콩나물이 있으니 그걸 가지고 두부 넣고 맑은국을 끓일까. 아니면 고추장을 풀어 찌개로 끓일까. 아니면 날도 더운데 그냥 콩나물을 삶아서 무칠까? 그래도 맑은국이 낫겠지.'

궁리를 끝낸 뒤, 아내는 씻은 쌀을 압력솥에 안치고 콩나물을 다듬어 국을 끓이고, 김치를 썰어 상에 올려놓는다. 또 멸치볶음도 덜어서 그릇에 담고, 콩장도 꺼내서 조금 담아 놓는다. 하나 둘 상에 올려놓는다. 수저도 챙겨 놓는다. 김도 서너 장 굽는다. 김은 기름에 재어 두었다가 그때그때 구워 먹는 것이 맛있다. 여름엔 미리 구워 놓으면 누지기 때문이다. 이렇게 다 차려 놓고 맨 나중에 밥을 퍼다 놓는다. 그러고는 거실을 향해 소리친다. 「여보 식사하세요! 애들아 나와서 밥 먹어!」 불과 30분 남짓 걸려 식사 준비가 끝난 것이다.

언뜻 보기에 이런 것이 뭐 그렇게 순서를 따질 일이겠느냐 하겠지만, 가만히 따져 보면 그 안에도 체계가 있고 순서가 있다. 과학적이며 논리적인 사고가 흠뻑 배어 있다. 즉, 시간을 가장 적게 들이면서 효율적으로 식사를 준비하는 여자들의 오랜 생활 습관 속에는 논리적인 사고가 알알이 스며들어 있다.

물론 그렇지 못한 경우도 있다. 어떤 주부는 밥을 하러 부엌에 가서는 김치부터 썰어 상에다 갖다 놓고 밑반찬들도 꺼내 덜어서 담아 놓는다. 그러곤 혼자 중얼댄다.

「내 정신 좀 봐. 아니, 밥을 안 했잖아. 도대체 무슨 생각을 하고 있는 건지…… 나 원 참.」

그러고는 그제야 밥을 짓는다. 쌀을 퍼다 씻고 압력솥에 쌀을 안친다. 밥이란 것이 한번 끓었다고 먹을 수 있는 것이 아니지 않은가? 시간을 두고 뜸을 들여야 한다. 즉, 다른 것을 모두 준비해 놓은 경우에는 밥이 끓고 뜸 드는 동안에 다른 준비를 할 것이 없어 시간만 낭비하게 된다. 그리고 그만큼 시간이 오래 걸린다.

지금 세상은 예전에 비하여 엄청 복잡해졌다. 일 자체도 매우 복잡해졌고 일과 일들 간의 상호 연계도 복잡해졌다. 또 그런 일을 하는 사람들 간의 관계도 매우 복잡해졌다. 기계 또한 복잡해졌다. 여러 가지 기능을 작은 기계에 모두 집어넣다 보니, 버튼의 조작도 매우 복잡해졌다. 복잡해진 것만이 아니라 매우 정교해졌다. 즉, 일상 생활에서도 정교하고 치밀한 조작이 많이 요구되고 있다. 마찬가지로 직장에서도 폭주하는 업무량으로 인해 자칫하면 실수할 가능성이 곳곳에 널려 있다. 또 이 시대의 특징은 지극히 작은 실수 하나가 엄청난 손실을 가져온다는 것이다. 시작은 미미해도, 결과는 엄청난 대형 사고를 불러일으키는 경우가 많다.

이렇게 복잡하고 정밀한 사회에서는 일을 처리함에 있어 무엇보다도 순서를 잘 정해야만 한다. 즉, 우리는 그 옛날에 비하여 더 논리적으로 생각하고 행동해야만 한다. 옷을 입는 일과 같이 별것 아닌 일에서부터 집을 팔고 새집을 계약하고 이사하는 일이라든가, 수북이 쌓여 있는 결재 서류를 처리하는 일에 이르기까지 그야말로 우리는 순서를 잘 따져야만 한다. 세상 모든 일에는 순서가 있기 때문이다. 그 순서를 헷갈리거나 잘못 정해서 결국 삶 자체를 망치는 사람들을 우리 주변에서도 쉽게 볼 수 있지 않은가?

우리가 어린 자녀들에게, 젊은이들에게 가르치고 일깨워 줘야 할 것 중의 하나가 바로 이렇듯 논리적인 사고를 할 수 있는 힘이다. 말을 할 때나 일을 할 때나 또는 다른 사람과 함께 생활할 때나, 그 어느 때든지 순서를 체계적으로 세울 수 있도록 말이다.

그러나 아직도 많은 부모들은 자신들의 자녀들이 스스로 일의 순서를 정하고 계획을 세울 수 있는 기회를 빼앗을 때가 많다. 예컨대 식탁에서 아이가 밥을 먹을 때도, 무엇을 먼저 먹어야 하고 무엇을 나중에 먹어야 하는지 일일이 그 순서를 일러 준다. 비단 식탁에서뿐만이 아니다. 무엇 무엇부터 먼저 하고 그런 후에 무엇을 하고, 그 다음엔 무엇, 그리고 맨 나중엔 무엇을 하라고 이르는 경우가 많다.

학교에서 돌아온 아이에게 엄마가 이른다.

「애, 우선 손 씻고 나와서 엄마가 사다 놓은 팥빵 먹고 숙제부터 해. 그리고 학습지 있지, 그거 왜 자꾸 밀려. 우선 수학 학습지부터 해. 그리고 나서 5시에 학원 가고, 학원 갔다 와서 밥 먹어. 밥 먹고 난 다음엔…….」

엄마가 모든 순서를 정해 주는 것이다. 그러다 보니 엄마의 논리적 사고력은 날로 향상되지만 그런 것을 익힐 기회를 빼앗긴 아이는 오늘도 노예처럼 시키는 대로 따라만 하는 바보가 되어 가고 있다.

도대체 그 그릇을 어디에다 두었더라?

어떤 주부가 모처럼 깍두기를 담갔다. 고무장갑을 끼고 맛있게 버무렸다. 이제 그것을 통에다 담아서 베란다에 하루 정도 놓아 두어 익힌 다음 냉장고에 넣어 두기만 하면 된다.

그 주부는 깍두기를 다 버무린 다음에 담아 둘 통을 찾기 시작했다. 일전에 닦아서 둔 사각형의 플라스틱 통에 담아 두면 딱 좋겠다 싶어 그 통을 찾기 시작한 것이다. 분명 이쪽 선반에 넣어 둔 것 같은데, 그곳에 없다. 쉽게 찾을 것 같아서 손에 낀 고무장갑을 벗지도 않은 채, 팔꿈치로 여기저기를 열어 보고 들여다보았지만 그 통은 나오지 않는다. 하는 수 없이 장갑을 벗어 놓고 이제는 양손으로 부엌을 뒤지기 시작했지만 그 사각형 통은 보이지 않는다.

「야! 준희야!」

한껏 소리를 질러 방 안에 있는 초등학교 5학년짜리 딸아이를 불러낸다. 귀에다 뭘 꽂고 있었는지 아이는 네 번이나 소리쳐서야 겨우 방에서 나온다.

「왜요, 엄마?」

「너, 저번에 엄마가 플라스틱 통 닦는 거 봤지?」

「무슨 플라스틱 통인데요?」

「아니, 이것아. 왜 김치 담아 두고 먹는 거 있잖아. 뚜껑도 있고 네모난 것 말이야! 그게 국물도 안 새고, 김치 담아 놓고 꺼내 먹기에는 안성맞춤인데…… 그거 못 봤어?」

「못 봤는데요.」

「아유, 알았어. 못 봤으면 할 수 없고, 들어가 공부나 해.」

짜증이 난 엄마는 계속 여기저기를 뒤졌지만, 끝내 그 통을 찾지 못했다. 하는 수 없이 마땅치는 않지만 다른 통에다 담고 일을 끝냈다. 그런데 그날 밤, 설거지를 하다가 고무장갑을 새것으로 바꿔야겠다 싶어서, 싱크대 밑을 열었다. 그전에 새 고무장갑을 사다 넣어 둔 기억이 나서였다. 고무장갑은 얌전히 그곳에 있었다. 그런데 아까 낮에 그토록 찾던 플라스틱 통이 그곳에 있는 게 아닌가! 「도대체 이것을 누가 여기에다 넣어 두었을까? 애들이 그랬을 리는 없고 더더욱 저 양반(남편)이 그랬을 리는 만무하고, 그렇다면 내가 넣었을 텐데, 그렇게 생각이 안 날 수가 있을까! 이거 이러다가 치매 걸리는 것 아닌지 모르겠는데……」 하고 중얼거렸다.

하기야 매사에 자꾸만 기억력이 왔다 갔다 한다면 치매 부류의 병을 생각해 볼 수도 있을 것이다. 그러나 그러기엔 아직 젊은 나이인데, 치매는 아니고 그럼 도대체 무엇 때문에 그런 것일까!

그전에도 한번 남편 때문에 고생한 적이 있었다. 그땐 어느 잡지사에서 선물로 보내 준 양말 때문이었다. 별로 특별해 보이지도 않는데 남편은 유독 그 양말을 선호했다. 그래서 그런지 변덕스럽고 심술맞아 보일 정도로 별안간 그 양말을 찾는 것이다.

「여보, 내 양말 어디 있어요?」

「아니, 양말, 만날 그곳에 있지, 어디에 있어요? 화장실 선반 거기에 늘 당신 양말 있잖아요. 거기서 하나 꺼내 신으면 되지. 꼭 내 양말 어디 있느냐고, 아침이면 애들 챙겨 주랴 바빠 죽겠는데, 나보고 양말까지 찾아서 대령하라는 얘기예요!」

「아니, 그게 아니라, 왜 잡지사에서 준 양말 있잖아! 그거 어디다 두었어?」

「글쎄, 그걸 어디다 두었더라? 아니, 꼭 그걸 신어야 될 무슨 이유라도 있어요? 그냥 빨아 놓은 거 아무거나 신고 나가지……」

「아, 글쎄 달라면 잔소리 말고 그냥 줘!」

아내는 여기저기 뒤져 보았지만 얼른 눈에 띄지 않았다. 옷을 다 입고서는 그 양말만 찾아 주길 기다리고 서 있는 남편 때문에 찾기가 더 힘들었다.

「여보! 오늘 그걸 꼭 신고 나가야 돼요? 내가 오늘 꼭 찾아 놓을 테니까, 오늘은 그냥 딴 양말 신고 가요……」

「알았어! 하여튼, 뭐 하나 찾으려면 뭐가 그리도 복잡한지! 아니, 그래, 양말 하나 어디에다 두었는지 생각이 안 난단 말이야!」

대꾸할 말이 없는 것은 아니었지만, 그래도 출근하는 남편이기에 꾹 참고 남편을 배웅했다. 그사이 아이들은 부엌에서 저희들끼리 밥 먹는다고 국을 엎지르고 난장판을 벌였다. 애꿎게 아이들한테만 신경질을 부리고 소리쳤다.

사실 따지고 보면 그릇을 어디에다 두었는지, 양말을 어디에다 두었는지 하는 것은 별것 아닌 사소한 일들이다. 어딘가에 있을 테고 나중에 찾아도 될 일이긴 하다. 그러나 문제는 그것이 사소한 것이든 아니든 간에 평소에 정리가 되어 있지 않다는 데 있다.

어떤 주부가 평소에 얼마나 논리적으로 생각하고 행동하는가 하는 것은, 특히 분류와 통합이라는 관점에서 그 집의 부엌 선반들을 잠깐만 살펴보면 금방 알 수 있다. 분류와 통합의 논리적인 사고력이 있는 주부는 그릇을 체계 있게 분류해서 정리해 놓는다. 이때 그런 분류에는 몇 가지 기준이 적용된다. 이를테면 사용 빈도에 따라 그릇을 분류해 놓는 것이다. 매일 아침저녁으로 사용하는 그릇은 싱크대 옆에 닦아서 엎어 놓고, 일주일에 한 번 정도 쓸까 말까 하는 것은 선반에 넣어 두고, 1년에 한 번쯤 사용하는 그릇은 그릇장 깊숙이 넣어 둔다. 그런가 하면 그릇의 용도나 생김새에 따라 분류하여 넣어 두기도 한다. 접시는 접시대로 유리잔은 유리잔대로 밥 그릇은 밥 그릇대로 쟁반은 쟁반대로 포개어 분류해 넣어 둔다.

가정에서 이런 식의 분류 기준에 따라 정리하는 모습은 옷을 정리하고 보관하는 데서도 잘 나타난다. 예컨대 누구의 옷이냐를 기준으로 해서 남편 옷은 남편 옷대로, 아내 옷은 아내 옷대로, 아이들 옷은 또 아이들 옷대로 분류해 놓는다. 그런가 하면 용도에 따라 외출복은 외출복대로 옷장에 넣어 두고, 속옷은 속옷대로 화장실 내 옷장에 넣어 두기도 한다. 계절에 따라 분류해 넣어 두기도 하고 입는 빈도에 따라 분류해 넣어 두기도 한다.

회사에서도 마찬가지이다. 서류를 분류해서 넣어 두는 것이 그렇다. 또 도서관 같은 곳에서 책을 분류할 때도 분류 기호가 있어서, 그 분류 기호대로 책을 정리해 둔다. 백화점 같은 곳에서 입점을 배정할 때도 일종의 분류 기준이 있어, 그 기준에 맞춰 매장을 배치한다. 상품 진열에서도 그렇고 창고에 물건을 쌓아 둘 때도 그렇다. 이렇듯 분류와 통합은 우리의 일상생활에서 적용되지 않는 곳이 없다.

특히 지금과 같이 모든 것이 복잡하고, 소품종 대량 생산에서 다품종 소량 생산 체제로 갈 때, 사람들은 그때마다 독특한 분류 기준을 만들어 물건이나 일, 그리고 사안들을 분류해서 정리해 둘 일이 많아지고 있다. 체계적으로 분류하는 일이 바로 논리적인 사람들의 행동 특성이며, 우리는 성장하는 어린아이들에게 이러한 행동 특성을 습성화시키는 것이 매우 필요하다.

사실 일상생활에서 자녀들이 분류하고 정리하는 행동을 자연스럽게 키울 수 있는 기회는 매우 많다. 예컨대 어린아이들이 방 안에서든 거실에서든 장난감을 늘어놓고 놀 때가 그렇다. 아이들은 놀이에 열중하다 보면 가히 난장판을 만들어 놓을 만큼 온갖 것을 끄집어낸다. 방 안 가득 이런저런 것들이 마구 흩어져 있다. 그리고 이내 아이들은 놀이를 끝낸다. 그러면 누가 그것을 정리하는가! 대개는 엄마들이 나서서 정리해 준다. 같은 형태의 장난감들을 바구니에 담고, 또 어떤 것들은 따로 모아 서랍에 넣기도 한다. 이렇듯 모든 것들을 엄마가 말끔히 분류해서 정리한다. 그렇게 되면 엄마의 사고력은 날로 증대되지만 아이들의 사고력은 떨어질 수밖에 없다. 이럴 때 그 모든 정리를 자녀들에게 시킬 수 있어야 한다. 비록 아이들이 하기 싫어한다 해도, 엄마가 정리를 해주지 않고 내버려 두는 것이 오히려 아이들 교육에 바람직한 것이다. 그냥 놔두면 자기가 지나다니기 불편하고 또 자기가 밟아 망가뜨리는 일까지 생길 수 있다. 심지어는 발바닥을 다치기도 한다. 그래도 엄마는 네가 정리해 놓지 않았기 때문에 그렇게 되었음을 일러 주기만 하면 된다. 그리고 아이에게 다시 한 번 정리할 수 있는 기회를 준다. 그래야만 자기 나름대로 분류 기준을 세우는 버릇도 키우고, 그 속에서 논리적 사고의 진수를 키우게 되는 것이다.

이러한 일은 아이들이 책상 서랍을 정리하는 문제에 있어서도 마찬가지이다. 물건들을 제한된 서랍 속에 어떻게 분류해서 넣어 둘 것인가 하는 것은 아이들에게 생각할 좋은 기회를 준다. 그래서 훗날 언제고 자기 스스로 어떤 물건을 꺼내 쓰려고 할 때, 자기가 쉽게 찾아낼 수 있게 되는 것이다. 그러나 엄마가 모두 정리해 주면, 깍두기를 담그다가 그릇을 찾아 헤매고, 양말을 금방 찾지 못해 출근하려는 남편으로부터 핀잔을 들은 엄마와 매한가지인 사람으로 성장하게 된다.

사실 옛날에는 모든 물자가 부족하기 그지없었다. 학용품도 그러했다. 종이 한 장이 몹시 귀하고 연필 한 자루, 고무지우개 한 개가 몹시 부족했다. 그렇기 때문에 아이들은 그저 모든 것에 자기 이름표를 붙여 놓아서 절대로 그것을 잃어버리지 않도록 했다. 하다못해 비닐우산 하나라도 학교에 쓰고 갔다가 날이 개는 바람에 잊어 먹고 그냥 집에 오면 엄마한테 크게 꾸중을 들었고, 다시금 학교로 가서 그것을 가져오기도 했다. 뿐만 아니라 그런 물건들, 아무리 작은 학용품이라 하더라도, 언제고 잘 정돈해 두었다. 그래서 필요할 때는 꼭 찾아 쓰는 습성이 몸에 밸 수밖에 없었던 것이다.

그러나 요즘은 세상이 달라졌다. 모든 것이 풍족해졌다. 학용품이며 신발이며 옷가지며 먹는 음식이며, 그야말로 모든 것이 풍족해졌다. 그러다 보니 아이들이 절약하고 아끼는 습성도 그만큼 적어졌다. 쓰다가 잃어버리거나 없어져도 크게 걱정하지 않는다. 잊어버리고 어디에다 두고 와도, 돌아가서 그것을 찾아올 생각도 하지 않는다. 또 부모들 역시 아이들에게 이런 식으로 말한다.

「기왕 잃어버린 걸 어떻게 하니, 나중에 엄마가 다시 사줄게. 그까짓 것 찾으러 다니다 괜스레 공부할 시간이나 뺏기지 말고. 걱정 말고, 어서 학습지나 풀고 숙제나 하렴.」

그러다 보니 아이들이 스스로 자신의 물건을 잘 챙기거나 또 그것을 보관하고 정리하는 습성이 그만큼 줄어든 것이다. 모든 것이 일회용으로 전락해 버렸다. 차곡차곡 정리해 놓을 필요가 없다고 생각하는 경우가 많아졌다. 하다못해 클립도 한 번 쓰고 나면 버리는 것으로 생각한다. 그것을 잘 분류해서 모아 두었다가 쓸 일은 아예 없다고 생각하는 것이다.

그렇기에 우리는 학교 교육에서 키워야 할 여러 가지 중요한 교수·학습 목표를 내걸 때, 사서 기능(librarian skill) 같은 것을 매우 중요한 항목으로 포함하기도 한다. 요즘의 디지털 도서관에서는 그런 일이 필요 없을지도 모르지만, 도서관의 기본적인 기능 중 하나는 문헌(책)들을 수집, 분류하고 정리해 놓은 다음에 이용자가 찾아와서 자료를 요구하면, 그것이 어디에 있는지, 어떻게 검색해야만 되는지 즉시 알아내서 가르쳐 주는 서비스이다. 이런 자료의 수집, 정리, 배열 등과 같은 사서 기능은 비단 그 분야의 전문가에게만 요구되는 것이 아니다. 모든 사람들이, 특히 정보화 시대를 살아가야 할 우리의 어린아이들이 반드시 갖추어야만 할 중요한 기능임을 다시금 강조해 둔다.

너, 간자장 처음 먹어 보냐?

자장면과 탕수육을 좋아하는 것은 우리나라 모든 어린아이들의 공통된 특성인 듯싶다. 글쎄, 지금은 피자, 햄버거 등 온갖 서양식 패스트푸드가 차고 넘치다 보니, 예전처럼 자장면과 탕수육을 좋아하는 아이들의 수도 그만큼 적어졌을지 모른다. 그래도 어떻든 어린 시절, 엄마나 아빠가 중국집에 데려가서 사준 자장면과 탕수육은 평생 잊지 못할 맛있는 음식의 하나로 남아 있음에 틀림없다. 시골에서 성장한 나는 1년에 한 번, 그것도 아주 잠깐 읍내에 나가서 그것을 먹고 나면 그 후 1년은 행복하게 지낼 수 있을 만큼 좋아했던 음식이다. 그래서 그런지, 나는 나이 예순을 바라보는 지금에도 중국집에 가면 어떻든 탕수육과 자장면 먹는 것을 제일 좋아한다.

자장면에는 크게 두 가지가 있다. 하나는 보통 자장면이고 다른 하나는 간자장이라고 하는 것이다. 이 둘의 가장 큰 차이는 자장과 면을 함께 한 그릇에 담아 주느냐, 아니면 따로 두 그릇에 나눠 주느냐이다. 보통 자장면은 면 위에 자장을 얹어서 한 그릇에 담아 준다. 이 경우 먹기 전에 할 일이란, 그것을 그저 골고루 잘 섞어 비비기만

하면 되는 것이다. 그런데 간자장을 주문하면 면은 면대로 자장은 자장대로 서로 다른 그릇에 담아 준다.

재미있는 것은 지금까지 중국집을 다니면서 내가 관찰한 바로는 간자장이 나왔을 때 면과 자장을 따로 먹는 사람을 한 번도 본 적이 없다는 사실이다. 자장을 제아무리 다른 그릇에 담아 주어도 사람들은 그것을 받자마자 면 위에다 붓는다. 그러곤 열심히 섞는다. 비벼 먹는 것이다. 사람들은 왜 그렇게 비벼서 먹을까? 간자장도 자장면처럼 반드시 비벼 먹어야 한다고 어디에 규정되어 있기라도 한가?

어느 엄마가 초등학교 3학년짜리 아들을 데리고 중국집에 왔다. 그 아이 역시 자장면을 좋아하는지 모자가 함께 간자장을 주문했다. 주문한 음식이 식탁 위에 놓이자마자 아이는 젓가락을 들었다. 그러곤 면 위에 얹힌 오이채와 계란 반쪽을 먹기 시작했다. 엄마는 아이의 그런 행동을 지켜보면서 자신의 자장을 면 위에다 그릇째 쏟아 부었다. 그러고는 비비기 시작했다. 엄마 생각으로는 아이가 오이와 계란을 먹은 다음에 자장을 넣어 함께 섞을 줄 알았던지 싶다. 그런데 어쩐 일인지 아이는 오이와 계란을 먹은 다음에도 자장을 면에 넣어 비빌 생각을 하지 않았다. 아이는 면을 젓가락으로 몇 가닥 집어 먹고는 자장을 조금 떠서 입에 넣는 것이 아닌가!

만약 위와 같은 상황이 식당 안에서 벌어졌다면 엄마들은 어떤 반응을 보일까? 십중팔구 엄마들은 아래와 같은 반응을 보일 것 같다.

「애! 너, 지금 뭐 하는 거야, 응? 너 음식 갖고 장난하냐? 아니, 간자장 처음 먹어 보냐? 뭐 하는 짓이야. 빨리 비벼! 비벼 먹지 못해. 이것아, 사람들이 쳐다보잖아! 창피해 죽겠네. 너 자꾸 이러면 다시는 중국집에 안 데려 올 거야!」

그래도 만약에 아이가 꿈쩍 않고 그대로 계속 면은 면대로, 자장은 자장대로 먹으면 엄마는 어떻게 반응할까?

「너 정말 말 안 들을 거야! 안 되겠다. 이리 내놔, 엄마가 비벼 줄게. 아니다. 엄마 것은 다 비볐으니까, 엄마 것을 네가 먹어! 네 것은 내가 비벼 먹을게……」

그러면서 엄마는 얼른 자장면 그릇을 바꿀 성싶다. 자장면이라고 하면 그것이 보통 자장면이든, 아니면 간자장이든 그저 비벼 먹는다는 타성에 또는 고정관념에 엄마는 사로잡혀 있는 것이다. 그런 고정관념에 젖어 있는 사람은 그 엄마만이 아닐 것이다. 앞에서도 얘기했듯이, 나는 지금까지 간자장을 자장과 면으로 따로 나누어 주어도 비벼 먹지 않는 사람을 본 적이 없으니까 말이다.

예전에 연세대학교 정문 앞에는 서너 개의 크고 작은 중국집이 있었다. 지금은 정통 중국집이 거의 다 없어져 버렸지만, 나는 그중 한 집을 단골로 다녔다. 연구실에서 가깝고 또 값싸고 맛있으니 더없이 좋았다. 특히 점심 식사 한 끼를 해결하는 데는 최고였다. 내가 특히 그 집을 선호한 이유는 그 집의 면이 다른 집에 비하여 특별히 맛있었기 때문이다. 쫄깃쫄깃한 것이 면 자체에 간이 되어 있었는지, 면 그 자체만으로도 씹는 맛이 매우 좋았다. 그래서 그 집에 가면 나는 으레 간자장을 주문했다. 면만 따로 먹을 요량이었다. 그리고 자장을 그저 이따금 조금씩 집어 먹었다. 내가 그런 식으로 면 따로, 자장 따로 먹고 앉아 있으면 옆 테이블 사람들이 자꾸 힐끔힐끔 쳐다보았다.

다른 날과 마찬가지로 나는 면과 자장을 따로 먹고 있었다. 그러자 그 집에서 아르바이트하는 총각이 다가와서 다른 사람들은 듣지 못할 정도로 나지막하게 내 귀에 이렇게 말하는 것이 아닌가.

「아저씨 근데요, 간자장은 비벼 먹는 거예요. 저걸 면에 섞어 비비세요.」

「그래…….」

나는 그저 빙긋이 웃고 말았지만 속으로는 이렇게 말했다.

'이 친구야! 나도 다 알아! 그런데 간자장은 반드시 비벼 먹으라고 어디에라도 써 있냐? 그게 이 집의 규정이냐? 내가 비벼 먹지 않고 그냥 따로 먹어서 무슨 문제라도 생겼냐?'

내가 무안할 것을 감안하여 그 젊은이가 다가와서 속삭인 것을 왜 모르겠는가? 그래서 나도 빙긋이 웃는 것으로 고마움을 대신 표현했다.

이처럼 우리는 별생각 없이 예전에 해오던 대로, 그저 남들 하는 대로 따라서 행동할 때가 많다. 고정관념에 사로잡혀 있다고나 할까, 아니면 타성에 젖어 있다고나 할까. 사실 따지고 보면, 세상을 살아가는 데에는 그저 남들처럼 사는 것이 편할 때가 많다. 괜스레 유별나게 굴어 봐야 누가 알아주는 것도 아니고, 쓸데없는 구설수에나 오르고 구경거리로 전락하는 경우가 많기 때문이다. 즉, 그만큼 불편해지는 것이다.

또한 부모 된 입장에서는 자녀들이 그런 엉뚱한 짓을 하면 몹시 불안해한다. 그냥 남들 하는 대로 무리 속에 섞여 있어야 마음을 놓는다. 다른 평범한 애들처럼 그 속에 끼여 있어야 안심한다. 그리고 늘 하던 대로 자녀가 행동해 줄 때 부모는 그 행동을 예측할 수 있기에 그로 인한 심리적 안정을 얻는다. 이를테면 늘 밤 10시에 집에 오던 아이는 그때 와야 된다. 너무 이르다 싶은 6시에 들어와도 부모들은 걱정한다.

'무슨 일이 있었나? 왜, 쟤가 오늘은 이렇게 일찍 들어왔지?'

또는 아침 6시에 일어나던 아이가 새벽 3시에 일어나 불 켜고 앉아 있어도 부모는 불안해한다.

「여보, 재 요즘 좀 이상해지지 않았어요? 평소에 안 하던 짓을 하고, 저렇게 새벽에 일어나는 까닭이 뭘까? 당신은 재가 요즘 좀 달라진 것 못 느껴요……?」

이래도 저래도, 그냥 평소 하던 대로 해야만, 즉 타성대로 습관대로 행동해야만 부모는 마음을 놓는다.

이는 곧 자녀들에게 고정관념에 사로잡히기를 요구하는 것이나 다름없다. 그러나 그렇게 되면 창의적 사고라든가 발산적 사고 따위가 싹트기란 매우 어렵다.

아침에 출근하다 보면 학교 정문 앞에서 광고 전단지를 나누어 주는 아주머니들을 자주 보게 된다. 열심히 나누어 주지만 정작 받는 학생들은 시큰둥하다. 마지못해 받는 학생들도 있는가 하면 받는 즉시 구기는 학생들도 있다. 아니면 그냥 손에 쥐고 흔들고 가다가 쓰레기통이 보이면 그냥 버리는 학생들도 있다. 그러고 보면 광고주는 헛돈을 쓰는 셈이나 다름없다. 결국엔 광고 효과가 제대로 나지 않을 테니까.

그렇다면 어떻게 하는 것이 좋을까? 우선은 나누어 주는 아주머니들이 제대로 잘 나누어 주어야만 학생들이 그것을 읽지 않겠는가? 즉, 학생들이 그 광고를 반드시 읽도록 만들어야 할 것이다. 학생들에게 질문을 했다. 만약 네가 광고주라면, 그래서 아주머니들에게 광고 전단지를 나누어 주게 한다면, 너희들은 그 아주머니에게 어떻게 나누어 주라고 하겠는가? 여러 학생들에게서 다양한 의견이 나왔다.

「우선 성의껏 나누어 주어야 합니다.」

「인사를 정중히 하면서 나누어 주어야 합니다.」

「가는 길을 막지 말고 45도로 비켜서서 나누어 주어야 합니다.」

「나누어 주지 말고 판자에다 크게 써가지고, 학생들 앞에서 뒷걸음질하면서 보여 주도록 해야 합니다.」

여러 가지 의견이 나왔지만, 어찌 보면 구태의연하고 지극히 판에 박힌 대답들이었다. 그런데 70여 명의 학생들 가운데 유독 눈길을 끈 응답자가 한 명 있었다. 그 친구의 대답은 바로 이것이었다.

「그냥 나누어 주지 말고, 처음부터 아예 구겨서 주면 분명 읽어 볼 것입니다.」

나누어 주면 보지도 않고 그냥 구기는 학생들이 많으니까 처음부터 아예 구겨서 주면, 학생들은 이 아주머니가 도대체 무엇을 이렇게 구겨서 주나 싶어 펴보고 또 그 내용이 무엇인가 읽어 보게 되지 않겠느냐는 것이 그 학생의 생각이었다.

모든 학생들이 박장대소를 하였다. 놀라움의 탄성을 지르는 학생도 있었다. 어디서 들은 얘기인지, 아니면 정말 그 학생의 독특한 발상이었는지는 따져 묻지 않았다. 그 학생의 답은 그만큼 인습적인 생각에서 벗어나야만 창의적인 발상을 할 수 있음을 충분히 보여 주었기 때문이다.

앞에서 이야기한 간자장을 자장 따로 면 따로 먹는 경우나 광고 전단지를 아예 처음부터 구겨서 나누어 주는 경우, 모두가 일상의 습관적 사고와 행동에서 벗어난 것이라는 공통된 특성이 있다. 다소 엉뚱하다고 보이는 생각과 행동인 것이다. 그러나 실은 그러한 엉뚱한 사고와 행동이 허용될 수 있어야만 사고력은 배양된다. 흔히 부인들이 「우리 남편은 엉뚱한 짓을 잘해. 시키지도 않았는데 글쎄, 어쩜 그런 생각을 하고 그런 일을 벌였는지 모르겠어……」 하고 불평하는 경우가 있다. 물론 그렇게 해서 아주 엄청난 경제적 손실이 생긴다거나 신체적 위해를 입게 되면 그것은 큰 문제가 아닐 수 없다.

그러나 그러한 경우가 아니라면, 웬만한 경우 당장에 다소 손실을 입더라도 그러한 엉뚱한 사고와 행동이 허용될 수 있는 분위기가 바람직하다.

지금까지 인류 역사를 통해 이루어진 수많은 발명과 탐구는 바로 그러한 타성에서 벗어난 엉뚱한 생각과 행동에서 비롯되었음을 우리는 익히 알고 있다. 물론 그렇다고 해서 희한하고 엉뚱한 모든 생각과 행동이 반드시 바람직하다고는 할 수 없다. 다만 일상의 범주에서 벗어나지 못할 때, 그 어떠한 발전과 창조도 기대하기란 힘들다는 것을 강조하고 싶을 뿐이다.

선생님, 우리 엄마 좀 만나 주실래요?

졸업을 한 달 앞둔 4학년 진아가 전화를 해왔다. 한번 찾아뵙고 의논드릴 일이 있다고 했다. 겨울 방학 중이었지만 나는 행정 보직을 맡고 있어서 매일 출근하고 있었기에, 약속을 지키는 것에는 별 어려움이 없었다.

속으로 생각했다.

'얘가 무슨 일로 상의를 하려는 거지? 취직 때문일까? 지난 학기 초에 물었을 때는 취직보다 유학에 관심이 많았었는데, 그러면 유학 가려고 추천서를 부탁하려는 건가? 글쎄, 하여튼 오면 알게 되겠지.'

진아는 약속한 날, 내 사무실로 찾아왔다. 그런데 혼자 온 것이 아니라 경철과 함께였다. 경철은 같은 학과 동급생으로 진아와 1학년 입학할 때부터 사귀어 온 친구이다.

두 사람은 내 수업에 들어와서도 언제고 맨 앞에 나란히 앉았다. 기특하게 느낀 것은 그들이 막 4학년이 될 때였다. 캠퍼스 커플이란 것이 1, 2년 사귀다 보면 시들부들해지는 것이 보통인데, 이 두 사람은 그런 편견은 정말 잘못된 것임을 보여 주기라도 하듯 전혀 흔들림

없이 끈기 있게 사귀고 있었기 때문이다.

한편 나는 약 30년 동안 대학에서 선생으로 늘 학생들과 지내면서, 학생들에게 내가 언제나 무서운 선생님으로 비쳐지는 줄 알았었다. 지금은 그래도 나이를 먹어 눈이 아래로 좀 처졌지만 한창때는 눈이 미국 인디언처럼 위로 치째져서 학생들에게 비친 첫인상이 그저 차갑고 무서운 선생님에 다름 아니었다. 또 나는 그렇게 비쳐지는 것에 별로 신경을 쓰지 않았다.

그러나 언젠가부터 학생들이 나를 해결사로 생각하고 있다는 이야기를 자주 전해 듣게 되었다. 이성호 선생님한테 가면 어떤 문제든 해결된다는 것이다. 내가 학교의 주요 행정 보직을 맡고 있다 보니까, 학생들이 자칫 실수하여 어떤 어려움에 처했을 때 많이 해결해 주었기 때문에 그런 이야기가 나왔을 게다. 또 취직이라든가 외국 대학원으로 진학하는 문제에 있어서도 가능한 내가 해줄 수 있는 모든 것을 학생들에게 해주었기 때문이다. 뿐만 아니라 뚜쟁이 노릇도 여러 차례 했다. 이렇게 저렇게 학생들을 엮어 주기도 하고, 또 처음부터 결혼을 시킬 목적으로 두 사람을 불러다가 인연을 맺어 준 적도 여러 번 있었다. 그래서 학생들은 스스럼없이 내게 이런저런 부탁을 해올 때가 많았고, 또 나는 그런 것을 도와주고 해결해 주는 데서 큰 기쁨을 느꼈다.

그러면 진아는 왜 경철을 데리고 나타난 것일까? 두 사람 사이에 무슨 문제가 생겼을까? 혹시 둘이 헤어지기로 했나? 그러나 내 사무실에 들어선 두 사람의 모습은 예전보다 더욱 다정해 보였다.

「야! 너희들 오래간만이다. 그래 방학은 잘 보내고 있니?」

「네, 선생님. 학교에 매일 나오셨어요?」

「그럼, 그래야지 어쩌냐. 이런 보직 맡고 있으면 방학도 없어. 특히 겨울 방학은 더 그래. 입학시험이 있어서. 그것도 한 차례가 아니고 재외 국민 대상 입학시험이니, 편입학 시험이니 좀 많니? 또 입학시험도 요즘엔 수시다, 정시다 복잡하지 않니? 하여튼 그건 그렇고…….」

차 한잔 하겠느냐는 물음에 둘 다 커피를 마시겠다고 했다. 창밖엔 겨울바람이 스산하게 불고 있었고, 우리 셋은 조용한 가운데 커피를 마시며 앉아 있었다. 분위기는 좋았다. 그러나 한참을 머뭇거리기만 할 뿐 진아는 좀처럼 용건을 말하지 않았다. 할 수 없이 내가 먼저 물었다.

「그래, 무슨 일 있냐? 경철이까지 데리고 온 것을 보면, 너희 두 사람과 관련된 문제인 것 같은데?」

진아는 남은 커피를 물 마시듯 한꺼번에 마시곤 입을 열었다.

「선생님, 저 부탁이 있는데요. 저희 엄마 좀 만나 주실래요? 여기에 저희 엄마 휴대 전화 번호 적어 왔어요! 엄마가 교수님 팬이에요. 옛날에 교수님이 텔레비전에서 특강하실 때, 저희 엄마가 참 열심히 보셨거든요. 그때부터 엄마는 교수님 팬이 되셨어요. 그러니까 저희 엄마한테 만나자고 하시면 엄마가 무척 좋아하실 거예요…….」

느닷없이 자기 엄마를 만나 달라니, 기막힌 일이었다.

「진아야! 근데 내가 네 어머니를 왜 만나냐? 아니, 만나서 무슨 할 얘기가 있어야잖아…….」

「저 있잖아요, 경철이 괜찮은 아이라고 선생님이 저희 엄마한테 얘기 좀 해주세요. 그게 부탁이에요.」

한참을 큰 소리로 웃었다. 부탁을 하는 두 녀석이 귀엽기도 하고 또 부탁하는 그 내용이 어이가 없어서였다.

「아니 왜? 네 어머니께서 경철이를 싫다고 하시더냐?」

「네. 선생님도 아시잖아요, 저희 그동안 오래 사귄 것 말이에요. 이제 졸업이 한 달밖에 안 남았잖아요. 그래서 저희는 졸업하자마자 결혼했으면 해요. 경철이가 유학 떠나기로 했어요. 6월에 갈 예정인데, 저희는 4월쯤 결혼해서 부모님하고 두어 달 함께 살다가 떠났으면 해요. 그런데 문제는 경철이네 부모님은 모두 좋다고 하시는데, 저희 엄마가 반대를 하세요.」

「그럼 네 아버지는 찬성하시는데 어머니만 반대하신단 말이냐?」

「아버지는 원래 이런 일에서는 무조건 엄마 편이세요. 그저 엄마가 좋다 하면 좋은 것이고, 엄마가 반대하면 엄마와 똑같이 반대하세요.」

그때 나는 피식 웃으며 속으로 이런 생각을 했다.

'너희 아버지도 나처럼 생각 잘하셨다. 나이 먹어 가면 무조건 아내 말 잘 듣고, 하자는 대로 하고 사는 것이 속 편한 것이야. 괜스레 이견 붙이고 질문하고 따질 필요 없이 말이다.'

하여간 웃으면서 나는 다시 물었다.

「그럼, 네 어머니가 왜 반대하시는지 내가 그 이유를 알아야 어떻게 도움을 주든 할 것 아니냐?」

「경철이가 키가 너무 작고 얼굴이 까무잡잡하고 너무 오종종하게 생겨서 싫으시대요.」

나는 또 웃을 수밖에 없었다.

「얘, 진아야! 경철이 너도 잘 들어. 그러면 내가 가서 뭐라고 네 어머니한테 말씀드려야 하냐? 키가 작은 것이 아니라고 하냐? 이 녀석아, 사실 우리 솔직히 말하자. 경철이 너는 작은 키에 속해. 우선 나보다도 작고. 내 나이 또래 사람들은 모두들 잘 못 먹고 자라서 그런지 키들이 다 작지 않니? 그런 나보다도 작으니 경철이가 키 작은 것은 틀림없고 또 얼굴이 까무잡잡한 것도 사실이잖아. 그건 피부가 원래 그런 것 같고. 얼굴이 오종종한 것도 사실이야. 그러면 내가 네 어머니 만나서 경철이는요, 키도 뭐 작은 키가 아니고 얼굴도 까무잡잡하지 않고, 또 오종종하게 생긴 것도 아니라고 말하랴? 그렇게는 말하기 어렵지!」

「…….」

아이들은 묵묵히 앉아 있었다. 사실임을 저희들도 아는 터에, 별로 할 말이 없는가 싶었다. 그때 나는 목소리 톤을 높여서 다시 얘기를 꺼냈다.

「야! 이 바보 녀석들아! 뭘 그런 걸 가지고 그러냐? 지금 너희들이 생각을 잘못하고 있는 거야. 한쪽만 보고 다른 한쪽은 못 보고 있는 거야! 이 녀석들아! 키 작은 것을 어떻게 하나? 뭐 별안간에 잡아당겨 늘일 수가 있나? 또 피부가 원래 까무잡잡한 것을 어떻게 하나? 얼굴이 오종종한 것도 이제 와서 어떻게 하나? 그러니까 그런 것은 다 그냥 받아들이고 중요한 것은 네 어머니가 그런 것 때문에 반대하신다면 경철이의 좋은 점들을 많이 찾아내서 그 반대하시는 이유들을 꺾으면 되잖아! 무슨 말인지 모르겠어?」

「…….」

「이봐, 우리가 운전할 때, 올라가는 길이 있으면 내려가는 길이 있지. 그런 것처럼 나쁜 점이 있으면 좋은 점도 있게 마련이야! 여기서 내려가야 할 때는 내려가! 문제는 올라가는 경우를 좀 더 크게 만들면, 결국엔 내려가는 것을 상쇄시킨다 해도 나중에 계산해 보면 조금은 올라가 있지 않겠냐! 너희들 고스톱 칠 줄 알지?」

「한 번도 안 쳐봤는데요.」

70

진아가 먼저 자랑이라도 되듯 대답했다.

「이런 바보 녀석. 아니 그래, 고스톱도 못 쳐봤니? 경철이 너는 쳐봤어?」

「네, 몇 번 쳐봤습니다.」

「그래, 그러면 됐어. 야! 고스톱 칠 때 말이야, 잃을 땐 3점으로 조금 잃고, 딸 때는 광박, 피박에 양박으로 따면 나중에 끝나고 계산했을 때 돈 땄겠어, 못 땄겠어?」

「네, 땁니다.」

「바로 그거야, 이 녀석아! 경철이 너한테 그런 신체적 핸디캡이 있다만 반대로 좋은 것들이 뭐냐? 아무것도 없어? 내가 보기에 이 녀석아, 경철이 너는 정말 두뇌가 탁월해. 얼굴은 비록 오종종해도 심성이 태평양 바다 같잖아! 또 사나이답게 배짱도 있고 의리도 강하고…… 그런 것을 진아 어머니한테 왜 말 못해? 바로 그런 점들로 그까짓 신체적 핸디캡 같은 것은 얼마든지 이겨 낼 수 있어!」

어떻든 그런 대화를 끝낸 다음 정말 나는 며칠 후 진아 어머니를 강남의 한 찻집에서 만났다. 처음 만나는 딸아이의 대학 선생님이라 그랬는지 진아 어머니는 못내 당황해하고 겸연쩍어했다. 이런저런 이야기를 한 다음 진아가 부탁한 본론으로 들어갔다. 나는 미리 생각한 대로 경철의 신체적 핸디캡부터 들추기 시작했다. 자기 자신이 자기 자식을 욕하고 야단치는 것은 괜찮아도 딴 사람이 그러면 몹시 불쾌한 것이 사람의 마음 아니겠는가.

「진아하고 경철이 둘이 사귀는 것을 오랫동안 봐왔는데요, 사실 경철이가 마음에 안 드실 거예요. 여러 가지로 그렇잖아요. 애가 키도 작고 또 얼굴은 왜 그렇게 까무잡잡한지. 게다가 얼굴이 자그마하다 보니 사내아이가 너무 오종종하게 보이고 그러니 마음에 안 드실 게 당연해요.」

아니나 다를까, 진아 어머니는 정색을 하고 나섰다. 내가 자기 딸과 사귀는 경철을 헐뜯는 게 몹시 싫으셨던 것이다.

「아니에요, 선생님. 키가 그만한 남자들도 많아요. 경철이가 훌쩍 크진 않지만 진아보다는 커요. 그리고 남자가 좀 까무잡잡하면 어때요! 아주 허여멀건 것보다는 나아요. 또 얼굴이 좀 오종종하면 어때요? 뭐, 있을 것만 다 있으면 되잖아요…….」

나는 그때 무척이나 마음이 편안해졌고 또한 기뻤다. 진아 어머니가 내심 경철을 받아들이고 있는 것 같아서 말이다. 그래서 나는 경철의 좋은 점들을 힘주어 말하기 시작했다.

「사실 그까짓 외모가 문제가 되지는 않지요. 건강하면 되지 않습니까? 중요한 건 그 아이의 심성이에요. 제가 가르쳐 봐서 아는데 정말 착해요. 마음이 용광로같이 뜨겁고 태평양같이 넓은 아이예요. 또 의지는 얼마나 강한지 몰라요. 머리도 정말 뛰어난 아이입니다…….」

진아 어머니는 매우 흡족해했다. 두 사람의 결혼 주례를 서줄 것까지 부탁했다. 두 사람은 졸업 후 석 달이 지난 다음에 결혼했다. 그리고 지금도 줄이거나 없애기 어려운 부정적인 점들을 움켜쥐고 그것을 어찌해야 하나 고민하기보다는, 긍정적인 점을 자꾸 찾아내고 키움으로써 부정적인 점들을 상쇄시키고도 남을 만큼 노력하며 지낸다고 전해 듣고 있다.

창의적인 사고와 발상은 우리가 어떤 현상을 부정적으로 지각할 때는 결코 이루어지지 않는다. 어떤 어려움이 닥치더라도, 어떤 부정적인 상황에 놓이더라도 항상 그것의 다른 쪽, 밝은 쪽, 긍정적인 쪽을 들여다보려고 노력하면 지금보다 훨씬 다양한 생각들을 발산

시킬 수 있다. 즉, 부정적인 것만을 놓고 무조건 안 된다고 포기하거나 그냥 그것을 움켜쥐고 끙끙거릴 것이 아니라, 그것은 그냥 그대로 놓아 두고 긍정적인 것을 찾도록 해야 한다.

그럼에도 오늘의 많은 어린아이들이나 청소년들이 어떤 벽에 부딪치거나 어려움에 처하면, 그대로 포기해 버리거나 그 부정적인 것에 제 스스로 구속되어 긍정적인 발상을 못하는 경우를 자주 볼 수 있다. 우리는 아이들이 모든 것을 긍정적으로 말하고, 긍정적으로 생각하고, 긍정적으로 수용하는 습성을 키울 수 있도록 도와주어야 한다. 그리고 그런 식의 긍정적 사고와 행동의 본을 어른들이 더욱 많이 보여 주어야 할 것이다.

저 자동차를 어떻게 들여놓았어요?

　우리나라 대학생들은 대체로 질문이 없다. 수업 시간에 그렇게 질문하라고 해도 그저 입 다물고 있을 뿐이다. 어쩌다 질문을 해도 학기말 숙제를 언제까지 내면 되느냐, 어디다 갖다 내느냐와 같은 업무 처리와 관련된 내용이지, 선생과 학생 간은 물론이고 학생들 간에도 지적 호기심을 자극하는 그런 질문은 없다. 물론 이따금씩, 퍽이나 신선하고 예리한 질문을 하는 학생들도 있기는 하다.

　공부를 정말 잘하는 학생이냐 아니면 못하는 학생이냐를 쉽게 판별하는 방법의 하나는 그들에게 질문을 하도록 하는 것이다. 일반적으로 공부를 잘하는 학생들은 질문이 많다. 그것은 자기 자신이 무엇을 모르는지, 무엇이 이해가 되지 않는지를 정확히 알고 있기 때문이다. 그래서 질문을 하더라도 그들은 요점을 분명하게 찍어서 한다. 절대로 전체를 묶어서 두루뭉술하게 질문하지 않는다.

　「선생님, 아까 말씀하신 교육과정 이론에서의 전통주의적 사고란 결국 타일러(Tyler) 부류의 기계적이고 절차주의적인 사고를 통칭하는 것입니까?」하고 매우 제한적인, 즉 초점이 있는 질문을 던진다.

그것은 결국 자신이 무엇을 모르고 있는지를 정확히 알기 때문이다.

그러나 공부를 못하는 학생들은 우선 질문이 없다. 왜냐하면 무엇을 모르는지 모르기 때문이다. 즉, 무엇을 질문해야 할지 모른다. 그럼에도 이들에게 질문을 강요하면, 그냥 통째로 묶어서 질문한다.

「선생님, 좀 전에 말씀하신 교육과정에서의 전통주의적 사고가 무엇인지, 다시 한 번 말씀해 주십시오.」

사실 그런 질문을 받을 때처럼 기막힐 때가 없다. 그래도 인내심을 발휘하여야 하겠기에 다시금 설명해 주긴 한다. 그렇다면 왜 우리나라 대학생들은 수업 시간에 질문이 없을까? 모두가 공부를 못하는 학생들이기 때문일까? 모두가 무엇을 모르는지 모르기 때문일까?

우리나라 학생들은 학교 교육에서 질문하는 교육을 제대로 받지 못하였다. 그저 받아 적고 외우는 데는 이골이 날 정도로 훈련을 잘 받았지만, 자기 스스로 문제를 만들어 선생님에게 언간생심 질문을 하는 버릇은 키우지를 못했다. 하기야 선생님들 역시 학생들에게 질문을 던질 줄 모른다. 기껏해야 「알겠냐? 아직도 모르겠냐?」 하는 식의 이원론적인 질문에 그치는 경우가 대부분이다. 수업하기 전에 내가 '오늘은 학생들에게 이런 질문들을 던져 보아야지' 하고 발문을 미리 계획하고 연구하고 준비해서 들어가는 선생님은 그리 많지 않다.

그런가 하면 집에서도 마찬가지이다. 부모들 역시 자녀들에게 질문하는 습관을 키워 주지 못하였다. 부모 자신이 자녀들에게 제대로 된 질문을 하지 않는다. 질문을 해도 학교 선생님들처럼 그저 두 가지 중 하나를 선택하는 식의 질문이고, 또는 그저 단순한 기억과 재생을 요구하는 질문이거나 무엇을 했는지 안 했는지 수행 여부를 따져 묻는 식의 질문이다.

게다가 학교에서고 가정에서고 학생이나 자녀가 질문을 하도록 권유하거나 유도하지도 않는다. 오히려 그들로 하여금, 괜스레 질문했다가는 야단이나 맞고 창피나 당하지 않겠는가 하는 생각을 갖도록 만들 때가 많다. 그렇기에 그런 말을 하지 않던가? 「가만히 있으면 중간이나 가지……」「너무 알려고 하지 마. 그러면 다쳐……」하는 식의 표현 말이다.

질문이란 한마디로 호기심의 발로이다. 궁금해야 질문이 생기는 것이다. 생각을 키우는 일에 있어서는 이러한 호기심에 기초한 질문이 매우 바람직하고 효과적이다. 즉, 우리는 어린아이들로 하여금 호기심을 갖도록, 그래서 질문을 많이 하도록 만드는 것이 매우 중요하다. 호기심이 생기고 나서 그것이 질문이란 형태로 나올 때까지 머릿속에서는 매우 복잡하고 미묘한 사고가 진전되는 것이다. 바로 이것이 사고력을 키우는 기회가 된다.

어찌 보면 인간의 호기심은 본능적이다. 어린아이들을 보면 그것을 쉽게 느낄 수 있다. 서너 살이 되어 제법 말을 하게 되면 아이들은 세상 모든 것에 호기심을 나타낸다. 그렇기에 아이들은 엄마, 아빠에게 끝없이 질문을 던진다. 정말 귀찮을 정도로 많은 질문을 던진다.

「엄마, 비는 왜 와?」
「응, 구름이 모여서 비가 되어 내리는 거야.」
「구름이 뭔데?」
「저게 구름이야? 하늘에 있는 저 꺼먼 것이 구름이야?」
「그럼 저게 비야?」
이쯤 되면 엄마는 서서히 신경질이 난다. 그러곤 아이의 입을 틀어막는다. 「나중에 크면 다 알게 돼. 넌 별걸 다 묻고 난리냐? 조그만 게 따지기는……」하는 식으로 말이다. 그렇지만 교사고 부모고

76

간에 교육을 함에 있어서 갖추어야 할 제일 큰 덕목의 하나는 인내심이다. 인내하면서 아이들과 끝없이 질문을 주고받는 것이다.

그렇기에 옛날 성현들은 모두 질문을 주고받는 식으로 제자들을 가르쳤다. 성경을 읽어 보라. 그 속에 예수가 그의 제자들과 얼마나 많은 질문을 주고받았는지가 잘 나타나 있다. 예수는 결코 제자들의 끝없는 호기심을, 그리고 이어지는 질문을 귀찮아하지 않았다. 그런 것은 석가모니와 공자도 마찬가지였다.

그런데 어려서부터 그런 호기심을 보이고 질문을 하던 버릇이 점차 학교에 다니고 나이를 먹어 가면서 줄어들다가, 성인이 되면 아예 없어지는가 싶다. 그저 뭐 세상은 다 그런 거려니 하는 식의 자포자기인지는 모르겠지만 세상에 대해서 별로 질문이 없다. 주변에 존재하는 어떤 현상, 주변에서 일어나는 작은 변화 따위엔 관심이 없는지, 호기심도 질문도 없다. 그렇기에 그런 것을 질문하는 자녀들에 대해서도 별로 달갑게 생각하지를 않는다.

어느 음식점에 간 적이 있었다. 그 집 앞에 꽃이 예쁘게 가꾸어져 있었다. 어릴 적 시골에서 늘 보았던 꽃들이라서 정겨웠다. 채송화와 봉숭아(봉선화)도 눈에 띄었다. 특히 엷은 붉은빛을 띤 봉숭아가 긴 네모 화분에 가득 심어져 음식점 주변을 둘러싸고 있었다. 내 옆에서 한 엄마와 초등학교 3학년쯤 되어 보이는 남자아이도 함께 그 꽃을 보고 있었다. 그러자 이내 아이의 질문이 시작되었다.

「엄마, 이거 무슨 꽃이야?」

「이거, 그냥 예쁜 꽃이야!」

「그게 꽃 이름이야?」

「아니.」

「그럼 무슨 꽃인데?」

「그냥 예쁜 빨간 꽃이라고 그러면 돼! 뭐 꽃이 어디 한두 가지니?
엄마가 다 어떻게 알아?」

아이는 약았다. 그쯤에서 질문을 그만 던지는 것이 좋겠다는 것을
얼른 알았다. 괜스레 한두 번 더 질문을 했다가는 밥도 못 얻어먹으
리라는 것을 말이다.

나는 호기심이 생겼다. 그러면 이 식당에서 일하는 사람들은 저
꽃 이름을 알까? 뭐, 그렇게 희귀한 꽃도 아니고 우리나라에선 쉽게
볼 수 있는 꽃인데 모를 리가 있겠는가? 하기야 요즘 도시에선 저런
꽃 보기가 좀 어렵기는 하지만.

「여보세요, 총각, 저 현관 밖에 있는 꽃 있잖아요, 그거 무슨 꽃이
에요?」

「어떤 꽃요?」

「저기 저 빨간 꽃 말이에요.」

「모르겠는데요.」

「그래요? 지배인 어디 계세요? 지배인 좀 오시라고 해요.」

조금 있다 지배인이 왔다.

「제가 지배인입니다.」

「아, 그러세요. 죄송하지만 저기 현관 밖에 있는 꽃이 무슨 꽃이에
요?」

「글쎄요, 모르겠는데요. 그냥 꽃집에서 한 달에 한 번씩 와서 해주
니깐요……」

자기 집 앞의 꽃도 무슨 꽃인지 모른단 말인가? 그동안 한 번도 그
게 무슨 꽃인지 궁금하지도 않았던가? 예전 시골에선 저 꽃을 집 울
타리 주변에 많이 심었었다. 저 꽃의 향기를 뱀이 싫어한다 해서 뱀
을 못 들어오게 하려고 말이다. 그래서 금사화(禁蛇花)라고도 부른

다. 하긴 식당에 꽃뱀(?)이 올 수도 있으니까, 저 꽃을 심었을지도 모르지 하면서 피식 웃고 말았다.

　호기심이 없고 무관심하고 질문이 없기는 자기 사무실에 걸려 있는 한자로 된 족자의 내용도 모르는 어른들도 마찬가지이다. 어느 기관장 사무실에 갔더니 멋진 족자가 있었다. 모두 여섯 글자로 된 한자 족자였다. 소파에 앉아 차 대접을 받으면서 고개를 들자 그 족자가 한눈에 들어왔다.

「○○님! 저 족자의 뜻이 뭐예요?」

「허허…… 저도 모르겠어요. 전임자 때부터 그냥 거기 걸려 있었거든요…….」

　내가 걸지 않았으니, 굳이 그것을 알 필요도 없고 또 몰라도 크게 흠이 되지 않는다는 식의 대답이었다.

　서울 강남의 어느 유명 호텔에 일이 있어 갔었다. 지하 1층 커피숍에 앉아서 만나기로 한 사람을 기다리고 있는데, 커피숍 한쪽에 빨간 스포츠카 한 대가 놓여 있는 것이 보였다. 가까이 가서 들여다보니 이름으로만 듣던 그 유명한 포르셰 자동차였다. 정말 멋져 보였다. 그런데 이 차는 무엇 때문에 여기 들어와 있을까. 자리에 돌아가 앉아 커피를 가져온 여자 종업원에게 물었다.

「저기, 저 자동차는 왜 갖다 놓았어요?」

「아, 네……. 이달 말까지 특별 경품 행사하고 있어요.」

「그래요, 어떻게 하는 건데요?」

「들어오실 때 현관에 명함 넣는 유리 항아리 못 보셨어요? 거기에 명함을 넣으시면 연말에 한 분을 추첨해서 드릴 거예요.」

「아, 그래요! 그런데 저 자동차를 어떻게 저기다 들여놓았나요?」

「모르겠는데요. 그런 것까지 물어보는 사람은 한 분도 없었는데…….」

 마치 물어본 내가 무슨 별종이라도 되는 듯이 그녀는 얼버무리고 돌아서 버렸다. 그러나 나는 계속 궁금했다. 도대체 어디로 저 차가 들어왔을까? 이 안에서 조립한 것도 아닐 테고. 그런 것 물어봤다고 사람을 좀 이상하게 바라본 것에 기분도 안 좋고 해서 그 종업원에게 커피를 다시 채워 줄 것을 부탁하면서 다시금 물었다.

 「저기, 그러면 지배인 좀 불러 주세요.」

 음식점에서도 지배인 찾더니, 혹시나 독자들은 내가 어딜 가든 지배인을 찾아 귀찮게 군다고 생각하지 않기를 바란다. 그저 궁금해서 그럴 뿐이다. 또 앞에서 말한 그 식당의 경우엔 내가 지배인에게 조용히 가르쳐 주었다. 꽃 이름이며, 왜 봉숭아라고도 하고 금사화라고도 하는지, 또 왜 손톱에 봉숭아로 빨간 물을 들이는지, 봉숭아와 봉선화가 같은 꽃이라는 것도 가르쳐 주었다. 이번에도 의아한 표정으로 지배인이 다가왔다.

 「지배인은 아시겠지요? 종업원은 모르던데……. 저 자동차를 이 안에 어떻게 들여놓았어요?」

 지배인 역시 처음엔 별 이상한 사람 다 보았다는 듯한 표정이었다. 하지만 역시 지배인은 달랐다. 잠깐 다녀오겠다고 하고는 어딘가에 가서 알아 가지고 왔다. 감쪽같이 벽으로 위장된 비밀의 문이 있었고 그것을 뜯으면 곧바로 지하 주차장과 통하는데, 자동차는 바로 그곳을 통해서 들어왔다는 것이다.

 이런 경우, 아이들이 그런 질문을 했다면 어른들은 어떤 반응을 보였을까? 부모나 커피숍의 종업원들이 그 아이를 어떻게 대해 주었을까? 역시 「이 다음에 크면 다 알게 될 거야」라고 했을까? 아니면 「넌 왜 그렇게 쓸데없는 것에 관심이 많냐! 하라는 공부는 못하면

80

서……」라고 했을까?

호기심을 키워라. 자녀들에게 호기심을 불러일으키는 것이 좋다. 그들에게 질문하는 법을 가르치려면, 그래서 생각하는 힘을 키워 주려면 부모가 먼저 자녀들에게 생각이 있는 질문을 던지는 습관을 가져야 한다.

언니는 밥 먹고 올게, 조금만 기다리고 있어

내가 어렸을 때는 사실 장난감이란 것이 별로 없었다. 더욱이 시골에서는 돈을 주고 살 수 있는 장난감은 거의 없었다. 모두 우리 스스로 만든 것들이었다. 수수깡 껍질을 벗겨 안경을 만들어 쓰고 돌아다녔고, 팽이도 썰매도 연도 활 따위도 직접 만들어 가지고 놀았다. 특히 식구들끼리 모여 앉아 이야기꽃을 피우는 일도 중요한 놀이 중 하나였다. 지금처럼 가족들이 제각기 바쁘고 서로 대화할 시간이 없고 또 시간이 있다 해도 텔레비전 때문에 서로 대화도 않는 것에 비하면, 그때는 정말 대화를 많이 했다.

서로 얘기하면서 하던 놀이 중에, 특히 교육학적인 입장에서 지금 생각해 보면, 엄마와 형, 동생들과 함께했던 스무고개가 사고력을 키우는 데 꽤 큰 도움이 되었던 것 같다. 교수·학습 방법을 평생 공부한 나로서는, 스무고개와 같은 놀이가 미국에서 탐구 교수법의 한 가지 중요한 방법으로 새롭게 논의되고 있음에 실소를 금치 못했다. 왜냐하면 우리가 그 옛날에 벌써 시골에서 늘 했던 놀이이기 때문이다.

우리네 조상의 지혜로운 자녀 교육법에 대해 한 가지만 더 이야기를 하자면, 돌 전후의 어린아이에게 할머니나 집안 식구들이 틈만 나면 앉아서 시켰던 '도리도리' '짝짜꿍' '곤지곤지' '죔죔' 같은 것이 있다. 이것은 어린아이가 목을 가누거나 눈과 손 간의 조정 능력을 키우는 데 더없이 좋은, 놀이를 통한 훈련 방법이다. 이러한 우리 선조들의 자녀 교육에 관한 지혜는 그 외에도 수없이 많지만, 여기서는 이쯤 해두고 다시 스무고개 이야기로 돌아가겠다. 스무고개는 대체로 어른들이 손안에 무엇인가를 보이지 않게 꼭 움켜쥐고는 어린아이들에게 스무 번의 질문을 통해서 그것을 맞추어 내도록 하는 놀이이다. 이때, 대답하는 어른은 아이들이 묻는 질문에 그저 「아닙니다」 「그렇습니다」 두 가지로만 대답하고 더 이상의 설명은 하지 않는 것을 원칙으로 한다. 따라서 아이들도 그런 식의 대답을 염두에 두며 질문을 던진다.

「자, 이 손안에 엄마가 움켜쥐고 있는 것은 무엇일까요?」

그러면 서너 명의 자녀들이 엄마 주변에 옹기종기 앉아 질문을 하기 시작한다.

「식물입니까?」

「네, 그렇습니다.」

「그러면 먹을 수 있습니까?」

「네.」

「아이들도 먹을 수 있나요?」

「네, 그렇습니다.」

「아무 때나 먹나요?」

「아닙니다.」

이렇게 스무고개 대화가 진행되다 보면 아이들이 서로 자기가 먼저 질문하겠다면서 싸우기도 한다. 그런데 여기서 아이들은 남의 질문을 경청하는 법을 놀이를 통해 자연스럽게 터득한다. 아이들은 자신의 질문만을 중시하는 것이 아니라, 다른 형제들이 무엇을 질문하고, 그 대답은 어떠한가에 주의를 기울인다. 또한 혼자서는 잘 생각이 나지 않던 것들이 다른 사람의 이야기를 들으면 생각이 나는 경우도 많다는 것을 아이들은 자기도 모르게 터득한다. 특히 이런 스무고개 놀이에서, 한 번, 두 번, 세 번, 네 번, 질문이 던져지고 그에 대한 「예」「아니오」의 대답이 나올 때, 아이들은 거기서 얻은 정보들을 모아서 그것을 자기 나름대로 머릿속에서 정리하고 추론을 한다는 점이 중요하다.

'그래! 먹는 것이지만 늘 먹는 것은 아니라고 했지. 그러면 주식으로 먹는 것이 아니라 간식일 거야.'

그런 추론을 하고, 즉 나름대로의 가설을 세우고 그것에 기초하여 다음 질문을 생각해서 던진다. 또 자기가 세운 가설이 맞는지 확인하기도 하고 말이다.

「자, 다섯 번째 고개를 넘을까? 누가 질문할래?」

「엄마, 내가 할래. 항상 먹는 것은 아니라고 했어! 그러니까 그것은 주식으로 먹는 것은 아니지요?」

「네, 그렇습니다.」

바로 이러한 질문을 주고받으면서, 즉 '스무 번'이라는 제한된 기회(고개) 내에서 형제들끼리 경쟁하면서 답을 추리해 가는 가운데, 알게 모르게 생각하는 능력을 키울 수 있었던 것이다.

그러나 요즘 어린아이들과 그런 놀이를 해보려고 하면, 우선 어린아이들이 그런 식의 시시한(?) 놀이를 재미있어하지 않는다. 또 어떤 부모들은 그런 것들을 모두 쓸데없는 말장난으로 치부해 버리곤 한다. 설혹 그런 놀이를 한다 해도, 요즘 어린아이들은 끈기 있게 앉아서 차근차근 한 고개 한 고개를 넘어가려고 하지 않는다. 즉, 한 고 개 한 고개 넘으면서 정보를 수집하고, 가설을 세우고, 그것을 검증하기 위한 또 다른 정보를 탐구하려고 새로운 질문을 만들어 내고 하는 일에 끈기 있게 덤비지를 않는다. 한두 번 질문하다가는 즉각 「응, 그거 그럼 과자지?」 하고 불쑥 답을 제시해 버린다. 그만 괜스레 한 고개, 즉 한 번의 기회만 까먹은 셈이다. 그러면서 아이들은 이 내 포기하고는 엄마한테 달려든다. 「엄마! 주먹 펴봐! 빨리 펴봐!」 안 펴려고 하는 엄마에게 아이들은 씨름이라도 하듯 모두 함께 덤벼서, 결국은 엄마로 하여금 주먹을 펴게 만든다. 이를테면 은근과 끈기는 우리 어린아이들에게서 점차 없어지고, 그저 조급함과 저돌성만이 늘고 있는 것 같다.

　사실 대화는 스무고개 놀이와 같은 식으로 이루어지지 않아도, 대화 그 자체만으로도 사고력을 키우는 데 매우 좋다. 그저 소파에 둘러앉아서 이런저런 대화를 나누는 것만으로도 생각을 키우는 데 크게 도움이 된다. 이를테면 여고 동창생 셋이서 모처럼 만나 점심을 먹기로 했다. 점심식사가 끝난 후 셋은 그 옆의 찻집으로 자리를 옮겼다. 만나기 전에 무엇을 주제로 이야기할 건지 의논하지도 않았고, 또 각자 무슨 얘기를 오늘 해야겠다고 미리 생각하고 나온 것도 아니다. 그러나 서로 모여 앉아서 얘기를 나누다 보면 이런 생각 저런 생각들이 나게 되고, 그것은 꼬리를 물고 대화로 이어진다. 이름하여 '수다를 떤다'고 하는데, 이 수다는 여러 가지 면에서 장점이 많다. 흔히 여자들은 그렇게 수다를 떨면서 스트레스를 푼다고 하지만, 그것은 상대방을 거울 삼아 자신을 비추어 보는 좋은 계기가 될 뿐만 아니라 자신의 생각에 대한 옳고 그름을 판단할 수 있는 기회가 된다는 점에서 좋은 점이 많다. 뿐만 아니라 그러한 수다는 새로운 발상을 가져다줄 때가 많다. 즉, 새로운 생각들을 키워 내는 것이다. 그렇기에 집에서도 부모와 자녀들 간에 그런 수다가 많을수록 자녀들의 사고력 계발에 도움이 된다.

특히 그러한 수다가 어떤 특정한 사안에 대한 논쟁으로 발전하면 그것은 사고력 계발에 더없이 좋은 기회가 된다. 이를테면 텔레비전 뉴스를 보다가 '그래, 너희들은 고속도로를 뚫는 일이 더 중요하냐, 아니면 고속도로를 뚫지 못하더라도 그곳의 자연환경을 보전하고 유지하는 것이 좋으냐?'와 같은 주제로 하는 수다가 그렇다. 이런 것을 놓고 집안 식구끼리 논쟁성 수다를 떠는 것은 아이에게 책상에 앉아서 수학 문제 한 개를 더 풀게 하는 것보다 아이들의 사고력을 키우는 데 더 도움이 된다.

또한 대화는 상대방이 꼭 앞에 있어야만 하는 것이 아니라, 혼자서도 할 수 있다. 독백이라고 하는 것이 그렇다. 또는 어린아이들이 곰 인형 따위를 상대로 정해 놓고, 혼자서 자기가 할 얘기와 곰 인형이 할 얘기를 모두 하는 식의 독백도 있다. 그리고 이런 '혼자만의 대화 (private speech)'가 어린아이들의 사고력을 촉진시킨다는 것을 많은 사람들이 연구해 냈다. 어린아이들의 이러한 은밀한 대화는 세 단계를 거쳐 나타난다.

처음에는 어떤 활동을 하고 난 다음에 뒷마무리로 하는 대화이다. 예컨대 여섯 살짜리 여자아이가 밥을 먹고 난 뒤 자기 방에 들어가 곰 인형을 보고 이렇게 말하는 경우이다.

「언니는 밥 먹고 왔다. 오늘은 김치도 먹었다.」

「매운데 어떻게 먹었냐고?」

「응, 다 방법이 있어. 물에 헹궈 먹고 왔다.」

다음엔 어떤 활동을 행하던 도중에 하는 자기 혼자만의 대화이다.

이를테면 어린아이들이 장난감을 갖고 놀면서 이렇게 말한다.

「자, 소방차가 나갑니다. 엥엥엥.」

「거기 어서 비켜요. 아, 빨리 비켜요.」

「이렇게 차를 골목에 막아 놓으면 어떻게 해요? 엥엥, 비켜요.」

이런 식의 대화를 하다가 나중에는 어떤 일을 하기 전에 자기 혼자만의 대화를 한다. 예컨대 밥을 먹으러 가기 전에 자기의 곰 인형을 보고 말한다.

「두리야! 언니, 밥 먹고 올 테니 울지 말고 조금만 누워 있어! 언니가 밥 얼른 먹고 와서 네게도 먹을 것 줄게.」

「근데 빨리 먹고 와야 돼.」

「그래, 빨리 먹고 올게.」

「근데, 언니는 밥 먹으러 간다면서 손도 안 씻고 그냥 가냐?」

「왜 안 씻냐? 지금 씻으러 가잖아.」

「또 언니는 김치도 못 먹지?」

「아니다, 먹는다. 먹을 수 있다.」

「애개, 못 먹으면서. 저번에도 김치 안 먹어서 엄마한테 야단맞았잖아.」

「아냐, 먹을 수 있어.」

「어떻게 먹을 건데?」

「물에 헹궈 먹으면 하나도 안 맵다.」

이렇게 자기 혼자서 상대방 몫까지 생각하면서 하는 대화는 곧 자기 스스로를 다스릴 수 있는 능력이 증대함을 의미한다. 특히 어떤 행동을 하기 전에 하는 이런 자기 혼자만의 대화는 자기 스스로 앞으로 하게 될 행동의 방향을 정하고, 그 구체적인 계획을 세우게 되는바, 이런 과정에서 사고력의 발전이 이루어지는 것이다.

실제로, 생각하는 힘은 어떤 행동을 하고 난 다음에 그것을 되씹어 보고 잘잘못을 가리는 반성적인 행위에서도 나타나지만, 그보다 생각하는 힘이 더 많이 발휘되는 경우는 어떤 행동을 하기에 앞서 계획을 세울 때이다. 어린아이들뿐만 아니라 어른들의 경우에도 그렇지 않던가? 예컨대 어떤 부부가 여름휴가를 일주일간 다녀올 계획을 갖고 있다고 하자. 그럴 때, 그 두 사람은 틈만 있으면 자신들이 가게 될 여름휴가에 대하여 이런저런 궁리를 하고 묘안을 짠다. 그러다가 나중엔 더욱 집중적으로 구체적 일정, 내용, 경비 등에 대한 계획을 세운다. 이러한 계획을 세우는 일은 곧 사고력을 스스로 키우는 아주 좋은 경험이 된다.

그렇기 때문에 어린아이들에게 스스로 계획을 세우는 버릇을 갖도록 하는 것은 매우 중요하다. 사실 우리도 어렸을 때 그런 계획을 세워 보지 않았던가! 여름 방학이 되면, 자기 나름대로 생활 계획표를 짜서 책상 앞이나 벽에다 붙여 놓았다. 예컨대 종이에 둥근 시계 모양을 그리고는 하루 일과 계획을 시간별로 세워 놓는다. 밤 10시부터 아침 6시까지는 꿈나라, 6시부터 8시까지는 아침 운동과 식사, 8시부터 10시까지는 방학 숙제, 10시부터 12시까지는 학원 공부, 이런 식으로 칸을 그어서 표시하고 써놓지 않았던가! 이런 작은 계획을 세우는 일은 아이들의 사고 활동을 촉진하는 좋은 계기가 된다. 특히 앞에서 예를 든 것처럼 어떤 활동 이전에 자기 혼자서 언어 행위를 통해 계획을 세우는 행위는 머릿속에서 이루어지는 인지의 흐름을 동시에 표출시키기 때문에 사고를 진전시켜 나가는 데 더 많은 효과가 있다. 그것이 곧 자기 혼자만의 대화이다. 물론 정말 상대가 있어서, 서로 대화를 주거니 받거니 할 때도 머릿속에서 다양한 인지 활동이 이루어져 사고력이 배양되기는 마찬가지이다.

3장 시련(試鍊)

자녀가 시련을 겪지 않기를 바라기
보다는, 자녀가 그 시련을 이겨 낼 수
있는 힘을 갖추도록 기도하라.

사람은 본능적으로 고통을 피하려고 한다. 그래서 고통이나 아픔을 느끼게 하는 어떤 시련이나 갈등을 겪게 되면 매우 힘들어하고 그것에서 빨리 벗어나려고 한다. 그렇기에 신앙생활을 하는 많은 사람들이, 자신이 그런 시련과 고통에 빠지지 않게 해달라고 기도한다.

어떤 일을 성취할 때나 무엇을 얻을 때도 사람들은 시련이나 고통을 겪지 않고 가능한 그것을 쉽게 얻으려고 한다. 특히 남보다 고통을 덜 겪고 남보다 아픔을 덜 겪고 무언가를 얻어 내면 마치 승리자가 된 듯한 쾌감에 사로잡히는 경우가 많다.

그렇기에 부모들은 자신의 자녀들도 웬만하면 시련과 고통을 겪지 않고 성장하길 바란다. 많은 부모들이 자기들은 어렸을 때 이러저러한 고통을 숱하게 겪었지만, 자녀들에게는 그런 고통을 겪지 않도록 해주겠다고 다짐하면서 그들을 보호하고 지켜 준다. 자녀가 겪어야 할 고통과 시련을 대신 겪어 주기도 하고, 그것을 미연에 방지하기 위해 온갖 수단과 방법을 동원해서 자녀를 지키고 보호한다.

신앙생활을 하는 사람들도 하나님께 그런 시련과 고통을 자기 아이가 겪지 않고 그저 쉽게 쉽게 모든 것을 성취할 수 있게 해달라고 빈다. 그러나 모두 겪어 보았겠지만 하나님께 의지하고 부처님께 의지하고 빌면 빌수록, 때로는 더 많은 시련과 고통이 닥치는 경우가 많다. 그러면 사람들은 이내 하나님을 원망하고 부처님을 원망한다. 하지만 어찌 보면 그러한 시련과 고통을 주시는 것 자체가 축복 아니던가. 왜냐하면 성경에 씌어 있듯이 시련을 주시는 것은 곧 그를 정금처럼 단련시키고자 함이기 때문이다. 즉, 몸도 마음도 견고하게 만들어 주시기 위함 아니던가.

요즘 어린아이들이 처한 환경의 공통된 특성 중 하나로, 예전 우리가 어렸을 때에 비해 많은 것을 손쉽게 얻고 소유한다는 점을 들 수 있다. 그렇게 큰 시련이나 아픔을 겪지 않고서도 많은 것을 쉽게 소유하게 되었다. 특히 부모로부터 많은 것을 물려받고 또 부모들이 자신들의 것을 그냥 내줌으로써, 무언가를 얻는 과정의 기쁨도 경험하지 못하고 그저 쉽게 움켜쥐게 된 것이다. 그러다 보니 그들이 밖에서 작은 시련이 닥쳐도 금방 좌절하고, 이내 그 속에 빠져들어 헤어나지 못하는 경우를 많이 볼 수 있다. 그러므로 우리는 자녀들이 시련과 고통을 겪지 않게 해달라고 하나님께 기도하기보다는, 그들이 그런 고통이나 시련을 겪게 되더라도 스스로 이겨 낼 수 있는 힘과 의지, 지혜를 키울 수 있게 해달라고 기도해야 될 것이다. 바로 그것이 자녀를 진정으로 사랑하는(authentic love) 길 아니겠는가?

나는 맞벌이 부모 밑에서 성장했다

요즘은 세상이 옛날과 달라져서 부부가 함께 일하는 경우가 그렇지 않은 경우보다 점차 많아지고 있다. 사실 옛날이고 지금이고 간에 남자는 밖에 나가서 돈을 벌고 여자는 집에 머물면서 살림을 하는 식의, 전형적인 역할 분담은 퍽이나 고루한 사고방식이다. 예전에도 부부가 모두 나가서 일하고 집에 와서는 함께 살림을 꾸리는 경우가 있었다. 또 그런가 하면 반대로 여자가 밖에 나가서 일하고 남자가 집에서 살림하는 경우도 있을 수 있다. 아직은 겉으로 드러내 놓고 우리는 그렇게 살고 있다고 말하는 것이 좀 쑥스러울지 몰라도, 실제로 우리 주변에 보면 그런 가정이 점차 늘고 있다. 결국 부부 중 어느 쪽이 밖에 나가서 경제 활동에 참여하고 어느 쪽이 가사를 돌보느냐 하는 것은 집집마다, 부부마다 형편에 따라 달라질 수 있는 것이다. 그것이 마치 꼭 어디에 규정되어 있는 양 따라 할 이유는 없다.

또 부부가 함께 나가서 일하는 것은 꼭 돈을 벌기 위해서만은 아닐 것이다. 각기 한 인간으로서 자신의 삶의 의미를 창출하고, 자신의 숨겨진 능력을 개발하고, 그래서 사회에 의미 있는 구성원이 되고자, 돈을 벌고 못 벌고에 관계없이 남편이든 아내든 제각기 자신의 일을 갖기도 한다.

그러나 문제는 어린 자녀가 있는 경우이다. 즉, 아직 누군가의 지속적인 보살핌이 필요한 어린 자녀가 있을 때 부부가 함께 나가서 일하는 데는 여러 가지 문제가 생긴다. 특히 어린아이들을 돌보아 줄 수 있는 보육 시설이 잘 갖추어져 있고 또 그곳에 보낼 수 있는 경제적 여건이 마련되어 있는 경우는 그래도 그렇게 큰 문제가 되지는 않을 성싶다. 그러나 보육 시설도 없고 또 있다 해도 그곳에 맡길 경제적 여유가 없을 경우, 더구나 집안 어른이 돌보아 줄 수도 없을 때는 문제가 매우 심각해진다. 결국 부부 중 한 사람은 집에 머물 수밖에 없는 것이다.

그렇다면 자녀가 어느 정도 성장할 때까지 집에서 돌보아 주어야 하는가. 제 발로 걸어 다닐 때까지만 돌보면 되는가. 아니면 유치원에 들어갈 때까지, 초등학교에 입학할 때까지…… 그것도 아니면 대학에 입학할 때까지 누군가가 집에 머물면서 자녀를 돌봐야 하는가. 더욱이 요즘과 같이 신체적 안전이 위협받고 있을 때, 어린 자녀를 혼자 내버려 두는 것은 보통 위험한 일이 아니다. 잠시 잠깐이라도 아이 혼자만 집에 두고 나갔다 오기가 쉽지 않다. 그렇기 때문에 더더욱 부부 모두가 일하러 다니기 어려운 경우가 많은 것이다.

그러나 내가 이야기하고자 하는 문제의 본질은 부모가 모두 일하러 다니느냐 안 다니느냐가 아니라, 부모가 지키고 앉아서 아이들에게 이렇게 해라 저렇게 해라, 모든 것을 일러 주고 챙겨 주며 관리(?)하는 것이 꼭 바람직한 것이냐 하는 문제이다. 꼭 부부가 일을 함께한다 해서 아이에게 좋다거나, 또는 두 사람 중 한 사람이 일을 안 한다고 해서 아이에게 좋다고 획일적으로 단정하기는 어렵다.

사실 엄격히 말하면 나는 맞벌이 부모 밑에서 성장했다. 아주 어린 시절 우리 부모님은 시골에서 농사를 지었다. 아버지, 어머니 두 분 모두 이른 새벽에 논으로 밭으로 일하러 나가셨다가 해가 뉘엿뉘엿할 때쯤 돌아오셨다. 이것이 맞벌이 아니겠는가! 그러한 경우, 자녀들을 모두 그냥 집에 내버려 둔다. 학교에 가는 것을 굳이 챙겨 주지도 않고 학교에 갔다 오면 기다렸다 밥을 챙겨 주지도 않는다. 친구들과 동네 뒷산으로 밤을 따러 가거나 놀러 가는 일이 있을 때 무슨 옷을 어떻게 입고 나가라고 챙겨 주지도 않는다. 아예 아이들이 무엇을 어떻게 하고 지내는지도 알지 못했다. 그러면 자녀들은 그런 환경에서 어떻게 클까? 저희끼리 컸다. 형제들끼리 지지고 볶고 싸우면서 크는 것이다. 어쩌다 혼자인 경우에도, 자기 스스로 먹을 것도 챙겨 먹고 자기 스스로 놀이도 생각해 냈다. 학교에서 오건, 놀다가 오건 간에 배고프면 부엌에 들어가 모든 뚜껑을 열어 보았다. 먹을 만한 것이 뭐 있는가? 아무것도 찾아내지 못하면 뒷마루 끝에 혼자 앉아 생각을 한다.

'고구마나 두어 개 까 먹을까? 그런데 엄마는 고구마를 어디다 감추어(?) 두셨지? 저쪽 광에 있을까? 아니야, 창환이네 집에 놀러 갈까? 그래 창환이네서 점심을 얻어먹고 놀다가 오자.'

온갖 궁리를 한다. 모든 것을 스스로 해결한다. 그 속에서 어린아이는 나름대로 시련과 고통을 겪으며 그것을 일상생활로 받아들인다. 그 정도는 시련과 고통도 아니다. 그것이 그냥 생활이었다. 시련과 고통인 줄도 모르고 큰 것이다. 그러나 아이들은 그 속에서 생각도 키우고 의지도 키우고 느낌도 키운다. 그리고 훗날 더 큰 시련과 고통을 당한다 해도 이겨 낼 수 있는 면역력을 키운다.

어느 집의 경우이다. 그 집 엄마는 일하러 다니질 않는다. 그렇다고 뭐 봉사를 다니거나 어떤 의미 있는 일을 정기적으로 하는 것도 아니다. 이따금씩 외출하는 것 외에는 늘 집 안에서 살림하는 것에 최선을 다했다. 그리고 어떤 경우에도 아이가 학교에서 돌아올 때는 집에 머물러 있었다. 왜냐하면 아이 밥도 먹이고 또 학원도 챙겨 보내야 하기 때문이다. 급기야 모처럼 밖에 나가서 친구를 만나든 장을 보러 가든, 아이가 학교에서 올 시간이면 그전에 모든 일을 끝내고 돌아와야 한다는 강박감까지 느끼는 엄마가 되고 말았다. 그러나 어찌 꼭 그럴 수만 있는가. 또 아이가 학년이 조금씩 올라가서 이제는 초등학교 고학년이 되었다. 제 앞가림은 웬만큼 할 수 있는 나이가 된 것이다. 그런데도 엄마는 아이를 자기가 챙겨 주지 않으면 안된다는 생각에 사로잡혀 있다. 그래서 어디 나갔다 아이가 학교에서 돌아올 시간까지 못 올 것 같으면 냉장고 문이나 식탁 위에 모든 것을 일일이 적어 놓고 나간다.

수현아! 엄마가 조금 늦을 거야!
① 우선 엄마가 냄새 빠지라고 창을 열어 놓고 나왔는데 창문 좀 닫으렴. 집 안에 먼지 들어오니까.
② 그리고 냉장고 열어 보면 두 번째 칸에 엄마가 멜론 깎아서 넣어 두었으니까 꺼내 먹어. 먹고 남으면 그냥 놔두지 말고, 엄마처럼 랩 다시 씌워서 냉장고에 넣어 두렴.
③ 만약에 배고프면 엄마가 인절미 떡 두 개 꺼내 놓은 것 있으니까 비닐 껍질 벗기고 먹어. 아마 다 녹았을 거야. 만져 봐서 아직도 딱딱하면 전자레인지에다 살짝 데워. 왜 알지? 전자레인지에 넣고 밥이든 국이든 아무것이나 눌러. 그저 30~40초만 돌리면 될 거야.

④ 그리고 전자레인지에 돌릴 때는 랩을 벗겨야 된다. 너, 그냥 그대로 넣으면 안 돼. 접시에다 떡을 담고, 다른 접시로 덮어서 30~40초만 돌리면 돼.

⑤ 또 라면 끓여 먹지 말고. 정 라면을 끓여 먹고 싶으면, 가스불 조심해야 돼. 그러지 말고 1층에 있는 편의점에 내려가서 컵라면 사 먹어.

⑥ 그리고 4시까지 학원 가야 돼. 너, 학원에 늦으면 엄마한테 혼난다! 알았지?

그래, 우리 수현이 엄마가 사랑해! 그리고 미안해!

이런 식이다. 물론 이렇게 써놓고도 엄마는 결코 안심을 못한다. 아이가 학교에서 돌아올 시간에 맞추어 집으로 전화를 걸어 재차 확인하고 일러 준다. 그냥 아이의 행동 하나하나에 마음을 못 놓는다. 그렇기에 정말 웬만한 일 아니면 아이에게 맡기지 않으려 한다. 어떻게 해서든 아이가 학교에서 돌아오기 전에 집에 와 있으려고 하는 것이다. 또한 그러면서도 엄마는 아이에게 미안해한다. 엄마가 부득이 그 시간에 맞추어 집에 돌아와 있지 않고, 아이 혼자서 챙겨 먹고 학원에 가게 되면 마치 아이에게 무슨 큰 잘못이라도 한 듯이, 죄라도 지은 듯이 미안해한다. 그리고 그런 미안함을 상쇄하기 위해 사랑한다라는 표현도 꼭 적어 놓는다. 정말 그런 일이 엄마가 아이에게 미안해해야 할 일일까?

마치 시녀인 양 자식을 떠받들고 모든 것을 챙겨 주고 걱정해 주고, 모든 고통과 시련을 엄마가 대신해 주고, 왜 그래야만 되는가. 그것이 진정 자녀를 사랑하기 때문일까? 아니면 하나밖에 또는 둘밖에 없는 소중한 자식이기 때문일까? 그러면 옛날에 우리 부모들이 자식들을 아무렇게나 내버려 두었던 것은, 자식이 여럿이었기 때문일까? 그중에 그저 한둘은 크다가 죽어도 괜찮아서였을까? 아니면 부모로서 자식에 대한 사랑이 부족해서였을까? 이제고 저제고 부모로서 자식을 사랑하지 않는 경우가 어디 있겠는가! 자식 사랑에 대한 부모의 마음은 그 누구에게나 그 어느 때나 마찬가지다. 그런데 유독 왜 지금의 부모들, 특히 지금의 엄마들은 자식의 자연스러운 성장을 돕는 것이 아니라, 새장의 새를 기르듯 자녀들을 사육하려고 드는 것일까. 결국 그것이 자식을 망치는 길이라는 것을 왜 깨닫지 못하는 것일까.

그래도 얼마 전까지 엄마들은 자식이 대학에 입학하면 일단 손을 떼었다. 이제 그만하면 아이 스스로 모든 것을 해나갈 수 있다고 믿는 것이다. 그러면서 한편으로는 해방감도 느꼈다. '고3 엄마'라는 그 지긋지긋한 굴레에서 벗어났음을 너무도 행복해하는 경우가 많았다. 그러면서 이제는 자기 자신의 삶을 찾아야겠다고 나서는 엄마들도 많았다. 그런데 요즘 들어 조금씩 바뀌어 가고 있음을 감지하게 된다.

이를테면 자녀가 대학에 입학해서 법적으로 어엿한 성인이 되었음에도, 엄마들이 챙기고 나서는 경우가 늘고 있음을 느낄 수 있다. 예전에는 엄마가 대학교에 전화해서 이런저런 것을 물어보는 경우는 거의 없었다. 30년이나 대학에서 학생들을 가르쳤지만 엄마가 먼저 교수에게 전화를 걸어서 이것저것을 물어온 경우가 거의 없었다. 그래서 나는 오히려 부모들이 자녀가 대학에 입학한 다음에도 학교에 대해 관심을 가져 주기를 부탁했었다. 그런데 요즘엔 학교에 대한 관심이 아니라 자녀의 대학 생활에 대한 간섭이 늘어나고 있는 것이다.

어느 날 오후였다. 한 어머니가 전화를 해왔다. 누구 어머니시냐고 물었더니 그것을 굳이 밝히긴 싫다고 했다. 물론 그럴 수도 있겠다 싶어 무슨 일로 전화하셨느냐고 하니까, 그 어머니는 내게 몇 가지를 조목조목 물었다. 전화라서 알 수는 없었지만 아마도 쪽지에 적어 놓은 것을 보면서 이야기하는 것 같았다. 그날 그 어머니가 내게 물었던 질문은 이런 것들이었다.

· 수강 신청은 언제부터 하나요? 그것은 꼭 본인이 가서 해야 하나요? 엄마나 다른 사람이 하면 안 되나요?

· 장학금 신청은 어디다 하나요? 그리고 장학생은 무슨 기준으로 선발하나요?

· 지난 학기 성적표를 보니까 다른 과목들은 괜찮은데, 두 과목에서 성적이 잘 안 나왔거든요. 하나는 C이고 다른 하나는 D인데 재수강 제도가 있다던데요. 재수강은 어떻게 하고, 그래서 좋은 성적을 받으면 C, D를 모두 고쳐 주나요?

· 중간시험을 못 볼 경우에는 어떻게 되나요? 그런 경우에는 별도로 시험을 보나요?

이런 식의 질문들이었다. 나는 그 자녀가 어디 아파서 입원이라도 하고 있는지 아니면 외국에 나갔는지 군에 가 있는지…… 왜 엄마가 그런 것을 대신 알아야 하는지 알기 위해서 그 어머니에게 몇 가지를 물어보았다. 아이는 지극히 정상적으로 학교에 잘 다니고 있었다. 그런데도 그 어머니는 아이의 대학 생활까지 관리하겠다고 나서는 것이었다. 차라리 그 아이에겐 어머니가 어디 할 일이 있어서 돌아다니셨으면 좋을지도 모르겠다는 생각이 들었다.

너, 지금 밥 먹을래, 이따가 먹을래?

「야, 진수야. 너, 지금 밥 먹을래, 아니면 좀 이따가 먹을래?」

「왜요?」

어른들은 이따금 아이들이 「왜요?」 하고 따져 물으면 무척이나 싫어한다. 흔히 그것을 반항하는 것으로 여겨 기분 나쁘게 여긴다. 그럴 경우, 부모들은 어른 말에 감히 토를 달지 말고 그저 묻는 말에만 답하라고 소리친다.

「뭘 왜야? 아니, 너 밥 안 먹을 거야?」

「먹을 거예요.」

「그럼, 지금 밥 줘? 이따가 줘?」

「지금 먹을 거예요.」

「그럼, 밥 먹을래, 빵 먹을래?」

「빵 먹을래요.」

「빵?」

「네!」

「너, 빵 먹는다고 했어?」

엄마는 확인까지 한다. 기껏 빵 줬더니 나중에 마음을 바꿔 다시 밥 달라고 할 것을 미연에 막기 위해서이다.

「네.」

「그럼 한 쪽 줄까, 두 쪽 줄까?」

「두 쪽요.」

「구워서 줘, 그냥 줘?」

「구워서 먹을래요.」

「알았어. 잼 발라 줘, 아니면 버터까지 발라 줄까?」

「그냥 잼만 발라 주세요.」

「알았어. 주스 마실래, 그냥 물하고 먹을래?」

「무슨 주스인데요?」

「무슨 주스긴 무슨 주스야. 만날 먹는 거지.」

「오렌지 주스요?」

「그래.」

「그럼, 오렌지 주스 주세요.」

「알았어. 먹고 부지런히 학원 가!」

이런 식의 양자택일형 대화를 엄마들은 아이들에게 아무 생각 없이 자주 한다. 어쩌면 매사에 이런 식이다.

「너, 우산 갖고 갈 거야, 그냥 갈 거야?」

「너, 밥 먹고 세수할래, 세수하고 밥 먹을래?」

「학원 갔다 와서 밥 먹을래, 밥 먹고 학원 갈래?」

「엄마가 데려다 줄까? 아니면 너 혼자 갈래?」

「엄마 가는데 따라갈래, 그냥 집에 있을래?」

「아빠 오시면 같이 먹을래, 아니면 너 먼저 먹을래?」

두 가지 중 하나를 선택하는 이런 식의 대화를 부모들은 자녀에게 헤아릴 수도 없이 많이 한다. 그런데 이런 식의 대화를 찬찬히 따져 보면, 그 속에는 부모로서 갖고 있는 극도의 이기심이 배어 있다. 즉, 한마디로 부모들이 편해지려는 마음에서 아이들에게 그런 식의 질문을 하는 것이다. 둘 중 하나를 택하게 하는 것은 자기가 아이에게 제공할 수 있는 것, 즉 힘 안 들이고 그저 쉽게 제공할 수 있는 것, 해 줄 수 있는 것이 많지 않고 그냥 딱 두 가지일 때가 많기 때문이다. 그래도 제공해 줄 것이 여러 가지인 경우에 엄마는 두 가지 중 한 가지만 선택할 수 있는 질문을 하지 않고, 세 가지나 네 가지를 제시하고 고르라고 한다. 이를테면 다음과 같이 말한다.

「애! 너 밥 먹을래, 아니면 빵 먹을래? 둘 다 싫으면 떡도 있다. 공주떡인데 엄마가 교회에 갔다가 어느 집사님이 주셔서 가져왔거든. 맛있어! 그도 저도 다 싫으면, 피자나 시켜 먹든가?」

이쯤 되면 그래도 괜찮은 엄마에 속한다. 무려 밥, 빵, 떡, 피자, 이렇게 네 가지 중에서 선택할 수 있는 기회를 아이에게 주었기 때문이다. 꼭 무엇을 제공하는 경우만이 아니라 어떤 일을 하는 방식에 있어서도 좀 생각 있는 엄마는 아이에게 다양한 선택의 기회를 제공한다.

「애! 너 학원까지 엄마가 데려다 줄까? 아니면 너 혼자 갈래? 아니면 엄마가 조금 있다가 나가야 하는데 좀 기다렸다가 엄마 나갈 때 따라가든지. 그러면 엄마가 저기 지하철 역까지 데려다 줄게, 거기서부터 너 혼자 가든지. 아니면, 마을버스 타고 큰 사거리까지 가서 거기서 학원 버스 오면 타고 가든지.」

이 역시 네 가지나 선택의 기회를 제공했다. 그러나 그렇게 하지 않고 굳이 두 가지만 내놓고 그중 하나를 고르라는 것은, 일을 간편하게 처리하려는 마음이 엄마에게 은밀히 깔려 있기 때문이다. 이를테면 「너 밥 먹을래, 빵 먹을래?」 하고 두 가지 중 하나를 택하게 하는 것은 아이에게 줄 수 있는 것이 그 두 가지뿐이기 때문이다. 만약에 그냥 애한테 「너 뭐 먹을래, 뭘 줄까?」 하고 물었을 때, 아이 입에서 「떡 없어? 엄마 나 떡 먹고 싶은데」 하면 엄마는 귀찮아지는 것이다. 냉동실에 꽁꽁 얼어붙어 있는 떡을 녹여서 주려면 시간이 걸리는데, 엄마는 얼른 머리 손질 좀 하고 나가려는데, 귀찮게 언제 떡을 챙겨 줄 수 있겠는가. 또 혹시나 아이가 계란 프라이를 소시지와 함께 먹겠다고 해도 그 역시 시간이 걸리고 하니까, 아예 그런 요구가 나오지 않도록 딱히 '밥'하고 '빵' 두 가지만 내놓고 강제적으로 택일하도록 하는 것이다. 물론 모든 엄마가 설마하니 그렇지는 않겠지만, 그런 대화 속에 엄마들 마음속에 잠재된 이기적 편의주의가 드러남을 완전히 부정하기는 어려울 성싶다.

소풍을 갔다 온 아이에게 묻는 엄마의 질문도 다분히 양자택일형으로 이루어질 때가 많다.

「진수, 너 소풍 재미있었어, 재미없었어?」

「재미있었어요.」

「근데, 선생님 갖다 드리라는 도시락 드렸냐?」

「네!」

「가자마자 드렸냐, 가서 한참 있다 드렸냐?」

「가서 조금 있다 드렸어요.」

「딴 아이들이 줄 때 같이 드렸냐, 너 혼자 드렸냐?」

「딴 아이들이 줄 때 같이 드렸어요.」

「그럼, 선생님이 네가 가져온 줄 알아, 몰라?」

「알 거예요.」

「알 거가 뭐야? 안다는 얘기야, 모른다는 얘기야?」

「알 거라니깐요!」

「그럼, 엄마한테 고맙다고 말하라고 하시든, 아니면 아무 말도 안 하시든?」

「아무 말도 안 했어요.」

「아니, 아무 말도 안 하셔?」

「그냥 애들이 많고, 떠들고 막 그래서, 모르겠어요.」

엄마는 오로지 선생님께 아이 편에 보낸 자신의 정성이 전해졌는지가 궁금한 것이다. 아이가 어떻게 재미있게 놀다 왔는지는 별로 궁금하지 않은 모양이다.

어떻든 이런 식으로 두 가지 중 하나를 택하게 하는 대화는 자녀들의 생각을 키우는 데에 별로 도움을 주지 못한다. 설혹, 두 가지가 아니라 네 가지 중에 하나를 택하게 한다 해도 그것은 마찬가지이다. 그렇다면 어떤 식으로 아이에게 말을 건네는 것이 좋을까?

의문사에는 여러 가지가 있다. '누가, 언제, 어디서, 무엇을, 어떻게, 왜'와 같은 기본적인 것들이 있다. 이 가운데서 '누가, 언제, 어디서, 무엇을' 같은 의문사들은 그저 단순한 기억을 재생하는 수준의 답을 요구한다. 따라서 그런 의문사들은 사고력을 키우는 데 크게 도움이 되지 않는다.

대신에 '어떻게'나 '왜'와 같은 의문사는 아이들에게 생각을 하게 만드는 데 매우 도움을 주는 의문사이다. 그런 의문사를 사용하면, 기억하고 있는 어떤 것을 단순히 재생하여 말하기 어려운 경우가 많다. 아이는 이것저것 자기 스스로 생각하지 않을 수 없는 것이다. 이를테면 아까 예를 든, 밥과 빵, 둘 중 뭘 먹겠는가에 대한 질문을 다음과 같이 한다고 해보자.

「진수야, 너 배고프지? 저녁 어떻게 먹을래?」

　그러면 우선 아이는 그 질문이 무슨 대답을 요구하는지 헷갈리기 시작한다. 잠시 힘들어하면서 머뭇거리던 아이는 엄마에게 거꾸로 되묻는다.

「어떻게 먹는다니요? 뭘 먹겠냐는 말이에요?」

「그래, 그것도 포함해서.」

「우선, 밥 먹고 싶어요!」

「그래, 밥을 어떻게 해서 줄까?」

　아이는 또 잠시 머뭇거린다. 힘들어하는 눈빛이다. 그냥 밥 먹으면 되지, 밥을 또 어떻게 먹을 거냐고 하니, '글쎄' 하고 잠시 생각하고는 답변한다.

「밥 너무 뜨거우면 싫으니까 찬밥 있으면 조금만 데워서 주세요. 그리고 엄마, 국 없어요? 국 있으면 국에 말아서 조금 먹을래요. 그리고 계란 프라이 두 개만 해주세요.」

「알았어. 근데 언제 줄까?」

「가방 정리하고 손 씻고 해야 하니까, 한 20분 후에 먹게 해주세요. 밥 먹고 학원 가야 하니깐, 너무 늦으면 안 되고요…….」

　아이는 사뭇 어른스럽다. 여기서 어른스러워 보이는 것은 아이가 자기 스스로 무언가를 생각해 냈기 때문이다. 그리고 그런 생각을 하기 위해서는 잠시 동안이라도 아이 스스로 힘든 과정을 거쳐야 한다.

　즉, 우리는 아이들에게 그저 모든 일을 단순하게 이것이냐 저것이냐 고르도록, 엄마도 편하고 아이도 편한 그런 식의 대화를 하면 당장의 생활은 편할지 몰라도, 아이에게 키워 주어야 할 사고력 따위는 키우지 못한다. 수고가, 고통이, 아픔이 따라야 생각도 키울 수 있다. 그런 시련과 고통을 부모가 아이에게 만들어 주는 것이 오히려 자녀를 진정 사랑하는 것이 된다.

사람이 원래 그렇지 않던가. 어떤 큰 시련을 겪게 될 때 생각을 제일 많이 하게 되지 않던가. 사업하는 사람이 부도의 위기를 맞으면, 그는 몇 날 며칠 식음을 전폐하고 밤을 새워 가면서 고민하고 힘들어하고 온갖 생각을 다 하지 않던가. 부부간에 금이 가서 가정이 깨질 위기에 놓여 보라! 그러면 어떻겠는가? 밤새 고민한다. 낮이고 밤이고 고민에 빠진다. '아이들은 아직 어린데 갈라설 수도 없고, 저 사람하고 계속 같이 살자니 지겹고, 어쩌지, 어떻게 하면 좋을까?' 그런 고민을 하고 곧 깊은 생각을 하게 되는 것이다.

그렇기에 어린 시절, 젊은 시절에 역경을 이겨 낸 사람들이 훗날 큰일이 닥쳤을 때 거뜬히 감당해 내는 것은 바로 그러한 시련과 고통 속에서 남달리 탁월한 사고력을 키웠기 때문인 것이다. 소녀 가장을 한 명 만난 적이 있었다. 어엿한 대학 1학년생이었는데, 그녀는 남동생 둘을, 자신이 열한 살 때부터 거두었다고 했다. 그동안 세 남매가 겪은 고통, 시련을 어찌 쉽게 표현할 수 있겠는가. 그 역경과 고통은 형용하기조차 어려울 것이다. 그리고 그들 세 남매는 그러한 고통 속에서 남달리 많은 생각을 키웠고 많은 경험을 했을 것이다. 그렇기에 비록 대학 1학년생이었지만 그녀는 다 큰 어른들 못지않은 깊은 사고력을 갖고 있었다. 세상 사물을, 세상에서 벌어지는 많은 일들과 그 속의 사람들을 바라보고 이해하는 데 있어 그녀가 내보이는 깊은 통찰력과 고차원적 사고는 참으로 놀라울 정도였다. 그래서 옛날 어른들도 이렇게 위로하지 않았던가. 젊은 날의 고생은 사서라도 하는 것이라고.

또한 여기서 한 가지 더 첨언해 두고 싶은 것은, 그런 양자택일형 질문은 자녀들의 사고력을 키우지도 못할뿐더러 대화를 계속 지속해 나가기도 어렵게 한다는 점이다. 그저 두 가지 중 하나를 고르는 식의 대화만 하다 보면 언제나 업무 처리적이고 단순하며, 기계적인 대화를 나누게 된다. 결국 꼭 해야 할 말만 하고 살게 된다. 그러나 말이란 꼭 그렇게 해야만 하는 말과 할 필요 없는 말로 사전에 정해져 있는 것이 아니다. 대화라는 것이 처음에는 그저 별 필요 없는 말과 쓸데없는 말로 시작되지만, 계속하다 보면 서로에게 참으로 좋은 의미를 전해 주는 가치 있는 대화를 나누게 되는 경우가 많다. 소풍 갔다 온 아이에게 이렇게 말을 건네 보면 그런 것들이 더욱 분명하게 드러난다.

「오늘 소풍 재미있었니?」

「네.」

「무엇이 그리 재미있었는데?」

「오늘 난리 났었어. 하여간 애들이 끝내 줬어. 그리고 엄마, 우리 선생님 정말 캡이야.」

「아니, 어떻게 캡인데?」

「우리 선생님, 오늘 막춤 췄는데, 모두 배꼽 빠지는 줄 알았어.」

「너희 담임 선생님 말이야?」

「응.」

「겉보기엔 안 그러시던데…….」

「말도 마! 근데 엄마, 민식이 알지…….」

이렇게 이어지는 대화는 한 시간 넘게 지속된다. 그리고 모자는 모처럼 좋은 대화, 생각이 깊은 대화를 나눈 것에 대해 가슴 뿌듯함을 느낄 것이다.

하여튼, 너는 어째 옷 하나도 제대로 못 입냐?

올해 접어들어 최고로 더운 날씨가 찾아왔다. 서울 지역의 기온이 32.5도였다고 하니 알 만하다. 하긴 학교 뒷동네 죽집에 가서 저녁으로 호박죽을 먹고 교육 대학원 야간 수업이 있어 다시 학교로 걸어오는데, 와이셔츠 뒤가 땀에 흠뻑 젖을 정도였으니 덥기는 무척 더웠다.

이렇게 더운 날, 그것도 오후 한낮에 다섯 살짜리 영민은 유치원에서 돌아오자 집 앞에 있는 보라매공원에 나가서 놀다 오겠다고 한다. 얼마 전에 할아버지가 사주신 미니 자동차 두 대를 들고 나가서 놀고 오겠다는 것이다. 앞집 민구하고 놀기로 했다고 한다. 그런데 이게 웬일인가? 어디서 꺼내 입었는지, 빨려고 치워 둔 셔츠를 입고 있다. 하긴 아이가 유독 그 셔츠를 좋아한다는 것을 엄마는 알고 있다. 그런데 그 옷은 봄에나 입으면 좋을 만큼 조금 두툼한, 그리고 앞부분이 브이(V) 자로 파진 옷이다. 더군다나 아이는 그 옷을 그만 돌려 입었다. 하긴 그 나이에는 가끔씩 앞뒤를 못 가릴 수도 있지만 이 더운 날 옷을 돌려 입었으니 목까지 조여들어 답답할 것이다.

'저러고 나가면 이내 목이 답답해지고 더울 텐데……. 이왕 빨 거
니까, 그냥 내버려 두자.'

그냥 내버려 두기로 했지만, 옷을 돌려 입은 꼴은 그냥 모른 척하기
가 어렵다. 결국 엄마는 다그치기 시작한다.

「애! 너 그게 옷 입은 거야?」

「응, 왜…… 엄마!」

「너, 가서 거울 좀 봐. 옷 제대로 입었는지. 돌려 입었잖아. 그러고
도 너 목이 답답하지 않니? 엄마가 얘기했잖아. 상표가 뒤로 가게
입어야 한다고, 이 바보야! 어째 너는 옷 하나도 제대로 입을 줄
모르니? 아무리 피는 못 속인다지만, 그래 어째 너는 매사가 네 아
빠가 하는 짓이랑 똑같니?」

뒷말은 아이에게 하지 않아도 될 말이었음을 엄마도 직감했을 성
싶다. 꼴 보기 싫은 남편이고 보니, 그저 매사에 애 아빠까지 걸고넘
어지는 나쁜 버릇이 언젠가부터 생긴 것이다. 엄마는 계속 언성을
높였다.

「이리 와, 엄마가 돌려 입혀 줄게. 이렇게 해봐. 아니, 가만히 있어.
흔들지 말고. 그리고 손에 든 것 내려놔. 누가 안 가져가. 놔야 돌
려 입힐 것 아냐. 야, 이렇게 해봐! 가만히 있어!」

그리고 엄마는 아이의 옷을 들추어 올린다.

「팔 빼! 한 팔만 빼지 말고, 두 팔 다 빼. 두 팔 다 빼야 돌려, 이 바
보야!」

아이는 아무 말이 없다. 그저 귀찮다는 표정이다. 엄마는 셔츠를
반대로 돌린다. 그러고는 다시금 말한다.

「이제 팔 끼워. 이리로 끼워. 거기는 목이잖아! 그리로 끼우면 어
떻게 해? 그리고 이쪽 팔도 끼워. 아, 쭉 내밀어. 팔을 내밀란 말이

야! 어이구, 하여튼 간에…….」

「이제 됐어! 나가 놀아. 너무 오래 놀지 말고 30분만 놀다 와! 그리
고 거기 공원에 가면 나무들 많지. 더우니까 그 나무 밑에서 놀아.
오늘 같은 날엔 나가 놀지 않는 게 좋은데.」

「수돗가 말이야? 거기 나무 없는데…….」

「누가 거기래! 왜 거기 가게 하나 있잖아. 그 가게 옆에 큰 나무들
쭉 서 있잖아. 거기 말이야. 거기서 놀아. 엄마가 내다볼 거야.」

「알았어, 엄마.」

아이는 어떻든 엄마로부터 허락을 받고 드디어 해방되었다는 듯
그대로 냅다 뛰어나간다. 앞집으로 민구를 부르러 가는 모양이다. 형
제도 없는데, 더욱이 요즘 아이들은 같이 놀 친구도 없다는데, 아이들
이 모두들 바빠서 서로 놀기도 어렵다는데, 그래도 앞집에 또래가 있
어 서로 놀기로 했다니 날이 좀 더워도 내버려 두기로 한 것이다.

그러나 아이는 나가면서 엄마가 왜 그렇게 소리 지르면서 옷을 돌
려 입혀 주었는지 그 까닭을 모른다. 알 리가 없다. 그저 괜스레 사람
을 귀찮게 하는 것으로만 생각할 것이다. 만약에 이러한 경우, 엄마
가 다음과 같이 말했다고 하자. 그러면 상황은 어떻게 달라졌을까.

「엄마, 나 이것 가지고 공원에 가서 조금만 놀다 올게.」

「너 혼자?」

「아니, 민구하고 나가 놀 거야. 민구가 그러자고 했어. 아까 엘리베
이터 같이 타고 올라올 때 민구가 그랬어.」

하지만 옷을 돌려 입은 아이를 보며 엄마는 속으로 생각할 것이다.

'저러고 나가면 엄청 목이 답답하고 더울 텐데. 뭐, 그렇다고 죽지
는 않을 거니까. 그래, 너 어디 나가서 고생 좀 해봐라. 옷도 좀 두툼
한 데다 목이 조일 테니 너 좀 힘들 거다.'

「그래, 나가 놀다 와. 재미있게 뛰어놀다 오렴.」

영민은 신이 난다. 엄마가 저렇게 선뜻 허락을 하시다니. 그러나 영민은 공원에 나가자마자, 이내 더워서 힘들어지기 시작한다. 땀이 절로 난다.

'그런데 왜 이렇게 목이 답답하지?'

숨 쉬기도 힘들 정도로 목이 갑갑하다. 이때 영민은 혼자 생각한다. 손으로 자꾸 셔츠의 목 부분을 앞으로 잡아당기면서 말이다.

'이 옷 이상하네. 저번에도 입었는데…… 왜 이렇게 목이 답답하지! 그전엔 안 그랬는데…… 이상하다…… 이거 내 옷 맞는데, 민구도 그런가?'

「민구야, 너 목 아프지?」

「아니, 나 감기 안 걸렸어.」

「아니 감기가 아니고, 그냥 목 덥지?」

「응, 좀 더워.」

「너 내 목 봐, 빨갛지?」

「긁어서 빨갛지.」

「아냐, 안 긁었어…….」

영민은 계속 생각을 한다. 그러고는 이내 집으로 돌아와서는 엄마한테 목을 보여 주면서 묻는다.

「엄마, 나 너무 숨차다! 엄마 여기 좀 봐. 내 목 말이야. 빨갛잖아. 어, 목이 너무 답답해서 힘들었어.」

「왜 그러냐, 근데…….」

「몰라! 엄마, 나 저 옷 이제 안 입을 거야! 빨아서 줄었나 봐. 접때도 엄마가 빨아서 줄었댔잖아…….」

「뭐 빤다고 다 주냐?」

「몰라, 하여간 나 이제 저 옷 안 입어!」

엄마는 속으로 망설였다. '왜 그런가를 지금 말해 주는 것이 좋을까? 한 번쯤 더 경험하게 놔둘까? 그래서 한 번쯤 더 고통을 당하게 놔두면 자기 스스로 터득하게 될지도 모르지.'

만약 엄마가 위에 적은 것처럼 행동한다면, 그 엄마는 퍽이나 생각이 깊은 엄마임이 틀림이 없고, 또 그런 엄마 밑에서 성장하게 되는 아이는 필경 생각을 잘 키우게 될 것이다.

사실 우리 모두가 경험하였듯이, 우리는 실수와 실패를 통해 성장한다. 실수를 함으로써, 실패를 함으로써, 그 결과 다가오는 고통을 맛보면서 우리는 생각을 키웠고, 그래서 다시는 그런 실수나 실패를 경험하지 않게 되고 그만큼 성숙해지는 것 아닌가. 그렇기에 나는 학생들에게 처음부터 모든 것을 상세하게 일러 주지 않는다. 그냥 자기들이 말하는 대로 하게끔 내버려 둘 때가 많다. 이를테면 논문 지도를 할 때 그런 경우가 많다. 처음에 논문 주제를 갖고 와서는 자기가 그 주제를 이런저런 방법을 통해 실험을 하고 조사를 해서 써 내려가겠다고 말한다. 그때 나는 그저 듣는 편이다. 별로 언급을 안 한다. 「글쎄다. 한번 해봐!」라고 말할 뿐이다. 하지만 분명, 그런 주제를 그런 식으로 접근해서는 논문을 쓰기 어렵다. 특히 주제 선정이 잘못되었을뿐더러, 설혹 그 주제로 쓴다고 하더라도 그런 방법으로는 접근하기가 어렵다. 괜스레 시간만 낭비하게 될 것을 알면서도 일단은 내버려 둔다. 그래야만 자기 스스로 생각을 하게 될 테니까. 아니나 다를까, 몇 주 후 그 학생은 다시금 찾아와서 말한다. 무척이나 죄송해하면서, 자기가 큰 잘못이라도 저지른 듯이 말한다.

「선생님, 저, 논문 주제 지금 바꾸면 안 될까요? ……왜, 저번에 말
  씀드린 주제로 하려고 했는데 해보니까 잘 안 돼요.」

「왜 안 되는데?」

「우선 연구 문제가 제대로 잡히지 않아요. 그리고 그것을 실험 연구로 하려니까 실험 대상 선정도 어렵고, 또 실험 내용도 사실은 애매하거든요…….」

「그래, 그럴 거야. 그래서 어떻게 하려고 하는데.」

「이번에는 조금 주제를 바꿔서 이런 방법으로 접근하려고 합니다…….」

그전보다는 많이 달라졌음을 느낀다. 이를테면 논문을 쓰기 위해서는 어떤 주제를 선택하는 것이 합리적이고, 또 주어진 기간 내에 어떤 연구 방법을 동원하는 것이 현실적으로 가능한가도 제법 생각을 많이 하고 왔음을 발견한다. 학생 스스로 꽤나 고민을 하고 그 과정에서 그만큼 생각이 불쑥 커졌음을 느낀다.

「그래! 너, 고민 많이 했겠다.」

「선생님, 저, 잠도 제대로 못 잤어요. 몇 날 며칠 이 논문 주제 때문에 고민 많이 했어요. 문헌도 여러 개 뒤져 봤고요…….」

「그래! 잘했어. 그럼 가서 또 해봐.」

물론 전보다는 많이 나아졌지만 이번 주제도 연구 대상과 방법을 선택하는 데는 제법 고민을 해야 할 것임을 나는 안다. 물론 이렇게 저렇게 하라고 조목조목 일러 주면 그 학생은 고민을 훨씬 덜 하고 쉽게 논문을 쓰게 되겠지만, 그러면 그 학생은 그만큼 성장이 지체될 것이기에 나는 또 한 번 그대로 놓아둔다. 그것이 진정 내가 그 학생의 교수로서 제자를 사랑하는 방법이라고 믿기 때문이다.

성장하면서 실수나 실패를 통해 아픔을 겪게 되는 것은 지극히 정상적인 모습이다. 특히 실수를 한 다음에 그 뒤처리에서 겪는 아픔을 아이들이 스스로 경험하게 하는 것이 중요하다. 더 큰 실수를 할까 봐, 지금 당장 겪는 고통이 안쓰러워서, 아이에게 그 고통으로 인한 또 다른 고통을 더 이상 겪지 않도록, 그래서 이어지는 고통을 부모가 대신해 주려고 나선다면 아이의 성장과 성숙을 제대로 도와주지 못하는 결과를 초래하고 만다.

끝으로 한 가지 사례만 더 들어 보겠다. 이 글이 전하고자 하는 의미가 무엇인지 읽는 이들이 스스로 깨닫기를 바란다.

초등학교 1학년, 3학년에 다니는 두 아들과 출근 준비를 끝낸 아빠와 엄마, 넷이서 아침 식탁에 둘러앉았다. 아침 시간은 대체로 여유가 없게 마련이다. 서둘러 식탁에 앉아 밥을 먹기 시작했다. 두 아이는 씨리얼을 먹겠다고 해서 우유를 대접에 따라 주고, 씨리얼 통을 식탁에 올려 놓았다. 아빠에게는 콩나물국에 밥과 김치가 주종을 이룬 아침 식탁이 차려졌다. 그런데 이게 웬일인가? 아이들이 씨리얼을 서로 먼저 넣겠다고 티격태격하다가 손으로 탁 치는 바람에 우유 대접을 땅에다 떨어뜨렸다. 그것이 또 아빠 국그릇을 치고 나가는 바람에 국그릇도 바닥에 떨어졌고 유리잔도 깨져서 유리가 바닥에 나뒹굴었다. 이때 보통 엄마들은 이렇게 말할 것이다.

「하여튼, 너희는 못 말려! 왜들 그래. 왜 이렇게 엎지르고 난리야. 이렇게 해봐. 옷도 다 젖었잖아. 기껏 새옷 입혀 놓았더니. 가만히 있어. 움직이지 마. 바닥에 유리 천지야. 이렇게 해. 우선 엄마가 옷 털어 줄게……. 그리고 당신은 좀 가만 있지 말고 일어나서 바닥에 있는 유리라도 좀 치워요! 너희 둘 하여간…… 어이구, 아침부터 엄마 열통 터뜨릴 거야? 아니, 아무나 먼저 넣지, 왜들 난리를 피워…….」

그러나 조금 더 현명한 엄마라면 아마 이렇게 말할 듯싶다.

「하여튼 너희는 못 말리는 애들이야! 아니, 누가 좀 먼저 넣으면

114

어떠냐! 두 살 더 먹은 형이나 동생이나 똑같아, 똑같애! 할 수 없
다. 기왕 엎질렀고…… 저 유리 좀 봐. 컵도 깨졌잖아. 너희들이
다시 우유를 따라 먹든지, 치우든지 알아서 해. 여보, 당신은 그냥
내버려 두고 어서 식사하고 출근하세요…….」
「아이들 다치겠어. 유리가 바닥에 널렸잖아.」
「아, 놔둬요. 뭐 찔린다고 죽어요? 좀 찔려 보기도 해야 돼!」
　아이들은 가만히 앉아 있다가 이내 조심스레 일어난다. 이런 엄마
는 너무 매정한 것인가? 아니다. 엄마는 지금 속으로 아이들을 열심
히 지켜보고 있다. 그러면서 그들 스스로 그 상황 속에서 무엇인가
를 깨닫게 되기를 바라는 것이다.

네가 이기나 내가 이기나 어디 해보자!

　나는 어머니께서 어린 시절 내게 가르쳐 주신 것 가운데 지금도 참 감사하게 느끼는 것이 하나 있다. 무엇이든 시작했으면 끝까지 해보라는 것이다.

　중학교 3학년 때의 일이었다. 8월 초쯤 입추가 오기 전, 아직 여름 더위가 한창일 때였다. 어머니는 집 근처 언덕받이에 있는 조그만 밭에 호박 넝쿨을 걷어 내고 흙을 갈아엎고 땅을 고르고 밭이랑을 길게 만들어 가을 배추씨를 심는 일을 하라고 하셨다. 꼭 그맘때면 어머니는 형들하고 그런 일을 하게 하셨다. 이른 새벽, 더위를 피해 삽과 낫, 호미 등을 들고 밭으로 나갔다. 제멋대로 퍼져 있는 호박 넝쿨은 가시처럼 따가웠다. 그 넝쿨 사이에 온갖 잡풀들이 무성하게 자랐고, 그런 것을 걷어 내다 보면 오전이 다 갔다. 그리고 밭두렁에 앉아서 점심을 먹고 나면 더위 탓에 일도 하기 싫고 졸리기도 했다. 그러면 꾀를 부리곤 했다.

　「엄마, 이거 내일 하면 안 돼? 오늘은 그만 하고, 나, 공부도 해야
　　되는데…….」

그러면 으레 어머니는 꾸중으로 답하셨다.

「공부는 허구한 날 해도 되지만 이건 다 때가 있는 법이야. 그리고 어젯밤에도 초저녁부터 자더구먼. 뭐 시간이 없어 니가 공부 못했냐! 시끄러워! 하던 일은 마저 끝내. 사내 녀석이 일단 시작했으면 끝을 봐야지. 그래 좀 힘들다고 도중에 그만두냐? 밥들 먹었으면, 어서 가서 마저 해. 오늘 중으로 여기 다 끝내야 돼!」

우리 형제들은 어쩔 수 없이 다시금 일어서서 일을 시작했다. 해질 무렵 말끔히 정리를 하고 '씨앗을 뿌려 놓은 저 밭에 두세 달 후면 매우 실한 파란 배추들이 가득하겠지' 하는 생각을 하면 흐뭇하기까지 했었다. 동네 개들이 들어와서 돌아다니지 못하게 새끼를 가져다 얼기설기 울타리를 쳐놓고, 연장을 들고 땀에 흠뻑 젖은 모습으로 집에 돌아왔다.

어머니는 항상 모든 일을 할 때 끝까지 할 것을 강조하셨다. 공책은 한 장도 남김없이 끝까지 써야 했고, 연필 또한 끝까지 다 써야 했다. 밥도 자기 그릇에 담겨 있는 것은 마지막 한 톨까지 남김없이 다 먹어야 했다. 물론 절약이라는 의미도 있지만 어머니는 모든 일을 끝까지 완성하는 버릇을 갖도록 해주셨다. 일단 시작을 하면 처음이나 중간에 그 어떤 어려움이 닥쳐와도 끈기를 갖고 물고 늘어지도록 하는 버릇을 키워 주셨다.

그래서인지 나는 지금까지 살아오면서 무슨 일이든 끝까지 최선을 다하는 것을 원칙으로 삼았다. 심지어는 다음과 같은 일에서조차도 그러했다. 오래전 외국 여행을 할 때였다. 공항에서 체크인을 하는데 옆 사람을 힐끗 보니 어디서 많이 본 사람이었다. 그러나 그냥 모른 척하고 수속을 마친 다음 비행기를 탔는데, 글쎄 그 사람이 같은 비행기를 탄 것이었다. 그는 나보다 서너 줄 앞자리에 앉아 있었다. 나는 그 순간부터 도대체 저 사람이 누구길래 낯이 익을까 생각하기 시작했다. 비행기 안에서 무료한 시간을 달래기도 하고 또 내 머리의 기억력도 시험할 겸, 그의 뒷모습을 보면서, 그리고 지나간 내 삶을 돌이켜 보면서 저 사람을 언제 어디에서 만났었기에 낯이 익을까, 생각했다. 몇 시간 후 비행기는 첫 기착지인 타이베이에 도착했다. 그때까지도 나는 생각을 못 해냈다. 우리는 그곳 면세 보호 구역 내에서 한 시간 남짓 기다렸다가 다시 비행기를 타게 되어 있었다. 그 사람도 나도 다시 타기 위해 줄을 섰다. 나는 서울을 출발하여 이곳까지 오는 몇 시간 동안 줄곧 '저 사람을 초등학교, 중·고등학교, 대학교에서 만났을까? 아냐, 그럼 군대에서 만났을까? 독일에서, 미국에서 공부할 때 만났을까? 아니면 연세대학교에서 만났을까?' 생각하면서 내 삶을 수없이 반복해서 뒤적이며 그 사람과 맺었을 연결 고리를 찾으려고 애썼다. 그런데 이게 웬일인가! 다시 비행기에 오르려고 줄을 선 순간 나는 그 사람과의 관계를 찾아냈다. 군대에서였다. 원주 38사단 훈련소에서 신병 훈련을 끝내고 카투사로 선발되어 부평에 있는 어느 미군부대 보충대에서 2주간 영어 교육을 받을 때, 그는 그곳에서 영어 교관으로 있던 김○○ 중위였다. 나는 그에게 다가갔다.

「실례지만, 저를 알아보시겠어요?」

어안이 벙벙해진 그는 잘 모르겠다며 겸연쩍어했다.

「1970년 미 38보충대에서 영어 가르쳤던 김○○ 중위님 아닙니까?」

그때 나는 대학 졸업 후 뒤늦게 군에 입대하였기 때문에 그런 교관들보다도 나이가 많았을 성싶다. 그제서야 그는 좀 알겠다는 듯이 나를 다시 찬찬히 보았다.

「저, 이성호입니다.」

「아! 그때 구대장 안 했어요?」

그도 역시 몇 십 년 전의 일이 기억난 것이었다. 나는 그때 동기생들을 대표하는 구대장이었다. 사람의 기억의 흔적이란 이렇듯 묘하구나 하는 생각에 스스로 감탄하면서 그것을 끝까지 찾아낸 내 끈기에 스스로 기쁨을 느꼈다.

사실 따지고 보면 별것 아닌 것 같지만 나는 요즘 젊은이들이나 어린아이들에게서 집념이란 것을 별로 느끼지 못한다. 즉, 요즘 아이들은 어떤 문제를 풀거나 어려운 일에 봉착했을 때 그것을 끝까지 집념을 갖고 끈기 있게 풀어 보려는 의지가 약한 것 같다. 한편으로, 세상을 그저 쉽게 살려고 하는 것 같아서 안쓰럽다. 뭐든지 그저 손쉽고 빠르게 얻을 수 있는 것만 따라다니지, 힘 들이고 시간 들여서 고통과 시련을 겪으면서 쟁취하려는 의지가 약해 보인다.

공부만 해도 그렇다. 아이가 머리는 좋은데 왜 공부를 못하는 것일까. 무엇이 부족해서 공부를 못하는 것일까. 정서적으로 불안해서 그럴까. 아니면 집중을 못해서 그런 것일까. 아니면 공부 방법을 몰라서 그러는 것일까. 여러 가지 이유들이 복합적으로 얽혀 있을 것이다. 그러나 한 가지 분명한 것은 머리가 나빠서 공부를 못하는 게 결코 아니라는 점이다. 그럼에도 공부를 못하는 여러 가지 이유 가운데 하나는 끈기 또는 의지, 달리 표현하면 힘을 들여서 고민하며 공부하려는 의지가 약하기 때문이다.

중학교 수학 시간에 선생님이 연립 방정식을 세워서 풀어야 하는 다음과 같은 문제를 숙제로 내주었다고 하자.

‘닭과 돼지가 함께 있다. 수를 헤아려 보니 모두 800마리이다. 또 닭의 다리와 돼지의 다리를 모두 헤아려 보니 2,600개이다. 그러면

닭은 몇 마리이고 돼지는 몇 마리일까?'

이러한 문제가 중학교 1학년인 경규한테는 좀 어려운 수준이라고 하자. 그렇다고 해서 경규가 반에서 꼴찌를 하는 그런 아이는 아니다. 상위 수준에 속한다고 하자. 그런데 문제가 중학교 1학년 학생이 풀기에는 조금 어려워서, 집에 돌아온 경규가 그 문제를 풀어 보려고 낑낑거렸지만 쉽게 풀리지 않는다고 하자. 그러나 경규의 태도는 자못 결연하다. 네가 이기나 내가 이기나 어디 해보자는 식으로 문제를 풀기 위해 끈질기게 덤빈다. 한 문제 때문에 한 시간 동안이나 헤맸어도 경규는 포기할 생각이 없다. 좀 쉬었다가 다시금 책상에 앉아서 또 생각을 해본다. 이 문제를 어떻게 풀 수 있을까? 어렴풋이 선생님이 연립 방정식을 이용하라는 이야기를 한 것이 생각났다.

'맞아! 이건 연립 방정식으로 풀어야 하는 거야! 그러니까 닭을 X라 하고 돼지를 Y라고 하면 되지. 아냐, 어디서 보니까 닭을 A라 하고 돼지를 B라고 하던데, X와 Y로 할까, A와 B로 할까? 아무렴 어때? 하여튼 X와 Y로 하자. 닭이 X, 돼지가 Y, 둘이 합쳐서 800마리라고 했으니까, 곧 X＋Y＝800이 되는 것 아니겠어? 문제는 이 다리인데, 이놈의 다리를 어떻게 방정식으로 세운단 말인가?'

경규는 고민하느라 또 그렇게 한 시간을 넘겼다.

'X＋Y＝800은 됐는데…… 참, 그놈의 다리는 어떻게 하는 것인지 모르겠네. 하여튼 오늘 밤 안에 꼭 답을 알아내고 말 거야.'

그러면서 경규는 이렇게 생각한다.

'하는 수 없다. 모든 경우를 한번 다 따져 보자. 기껏해야 800마리밖에 안 되는 것을.'

그러고는 백지 한 장을 펴놓고 줄을 그어 다음과 같은 표를 만들었다.

닭		돼지		합계	
마리	다리	마리	다리	마리	다리
1	×2=2	799	×4=3,196	1+799=800	2+3,196=3,198
2	×2=4	798	×4=3,192	2+798=800	4+3,192=3,196
3	×2=6	797	×4=3,188	3+797=800	6+3,188=3,194

어느 정도 해보더니 경규는 일일이 그것을 언제 해보느냐는 생각이 들었다. 어떻든 저놈의 다리가 2,600개가 될 때까지 해봐야겠는데……. 그러고는 좀 건너뛰기 시작했다.

닭		돼지		합계	
마리	다리	마리	다리	마리	다리
10	×2=20	790	×4=3,160	10+790=800	20+3,160=3,180
100	×2=200	700	×4=2,800	100+700=800	200+2,800=3,000

그러다가 경규는 깨달았다.

「이런, 바보!」

자기가 자신을 비웃듯 야단을 쳤다.

「그걸 뭘 그렇게 하냐? 이제 알았다. 닭은 다리가 두 개니까 2X, 돼지는 다리가 네 개니까 4Y…… 그러니까 $2X+4Y=2,600$이지.」

그러고는 아래와 같이 다시 정리를 하고 문제를 풀었다.

〈문제〉 $X+Y=800\cdots$①

$2X+4Y=2,600\cdots$②

〈풀이〉X＝800−Y…③→③을 ②에 대입하면,

$$2(800-Y)+4Y=2,600$$

$$1,600-2Y+4Y=2,600$$

$$2Y=1,000$$

Y＝500…④→④를 ①에 대입하면,

$$X+500=800$$

$$X=800-500$$

$$X=300$$

〈답〉닭 300마리, 돼지 500마리.

경규는 자신이 대견스러웠다. 결국은 두 시간이 넘게 낑낑대다가 자기 스스로 문제를 풀어 낸 것이다. 스스로 기쁨을 만끽했다. 그리고 이런 성취감은 경규로 하여금 수학에 재미를 붙이게 했다. 수학이 좋았다. 경규는 신이 났다. 이젠 끝까지 물고 늘어지면 자기 머리로 못 풀 문제가 어디 있겠느냐면서 자신감을 얻었다.

이렇게 끈질기게 문제를 떠안고 스스로 시련 속에 빠져 낑낑거리는 아이들은 설혹 답을 스스로 발견하지 못한다 해도 괜찮다. 이런 아이들은 누가 한마디만 일러 줘도 무엇 때문에 문제를 못 풀었는지, 어디서, 왜 막혔는지를 금방 알기 때문이다. 이튿날 학교에 가서 수업 시간에 선생님이 한마디만 하여도 이내 알아듣는 것이다.

그러나 공부를 못하는 아이들의 보편적인 행동은 어떠한가. 그들은 문제를 읽어 내려간 다음 금방 포기해 버린다.

「뭐야, 이거 되게 어려운데! 나 안 해. 나 못해. 선생님은 왜 이런 숙제를 내주냐. 배우지도 않은 것을 내주고 풀어 오라고 하면 어떻게 하냐.」

그러곤 아이는 문제에서 손을 뗀다. 다시는 거들떠보지도 않는다. 어렵고 힘든 것을 내가 왜 고생하면서 덤벼들어야 하느냐는 것이다. 때로는 엄마에게 이렇게 일러바치기도 한다.

「엄마, 우리 선생님 되게 웃긴다. 글쎄 우리한테 숙제를 내줬는데 우리 안 배운 거다. 엄청 어려워. 딴 애들도 모두 어렵대. 그런 걸 풀어 오라고 하냐, 어쩜!」

「아무렴, 네 선생님이 그러시겠니? 다 너희가 할 만하니까 내주셨겠지. 어서 들어가서 풀어 봐!」

「아냐, 엄마! 진짜 어려워. 아무리 생각해도 못 풀 문제야. 형도 못 풀 거야! 난 안 해.」

「그럼, 이따가 과외 선생님 오면 물어 봐.」

「그러잖아도 그럴 생각이야.」

아이는 밤에 집으로 온 과외 선생님에게 문제를 내놓았다.

「선생님 이거요, 오늘 학교에서 숙제 내준 건데 엄청 어려워요. 선생님이 풀어 주세요!」

이럴 경우 교수 방법의 원리를 배워 본 적이 없는 나이 어린 대학생 과외 선생님은 아이에게 어떻게 해주어야 진정 아이를 가르치는 것이고, 어떻게 해야 아이의 문제 풀이 능력을 키워 주는 것인지 모른다. 과외 선생님은 아이한테 문제를 넘겨받자마자 별생각 없이 얼른 풀어 준다. 옆에 앉은 아이는 그저 물끄러미 바라보면서 받아 적는다. 숙제를 했다는 생각 외에는 아무런 느낌도 없다. 배운 것이라고는 아무것도 없는 것이다.

이렇듯, 공부를 못하는 아이들은 힘든 것을 기피하려 들고, 자기 스스로 시련을 극복해 보려는 의지가 약하다. 그래서 과외 선생님이 없으면 혼자서는 공부를 결코 못하는 지극히 의존적인 학습자가 되고 마는 것이다. 아이들에게 주어진 문제를 대신 풀어 주고 해결해 주는 것이 사랑이 아니다. 아이들 스스로 끝까지 의지를 갖고 시련을 헤쳐 나가도록 그들을 격려하고 고무하는 것이 문제를 직접 해결해 주는 것보다 더 중요하다.

4장 관계(關係)

산다는 것은 관계를 맺는 일이다.
그렇기에 세상을 너 혼자 살려고 해서는 안 되고
더불어 살려고 해야 한다.

이제 나도 나이가 어느새 예순이 다 되었다. 60년 가까이 되는 삶을 가만히 돌이켜 본다. 그동안 무엇을 하면서 살았는가. 20년간 시골에서 보낸 어린 시절과 청소년 시절, 그리고 서울에 올라와서 학생 신분으로 지낸 4년간의 대학 생활, 졸병으로 보낸 3년간의 군대 생활, 그리고 난 다음 2년간의 대학원 석사과정 생활, 독일과 미국에서 보낸 4년간의 박사과정 유학 생활, 그리고 그 후 근 30년간의 교수와 대학 행정가로서의 대학 생활, 도중에 1년간의 교육부 관리 생활. 그동안 겪었던 시련과 고통, 기쁨과 행복, 아쉬움과 차고 넘침 등이 하나하나 생각난다. 하지만 그 삶을 한마디로 요약하면 무엇이 될까.

나는 그것을 '관계'라고 생각한다. 한평생 무엇을 했는가. 놀기도 하고, 공부도 하고, 가르치는 일도 했지만, 그 모든 것은 수단이었을 뿐 삶 그 자체는 아니었다. 그러면 무엇이 삶이었을까. 삶의 진수는 한마디로 관계인 것 같다. 태어나는 순간부터 관계의 삶이 시작되어 평생 수많은 사람들과 관계를 맺으며 살아왔다. 다른 사람들도 마찬가지겠지만, 우선 부모님과 부모·자식이라는 관계를 맺었다. 그리고 나보다 먼저 세상에 태어난 형들과 나보다 나중에 태어난 동생들과 형제의 관계를 맺었다. 학교를 다니면서는 친구들과 선배, 후배들과 수없이 관계를 맺었다. 군에서는 전우(?)의 관계를, 직장에서는 여러 교수들과 선·후배 관계를, 교육부와 대학에서 행정직을 수행하면서는 상사와 부하의 관계를 맺었다. 내가 학생일 때는 선생님과 사제의 관계를 맺었고, 또 내가 교수일 때는 학생들과 사제의 관계를 맺었다. 성인이 되어 한 여자를 만나 결혼하면서 부부의 관계를 맺었고 또 자식을 낳아 그들과 부모 자식 간의 관계를 맺었고, 아이를 결혼시키면서 사돈의 관계도 맺었다. 교회를 다니면서는 우선 하나님과 관계를 맺었고, 수많은 교우들과 성도의 관계를 맺었고, 이런저런 사회 활동을 통해서 수많은 사람들과 지인의 관계를 맺었다. 혈연은 아니어도 호형호제하며 가까이 지내는 수많은 사람들과 형제 관계를 맺으면서 살아왔다.

한마디로 삶은 이렇듯 관계로 점철된 것이다. 결국 인생은 관계의 연속이다. 인생을 성공적으로 산 사람은 관계에 성공한 사람이고 인생에 실패한 사람은 관계에 실패한 사람이다. 신앙생활도 하나님과의 관계를 제대로 맺으면 진짜 참된 신앙생활을 하는 것이고, 그렇지 않으면 그것은 한낱 위선적이고 가식적인 신앙이 되지 않던가!

가정이 행복한 사람은 부부 관계, 부모·자식 관계, 형제 관계, 동서 관계를 원만하고 성공적으로 맺고 있는 사람이다. 직장 생활도 그렇다. 어떤 직장이 정말 좋은 직장인가? 월급 많이 주는 회사인가? 월급을 많이 주면 더없이 좋겠지만 우선은 직장에 가서 일하는 동안 상사와 부하 그리고 동료들과의 관계가 원만해야 직장에 다니고 싶어지는 것이다. 그래야 그 조직의 집합적 생산성도 높아진다. 오늘날 우리나라 초·중등학교 교육이 황폐해지고 있음을 우려하는 사람들이 많다. 교육이 제대로 이루어지지 않고 있다는 것이다. 무엇 때문일까? 근본적인 원인의 한 가지는 사제 관계의 몰락이다. 즉, 교사와 학생 간의 관계가 깨졌기 때문이다. 선생님은 학생을 끝없이 사랑해야 하고 학생은 선생님을 더없이 존경해야 하는데, 지금 그 사랑과 존경의 관계가 무너지고 있기 때문에 교실 교육이 총체적으로 위협받게 된 것이라고 생각한다.

　지금은 많이 없어졌지만 예전에 파출소 앞을 지나가다 보면 기초 질서 확립이라는 푯말이 크게 눈에 들어오곤 했었다. 이를테면 무단 횡단을 하지 말고 불법 주차를 하지 말고 노상 방뇨를 해서도 안 되고 쓰레기를 아무 데나 버려서는 안 되고 길을 가다 침을 뱉어서는 안 되는 것 등이 확립해야 할 기초 질서 범주 안에 들어간다. 물론 그러한 기초 질서도 중요하지만 실상 우리나라에서 조속히 확립되어야 할 것은 인간관계의 기초 질서이다. 그래도 옛날에는 그 사람이 어떤 지위에 있건 간에, 그가 많이 배웠건 못 배웠건, 돈이 많건 적건 간에 나이가 한 살이라도 많으면 깍듯이 연장자로 예우했었다. 그러나 지금은 어떤가? 자식 같은 젊은이가 아버지뻘 되는 어른의 멱살을 잡고 반말하며 덤비지 않던가. 위아래의 관계가 완전히 붕괴되고 있다. 그런 수직적인 관계만이 아니라 동료나 이웃과의 수평적인 관계도 깨지고 있다. 아니, 어쩌면 사람들이 관계 그 자체를 아예 맺으려 들지를 않는 것 같다. 그냥 다 귀찮고 그저 필요한 만큼의 관계만 가지면 됐지, 뭐 그다지 깊은 관계를 맺을 필요가 있느냐는 듯 보인다. 이제는 평생 지교(平生之交)가 거의 없는 듯싶다. 그러다 보니 삶에서 진실로 관계가 필요할 때 사람들이 관계를 맺을 줄 모르는 것 아니겠는가!

　특히 요즘 젊은이들이 더욱 그런 것 같다. 그들은 수직적이든 수평적이든, 관계를 소중하게 여기지 않는 것 같다. 그저 업무상으로 기계적인 관계를 맺을 뿐, 인간적이지 못한 경우가 많다. 그러니까 대학에서 4년 동안 같은 학과를 함께 다니고도 졸업할 때까지 서로 이름도 모른 채 지내는 것 아니겠는가! 그 친구의 이름을 알 필요도 없고 알려고 들지도 않기 때문이다.

관계는 인간 상호 간의 관계에서 끝나는 것만은 아니다. 우리는 사물이나 조직이나 현상과도 관계를 맺는다. 우리는 국가와 관계를 맺고 있으므로 국민으로서 대한민국이라는 나라와 나와의 관계가 원만하도록 해야 한다. 또 지역 주민으로서 지역 사회와 맺는 관계에서도 그렇다. 만약 내가 한 회사의 구성원이면 회사라는 실체와 관계를 맺는 것이다.

이러한 관계는 국가 간의 관계에서도 마찬가지로 중요하다. 이를테면 우리가 이라크에 파병을 할 것이냐 안 할 것이냐 하는 문제에 대한 판단과 결정도 국제 관계라는 틀에서 이루어지는 것이다. 기업 간의 관계도 늘 중요한 논쟁과 관심의 대상이 되고 있음을 우리는 신문이나 방송을 통해서 자주 본다. 지역과 지역 간의 관계도 그렇고 또 정책과 정책 간의 관계도 그렇듯 항상 논쟁과 관심의 대상이 된다. 노사 관계는 기업에서 관계가 얼마나 중요한가를 가장 대표적으로 보여 주는 사례이다.

세상은 그야말로 관계로 점철되어 있다. 그렇기에 이러한 삶의 과정에서 관계를 맺고 유지하고 발전시키고 정리하는 일이 하나같이 참으로 중요하지 않을 수 없다. 나는 우리의 아이들이 아주 어린 나이 때부터 그러한 관계를 몸으로 터득하고 배우고 또 실천할 줄 알았으면 좋겠다.

그것이 21세기의 고도화된 정보 통신 사회에서 더불어 생존하기 위해 필요한 중요한 능력이 된다는 것을 강조해 두고 싶다.

애! 너 뭐 먹고 싶니?

옛날, 그러니까 나의 부모님 세대는 자식을 많이 낳았다. 일부러 많이 낳고 싶어서 그랬던 것이 아니라 그냥 생기는 대로, 하나님이 허락하시는 대로 모두 낳았던 것이다. 인위적으로 안 낳고 적게 낳을 수 있는 뾰족한 방법이 그때는 없었기 때문이다. 우리 집도 마찬가지였다. 부모님께서는 원래 7남 1녀를 낳았지만, 내 바로 위의 형이 아주 어렸을 때 죽는 바람에 6남 1녀로 자랐다. 위로 아들 여섯, 그리고 맨 끝에 딸 하나를 두셨다. 맏며느리로 시집오신 어머니는 당신의 시어머니(내게는 할머니)와 경쟁을 한 것은 아니지만, 시어머니와 똑같이 6남 1녀를 두셨다.

6남 1녀 중에 나는 위에서 세 번째이다. 위로 형이 둘, 아래로 남동생이 셋, 여동생이 한 명 있다. 중간에 끼여 있었던 것이다. 그 당시는 시골의 어느 집을 막론하고 그저 한두 집 빼고는 모두 가난한 농가였다. 그러다 보니 항상 모든 물자가 부족했다. 입을 것, 먹을 것, 잘 곳 등 기본적인 의식주와 관련된 모든 물자가 항상 부족했다. 물론 그 당시에는 그렇게 부족한 줄도 몰랐다. 원래가 그런 것인 줄 알고 살았다. 그러나 인간으로서의 본능, 삶에 대한 강한 의지는 그때나 지금이나 마찬가지였을 성싶다.

하여튼 가운데 끼인 나는 참으로 바빴다. 위의 두 형들과도 싸워야 했고, 아래 네 명의 동생들과도 연일 싸워야 했기 때문이다. 제일 큰형과 막내가 싸우는 것은 본 적이 없다. 하도 나이 차이가 나니까 싸움이 되지 않았다. 그러나 가운데 끼인 나는 위아래 모두의 싸움 상대가 되는 사정거리 내에 위치하고 있었던 것이다.

물론 당시에는 참으로 지겹기도 하고 힘도 들었겠지만 지금 돌이켜 보면 그때가 참으로 행복했던 것 같기도 하다. 특히 교육학을 공부하고 나서 돌아봤을 때, 나는 그 어린 시절 형제들 틈바구니에서 참으로 인생에서 필요한 많은 것들을 배웠다고 생각할 때가 많다.

한마디로 전쟁과 평화를 몸으로 배웠다. 사람들 간의 관계가 어떻게 이루어질 때 전쟁이 터지고 또 어떻게 평화가 유지되고 깨지는지를 배웠다. 인간관계에서 갈등이란 것은 도대체 무엇이고, 인간관계에서 필요한 기초 질서가 무엇인지, 나는 그때 다 배웠다고 해도 과언이 아닐 성싶다.

우리 여섯 형제는 한방에서 지낼 때가 많았다. 형제들은 나이 순서로 잠자리에 누웠다. 나는 물론 세 번째라 가운데에서 잤다. 겨울철엔 그 가운데 자리가 제일 따뜻했다. 위에는 빨간색, 아래는 까만색으로 된 이불 하나를 함께 덮고 자면서 우리 형제들은 양쪽에서 이불을 끌고 당기며 싸울 때가 많았는데, 그때 나는 별 신경 안 쓰고 상관 안 해도 되었기 때문에 중간으로 태어났음을 행복해하기도 했다. 잠자리에서, 특히 겨울철엔 차가운 발이 닿는다고 해서 형제간에 싸움이 자주 일어났다. 이렇게든 저렇게든 싸움이 끊이질 않았다. 긴 밤을 자다 보면 누군가 꼭 한 명이 새벽에 먼저 깼다. 가만히 누워 있기에 심심하면 자고 있는 옆 사람을 건드려 깨웠다. 방 안은 칠흑처럼 어둡고, 일어나 밖에 나갈 수도 없으니까 그저 옆에서 자고 있는 형제가 놀이 대상이었던 것 같다. 때로는 자고 있는 형제의 코에다 침을 한 방울 떨어뜨리기도 했다. 그러면 그것도 모르고 숨을 들이쉬면서 그 침을 빨아들일 때 우리는 웃음을 참고 지켜보다가, 잠이 깬 그 형제와 일전을 벌이기도 했다. 참으로 별의별 장난을 다 치면서 자랐다. 그 속에서 우리는 끝없이 창의력(?)을 발휘했고 인간관계 능력도 키웠다.

특히 우리는 산수(수학)만큼은 몸으로 확실하게 배웠다. 언제나 부족한 먹을거리들은 나눗셈의 원리를 일찍부터 터득할 수 있게 해 주었다. 지금 한국 경제에서 말하는 성장과 배분의 원리를 우리는 그때 몸으로 배웠다. 여섯 형제에게 찐 옥수수 네 자루가 제공되었을 때, 그것을 어떻게 여섯 명이 나누어 먹느냐 하는 것을 우리는 숱한 '전쟁'을 통하여 터득했다. 그저 산술적으로 '4 나누기 6'이 가장 민주주의적인 공정 배분이 아니라는 것을 우리는 그때 터득했다. 점심을 못 먹었을 것 같은 작은형에게 우선 한 자루를 통째로 준 다음, 또 한 자루는 큰형과 넷째가 반씩 나누어 먹고 나머지 중 또 한 자루는 셋째와 다섯째가 반씩 나누어 먹고, 나머지 한 자루는 잘 두었다가 어디 갔는지 보이지 않는 여섯째 막내에게 주자는 식으로 서로 배려하며 합의를 보는 데까지 이르기도 하였다.

이를테면 한마디로 우리는 서로 싸워 가면서 결국 내가 이만큼 더 먹고 이만큼 더 편해지다 보면 다른 형제가 또 그만큼 덜 먹게 되고 또 그만큼 더 불편해질 수밖에 없다는 제로섬(zero-sum)의 원리도 그때 터득한 것이다. 지금 우리 사회에서 흔히 얘기하는 상생(相生)이니, 윈윈(win-win)이니, 또는 포지티브섬(positive sum)이니 하는 것들을, 그 당시 우리는 이미 몸으로 터득하고 실천하였던 것이다.

　물론 그러한 것들은 꼭 형제가 많아야만 배울 수 있는 것이 아니다. 그러나 분명한 사실 하나는 그런 관계의 실제는 아주 어린 시절에 몸으로 익히는 것이 매우 중요하며 지금처럼 자녀가 하나 또는 둘밖에 안 되고, 더욱이 모든 것이 풍족한 가운데서 성장하는 아이들은 그만큼 몸으로 배울 기회가 거의 없다는 점이다.

　자녀가 하나 또는 둘밖에 없는 오늘날 대부분의 가정에서는 우선 그들이 누구와 크게 나눌 것이 없이 모든 것을 독점하고 있다는 점에 대해 생각해 볼 점이 많다. 더욱이 옛날과 다르게 집 안에 입을 것, 먹을 것 등의 물자가 비교적 풍부한 가운데, 그것도 모든 것을 독점하다 보니 아이들은 언제고 '남아돌아가는' 여유를 갖게 된다. 결국 그것은 아이들로 하여금 그만큼 자기 소유에 대한 집착을 약하게 만든다. 예컨대 옛날에 우리는 비닐우산 하나라도 학교에다 두고 오거나 잃어버리고 돌아오면 엄청 야단을 맞았고 큰일 나는 줄 알았다. 하지만 요즘 아이들은 새 필통, 새 우산, 새 공책 하나쯤 운동장이나 교실 어느 구석에 두고 와도 결코 다시 찾을 생각을 하지 않는다.

　부모님께서 베풀어 주시는 사랑도 듬뿍 받는다. 부모님 입장에서도 사랑을 주는 대상이 그저 하나 아니면 둘이다 보니까 편하기도 하지만 그만큼 사랑의 양과 질이 풍부해질 수밖에 없다. 사랑을 독차지하고 자라는 아이들이라 어찌 보면 더없이 좋을 것 같다. 하지만 뒤집어 생각하면 그 아이들에 대한 부모의 간섭과 통제도 그만큼 강하고 빈번해지는 것 아닌가. 옛날에는 부모의 사랑도 여러 명의 자녀들에게 분산되었고, 또 부모의 간섭과 통제도 그만큼 여러 명에게 나뉘다 보니 약화되었던 것 같다. 자녀가 여러 명이니까 그중 한 명이 큰 실망을 안겨 주어도 다른 자녀가 대신 큰 기쁨을 안겨 줌으로써 상쇄하는 경우가 많았다. 그러나 지금은 그렇지가 않다. 한 명의 자녀가 부모에게는 온통 기쁨의 원천이고 좌절의 근원이 되고 있다. 그러나 그 한 자녀 또는 두 자녀에게 부모의 기대가 집중되다 보니, 아이는 알게 모르게 엄청난 스트레스를 받을 수밖에 없다.

이러한 성장 과정에서 아이들이 얻는 것도 많겠지만, 특히 관계라는 관점에서 볼 때는 오히려 놓치고 잃어버리는 것들이 더 많은 것 같아 안타깝다. 물론 그렇다고 해서 형제가 많아야만 해결된다는 것을 의미하는 것은 아니다. 그저 혼자서 또는 둘이 자라다 보니, 많은 것을 배울 수 있는 기회를 놓치고 있다는 것이다. 따라서 부모들이 그러한 점을 깊이 인식하지 않는 한, 우리 아이들은 지금처럼 끝없이 자기만 생각하고 타인을 수용하지 못하는, 그래서 결국엔 삶의 과정에서 필요한 관계를 제대로 이루어 나가지 못하게 되는 것이 아닐까 싶어 걱정된다.

요즘 젊은 부모들은 특히 자녀에게 목숨을 걸고 가정의 모든 일을 아이들 중심으로 결정하고 행동함으로써, 오히려 아이들 성장에, 특히 관계 능력을 키우는 데 있어 위해를 초래하는 경우가 많다.

어느 일요일 저녁이었다. 그 집 엄마는 그날따라 더 피곤하여 밥도 하기 싫었던가 보다. 그래서 저녁 식사만큼은 그냥 나가서 먹었으면 좋겠다는 생각이 들었다. 뭐 그리 대단한 외식은 아니더라도 온 식구가 밖에 나가서 함께 저녁을 사 먹는 것도 좋겠다 싶어 엄마는 외식을 제안하기로 했다. 집 안에는 애들 할머니도 계시고 애들 아빠도 있었다. 그러나 엄마는 먼저 아이들이 놀고 있는 방문부터 두드렸다.

「애들아, 너희들 뭐 먹고 싶어? 오늘 아빠랑 할머니랑 모두 나가서 저녁 먹으려고 하는데 뭐 사줄까? 너희들 먹고 싶은 것 사줄게.」

작은아들 녀석이 먼저 말한다.

「엄마, 나 치킨 먹고 싶어!」

그러자 두 살 위인 형이 튕긴다.

「야, 치킨은 무슨 치킨이야! 어제도 너 먹었잖아. 만날 치킨만 먹냐. 엄마 그러지 말고 우리 피자 먹으러 가자!」

「그럴까? 은준이 너도 그럼 피자 먹는 거다.」

「알았어요.」

두 형제의 동의를 얻은 엄마는 이제 남편에게로 다가간다.

「여보! 나가요. 애들이 피자 먹자는데 당신도 나가서 피자 먹어요.」

「피자는 무슨 피자? 아니 저녁을 그걸로 먹는단 말이에요?」

「아니, 피자 한 끼 먹으면 뭐 큰일 나요? 나 같으면 아무것도 안 먹었으면 좋겠구먼. 당신도 자꾸 살찌는데 뭐 저녁 많이 먹어야 좋을 것 없어요! 그냥 애들 따라 나가서 피자나 한 쪽 드시든지 말든지 하세요.」

그냥 일방적인 통보이고 훈시였다. 남편은 더 이상 아무 말을 못했다. 그러자 엄마는 아이들 할머니에게로 다가갔다.

「어머니, 애들도 좋아하고 또 아비도 괜찮다고 하는데 피자 어떠세요? 나가서 이 동네에서 그냥 피자 먹는 걸로 저녁을 할까 하는데요.」

「그러냐? 그럼, 그렇게 하렴.」

사실 할머니는 피자를 몹시 싫어하지만 며느리가 와서 그렇게 말하는데, 더욱이 이 집에서는 순서가 1번 큰아들 혁준, 2번 작은아들 은준, 3번 애 아빠, 4번 애 엄마, 5번 강아지 초롱이, 그리고 6번이 겨우 나인데, 무슨 토를 달겠느냐 하는 모습이었다.

정말 이래도 되는 것인가. 왜 아이들이 집안의 모든 일에서 중심이 되어야만 하는가. 텔레비전 채널, 휴가 장소, 또 외식할 때의 음식도 그저 모든 것이 아이들 위주로 결정된다. 그런 가운데서 아이들이 진정 어떤 '관계'를 배우게 될까? 수직적이든 수평적이든 그 아이들이 남을 생각하고, 집단 또는 조직 내에서 다른 사람들과 더불어 관계하는 심성을 조금이라도 키울 수 있을까? 한 번쯤 생각해 보아야 할 일이다.

엄마! 호수는 오리하고 줄 긋는 것 맞지?

하루를 밖에 나가서 지내다 보면 정말 사람들이 상대방을 눈곱만큼이라도 배려하고 지내는지 의심이 갈 때가 많다. 하기야 그래도 대다수의 사람들이 상대방과 맺는 관계에서 배려를 하니까 세상이 이만큼은 돌아가는 것 아니겠느냐 생각하면서도, 주변에서 이따금 목격하게 되는 어떤 사람들의 행동은 아직도 우리 사회에 관계가 제대로 정착하려면 시간이 좀 걸리겠구나 하는 생각을 일으킬 때가 많다. 이를테면 다음과 같은 경우들이다.

· 좁은 공간, 예컨대 지하철에 사람들이 빽빽이 들어서 있을 때나 비행기의 좁은 좌석에 앉아 있을 때 신문을 넓게 펼쳐 들고 보면서 앞사람 뒷머리를 자꾸 건드리는 경우가 그렇다.
· 지하철이나 공항 대합실 같은 곳에서, 좌석 하나만 차지하고 앉는 것이 아니라 꼭 옆 자리에 자기 짐이나 가방을 올려놓고는 다른 사람들이 앉을 수 없게 만들 때도 그렇다.
· 주차장이 좁아서 겹겹이 차를 세울 수밖에 없을 때, 다른 차가

오도 가도 못하게 아무렇게나 세워 놓고는 잠시 주차 중이라는 쪽
지에 휴대 전화 번호만 남겨 놓고 사라졌다가 막상 연락하면 전화
를 받지도 않고, 받아도 한참 있다가 어슬렁거리며 와서는 미안하
다는 말도 없이 오히려 째려보면서 차를 빼는 경우도 마찬가지다.
 · 은행이나 관공서에서 직원과 한창 상담 중인데 갑자기 나타나
말을 가로채면서 그 직원에게 한참 이야기하고 물어보고 따지고
돌아가는 경우도 대단히 무례하다.
 · 교회 같은 곳에서는 여러 명이 긴 의자에 함께 앉아야 하는데
꼭 먼저 와서는 맨 오른쪽 끝에 앉아서 소리치며 눈 감고 기도하
고, 또 두 번째 온 사람은 맨 왼쪽 끝에 앉아서 역시 눈 감고 소리
치며 기도하면서 다음에 오는 사람들이 좀 들어가려고 하면 일어
나서 들어가게 해주는 것도 아니고 배를 안으로 약간 당기면서 들
어가게 하는 것이다. 그러다 몸이 부딪치기라도 하면 기분 안 좋
은 내색을 한다. 그러면서도 그들은 '이웃을 네 몸같이 사랑하라'
는 예수님의 가르침을 매일 흠모한다.
 · 몇 걸음 뒤에, 사람이 오는 소리를 듣고서도 엘리베이터에 얼른
타고는 뒤따라와서 누를까 봐 허겁지겁 닫힘 버튼을 눌러 저 혼자
쑥 올라가는 사람과는 한 아파트에 같이 살고 싶지 않다.
 · 길 한복판에 차를 세우고 동승자를 내리게 하면서 한참씩 작별
인사를 나누는 사람, 특히 뒤에 차가 밀려 있는데도 아랑곳없이 다
시금 창문을 열고 밖에 있는 사람과 못다 한 이야기를 나누는 사
람은 이 세상이 온통 그의 것인 양 착각하는 사람인 것 같다.
 · 좁은 길에서 셋 또는 넷이서 횡으로 서서 느릿느릿 걷는 바람에
급한 사람들이 걸어가기 어렵게 만들 때도 이 사람들이 혹 길을
커피숍이나 자기 집 거실인 양 착각하고 있는 것은 아닌가 하는

생각을 들게 한다.

· 한밤중, 그것도 자정이 넘은 시간에 전화를 걸어 놓고는 대뜸 「거기가 어디냐?」「누구누구 있어요?」「누구누구네 집이죠?」 묻고는 아니라고 하면 미안하다는 말 한마디 없이 그냥 끊어 버리는 사람, 술이 취했다고 해서 용서되는 것은 아니지만 술이 취한 것도 아닌 것 같은데, 그런 식으로 전화해 놓고는 금방 또다시 똑같은 전화를 하면서 상대방의 수면을 완전히 망쳐 놓는 사람은 고발하고 싶을 정도로 얄밉다.

이런 이야기들은 한없이 많다. 그만한 정도는 그냥 웃어넘기면서 세상이 그런 거니까, 또 나도 다른 사람에게 그렇게 할 때가 있으니까, 우리 서로서로 그런 정도는 참아 가면서 살면 되지 않겠느냐라고 너그럽게 마음먹는 사람도 많다. 그러니까 그나마 세상이 이만큼 조용한 것 아닌가. 그렇지 않으면 곳곳에서 고성이 터져 나올 법하다.

그러나 이 모든 것들은 더불어 살아가기 위해 우리가 최소한 지켜야 할 관계의 원칙을 생각하지 못하는 데서 비롯된 것이라고 여겨진다. 그렇기에 우리는 어린 시절 학교에서 다음과 같은 시험 문제를 많이 풀지 않았던가. 「다음 중 서로 관계있는 것끼리 줄을 그으시오」와 같은 문제 말이다. 이야기가 나왔으니 어디 한번 우리 모두 옛날에 공부한 실력이 지금도 남아 있는지 문제를 풀어 보자.

〈문제〉 다음 중 서로 관계있는 것끼리 줄을 그으시오.

    ①학교   ㉠오리

    ②벽돌   ㉡선생님

    ③호수   ㉢집

그러면 정답은 무엇일까?

나는 이에 대해 여러 계층의 다양한 직업을 가진 많은 사람들에게 기회 있을 때마다 물어보았다. 그러나 단 한 명의 예외적인 경우도 없이 모든 사람이 아래와 같이 똑같은 답을 이야기했다.

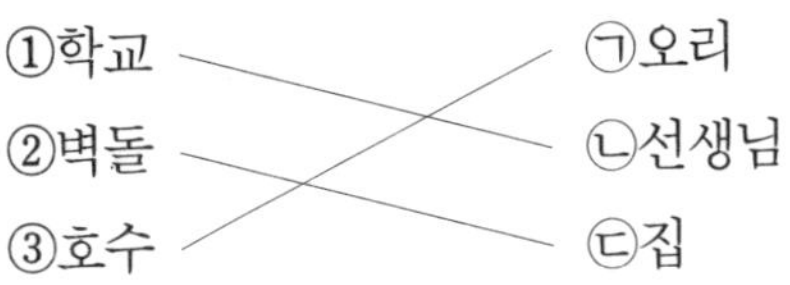

그렇다면 위의 경우가 정말 정답인가? 그것을 정답이라고 절대적으로 말할 수 있는 근거는 무엇인가. 정말 호수와 오리를 꼭 관계 지어야 하는가? '호수에서 오리가 논다'라는 정형화된, 지극히 인습적인 생각에 우리 모두 휩싸여 있는 것은 아닌가? 아니면 어려서부터 그렇게 정답이라고 외웠기에 이제 와서는 다른 답을 생각할 수 없는 것인가.

더욱이 요즘 호수에는 오리가 없다. 호수가 오염될 대로 오염되어서 더 이상 오리들이 놀지 못한다. 그럼에도 꼭 오리와 호수를 연결 지어야 하는가. 그렇다면 어떤 정답이 있을 수 있는가? 이러한 유형의 문제에선 여러 가지 정답이 있을 수 있다. 중요한 것은 그것들을 짝 지어 관계있다고 할 때 이를 합리적으로 설명할 수만 있으면 된다. 이를테면 어떤 학생이 다음과 같이 답하였다고 하자.

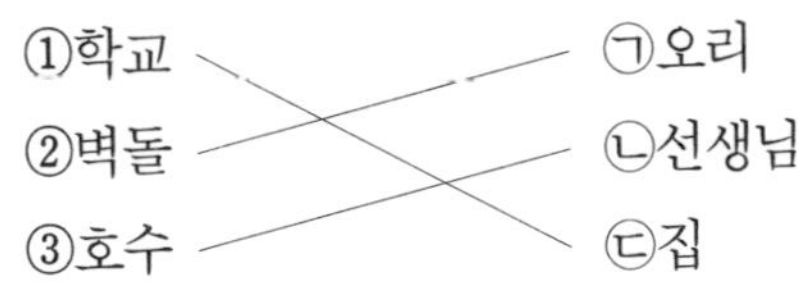

그리고 그는 설명을 한다.

「학교와 집은 관계가 깊습니다. 저희와 같은 청소년들은 온종일 학교와 집만 오갈 뿐이고, 저희는 언제고 학교나 집으로부터 해방될 날만 손꼽아 기다리고 있습니다. 어찌 보면 학교와 집은 청소년들을 보호하기도 하고 가두기도 한다는 데서 공통된 특성이 있습니다. 또한 벽돌과 오리의 경우에는 벽돌을 이용해서 오리구이를 해 먹을 수도 있다고 생각합니다. 또한 호수는 선생님과 관계가 깊습니다. 호수의 맑은 물은 나를 그냥 있는 그대로 받아 주기에 그 속에 비친 나의 모습을 보면서 스스로를 돌아보게 해줍니다. 그런 면에서 선생님도 비슷하다고 생각합니다. 선생님의 맑은 마음은 저희를 정말 있는 그대로 받아 주시면서 또한 그 마음에 저희를 비추도록 하시어 저희 스스로 자기 자신을 깨닫게 한다는 데서, 저는 곧 호수가 선생님이고 선생님이 호수라는 관계를 설정하게 된 것입니다.」

이러한 설명을 통해서 학교와 집, 벽돌과 오리, 호수와 선생님을 서로 연결하였다고 답한다면, 우리는 그 학생에게 그것이 틀렸다고 말할 수 있을까? 오히려 참으로 멋진 생각을 해냈다고 칭찬해야 하지 않을까? 그러나 그동안 우리의 현실은 그러하지를 못했다. 어떤 학생이 손을 번쩍 들고 「벽돌과 오리는 관계가 깊습니다. 벽돌을 이용해 오리구이를 해 먹으면 안 되겠습니까?」 하고 대답했다고 하자. 그러면 선생님이 대뜸 뭐라고 하실까? 혹시나 이러실까 걱정이 된다.

「야! 너, 이리 나와 봐! 지금 너 장난하냐, 응? 장난해? 이 녀석아, 어떻게 너는 항상 먹는 생각만 하냐?」

그렇다면 학생들은 또 어떤 반응을 보일까? 그저 모두가 입을 다

물고 선생님이 가르쳐 주는 정답을 받아 적을 것이다. 하기야 그림책에 보면 호수에는 늘 오리가 그려져 있으니 호숫가에 가본 적이 없는 아이들이나, 가보았어도 오리를 전혀 구경한 적이 없는 아이들 모두, 그냥 그림책만 보고 오리를 연상했을지 모른다. 아니면 아이들은 외울 것이다. 호수는 오리와 관계가 있다고. '호수-오리'를 수없이 반복 연습하다가, 나중에는 '호-오, 호-오' 하고 소리쳐 외울지도 모른다.

결국 문제는 이렇다. 우리가 어떤 현상이나 사물을 이해할 때, 일단 관계를 고정시켜 놓고 그것을 무조건 외우고 반복하여 몸에 완전히 배도록 한다는 것이다. 이는 곧 관계의 타성화, 인습화, 고착화를 초래한다.

부부 관계도 그렇다. 부부 관계가 인습적으로 고착되어 있기에 사람들은 어떤 부부든 똑같은 형태로 관계 지음 된다고 믿는 것이다. 이를테면 남자는 밖에 나가서 돈을 벌어 오고 여자는 그 돈으로 집에서 살림하고 애 키우는 것으로 부부 관계를 고착시키는 경우다. 그리고 그런 관계는 이 세상 모든 부부에게서 똑같이 이루어진다고 믿고 있으며 거기서 벗어나면 그들 부부는 '이상한 관계'의 부부인 양 생각한다. 예컨대 아내가 밖에 나가서 돈을 벌어 오고 남편이 집에서 애를 키우고 살림하면 그 부부를 자못 '이상한 관계'의 부부로 바라본다. 그러나 사실 부부 관계를 엄격히 따져 보면 평생을 함께 하는 동안 그러한 일관된 한 가지 틀에 얽매인 관계이기가 어렵지 않던가? 형편에 따라서 또는 나이에 따라서 부부 관계는 얼마든지 변화될 수 있고 개발될 수 있는 것이다.

즉, 관계는 고착된 것이 아니라 얼마든지 개발될 수 있다. 아니, 개발되어야 한다. 자녀들에게 우리는 어떤 고착된 관계를 무조건 외우게 하고 그것에 숙달되도록 그들을 훈련시켜서는 안 된다. 관계를 끝없이 만들어 낼 수 있는 기회를 부여하고 또 그것을 고무하고 권장해야 한다.

이 세상의 어떤 관계든, 그 관계는 새로운 모습으로, 새로운 양태로 변화되고 발전되고 개발될 수 있음을 자녀들에게 가르쳐 주어야 한다. 우리가 열린 교육을 많이 이야기하지만, 열린 교육의 여러 가지 목표들 중 중요한 한 가지는 생각을 열어 주는 것이다. 즉, 자유로운 창의적 발상이 이루어질 수 있도록 그들의 머리와 가슴을 열어 주는 교육이어야 한다. 그저 정답을 기계적으로 외우는 것이 아니라 자녀들이 보다 폭넓은 관계적 사고를 할 수 있도록 새로운 관계에 자녀의 관심을 이끌어 줌이 좋을 것이다.

아저씨도 수술했어요?

나는 지하철이 서울에 처음 생겼을 때부터 지하철을 즐겨 이용해 왔다. 여러 가지로 편하기 때문이다. 특히 약속 시간에 정확히 맞추어 갈 수 있고 무엇보다도 지하철을 타면 재미있다. 다양한 사람들의 모습을 보는 일이 즐겁고 재미있기 때문에도 지하철을 즐겨 이용한다. 게다가 나이를 먹으니 점차 운전하기가 싫어져서 지하철을 자주 탄다. 부총장 직을 맡았을 때는 학교 승용차를 주로 탔지만 이제는 다시 평교수로 돌아왔기에 지하철을 이용한다. 그래서인지 사실 지하철에 관하여 나만큼 많이 알고 있는 사람도 그리 흔치는 않을 거라고 생각한다. 몇 호선이 어디에서 어디까지 오가는지, 어느 역에 가면 환승하는 시간이 더 걸리는지, 한 칸에는 몇 개의 좌석이 마련되어 있는지, 어느 역에서는 몇 번째 칸의 몇 번째 출입문에서 내리면 곧바로 출구 계단 앞에서 내리게 되는지, 참 시시콜콜 아는 것이 많다. 실은 그 모두가 지하철을 자주 이용하는 나에게는 다 필요한 정보이기도 하다. 지하철을 이용하면서 내가 평소에 보고 느긴 것들만 모아서 언제고 책을 내고 싶을 만큼 많은 것들을 나는 경험하고 익혔다.

언젠가 2호선을 탔을 때의 일이다. 아마 약 7, 8년 전의 일인 듯싶다. 나는 지하철을 타면 자리에 앉는 것에 그다지 욕심을 내지 않았다. 그저 내 앞에 자리가 비면 좌우를 한번 살펴보고 아무도 안 앉으면 내가 앉고 그랬다. 그러나 점차 나이를 먹으니 나도 때때로 앉고 싶어졌다. 그렇다고 노약자석에 가서 자리를 꿰차기에는 내 나이가 아직 젊었다. 7, 8년 전 그때는 더욱 그러했다. 그날따라 나는 몹시 피곤했다. 지하철에 탔는데 눈에 띄는 빈자리가 없었다. 그래서 가운데에 그냥 서 있었다. 한낮이라 그런지 서 있는 사람이 열 명도 안 될 만큼 지하철 안은 한산했다. 물론 나는 앉은 사람들을 한번 훑어보았다. 누가 다음 역에서 내릴 것 같은지를 알아보기 위해서였다. 그리고 앞 유리창을 힐끔거리면서, 내 등 뒤쪽 좌석에서 혹시 누가 일어나는지도 예의 주시했다.

그런데 이게 어떻게 된 일인가! 서울 지하철은 표준형의 경우, 원래 한쪽 편으로 3(노약자석), 7, 7, 7, 3(노약자석)으로 모두 스물일곱 명이 앉게 되어 있다. 즉, 양옆의 노약자석을 빼고 일곱 명씩 앉는 긴 의자가 가운데에 세 개 놓여 있다. 그러니까 한 칸에 모두 쉰네 명이 마주 보고 앉을 수 있게 되어 있는 것이다. 내가 서 있는 그 앞의 긴 의자도 일곱 명이 앉도록 되어 있었다. 그런데 무심결에 앉아 있는 사람 수를 세어 보니, 여섯 명이 앉아 있지 않은가! 그런데도 긴 의자는 꽉 차 있었다. 도대체 누가 두 자리를 차지하고 있단 말인가? 왼쪽에 앉은 사람부터 한 명씩 차례로 따져 보았다. 첫 번째 아주머니는 자기 자리에 얌전히 앉아 있었다. 두 번째 사람도, 세 번째 사람도, 네 번째 사람도 모두 한 자리만 차지한 채 정좌하고 있었다. 그런데 바로 다섯 번째 사람이 문제였다. 이 사람이 두 자리를 차지하고 앉아 있었던 것이다. 그리고 맨 오른쪽 끝엔 젊은 여자 분이 얌전히 앉아 있었고.

두 자리를 차지하고 앉아 있는 사람은 언뜻 보기에 중학교 1학년쯤 되어 보이는 소년이었다. 뉴욕 양키즈 야구모자를 푹 눌러쓴 채 고개를 숙이고 있었고, 팔을 양쪽으로 벌린 채 약간 비스듬히 다리를 벌리고 앉아 있었다. 좀 괘씸한 생각이 들었다. 나는 그 소년 앞으로 바짝 다가섰다. 내가 자기 앞에 서 있는 그 자체를 무시하는 듯한 태도였기에 나는 그 소년의 신발을 내 구두 앞부리로 일부러 두 번 건드렸다. 그러자 소년은 나를 올려다보았다. 나도 소년을 빤히 쳐다보았다. 그러면서 나는 내 눈 속에 담긴 메시지를 그가 읽어 주길 바랐다.

'이 녀석아! 어른이 앞에 서 있으면 벌떡 일어나 양보는 못할망정, 차지하고 있는 두 자리 중 한 자리는 내놓아야 하는 거 아니냐? 한 자리를 내놓으면서 아저씨 여기 앉으세요, 해야 되는 거 아니냐?'

그런 메시지를 눈으로 전했지만, 그는 아랑곳하지 않았다. 다시금 고개를 숙이고 자는 시늉을 하는 듯 보였다. 나는 화가 났다. 더욱 그 친구가 괘씸해졌다. 다시금 그의 발을 구두 앞부리로 건드리자, 그 소년은 기분 나쁜 듯이 바로 올려다보았다. 그때, 나는 조금 언성을 높여 말했다.

「학생, 자네 지금 두 자리 차지하고 앉아 있는 줄 몰라? 아니, 어른이 오면 자기 자리를 양보는 못할망정 차지하고 있는 두 자리 중 하나는 내놓아야 하는 것 아냐. 내 말이 틀렸나?」

옆에 앉은 사람들은 나와 그 소년을 번갈아 가며 쳐다보았다. 어른들 중 몇 명은 '별 이상한 사람 다 보았다'는 듯이 오히려 나를 질책하는 표정이었다. 그러나 그 착한(?) 소년은 아무 말 않고 자리 하나를 내게 비워 주었다. 문제는 한 자리를 완전하게 내주지 않고 3분의 1쯤 될까 말까 하게 조금 틈을 내주고는 앉으라는 것이었다. 나는 일단 내 엉덩이를 갖다 댔지만 뒤로 쑥 들어가기가 어려웠다. 그저 의자 앞쪽에 엉덩이를 간신히 대고 몸을 앞으로 숙이고 앉았다. 그러자니 내가 생각해도 위신이 안 섰다. 아니, 그만큼 야단을 치고 겨우 거지 동냥하듯 요만큼 자리를 얻었단 말인가. 머리는 반쯤 허옇게 세어 가지고 몸은 앞으로 숙이고 겨우 엉덩이를 댈 만큼 자리를 얻어 앉은 모습이 너무나 창피할 정도였다. 그렇다고, 또 야단칠 수도 없고.

나는 그 소년을 힐끔 쳐다보았다. 깊은 잠에 빠져 있는 것은 아니었다. 그냥 눈을 감고, 짜증이 난 듯한 표정이었다. 그래서 더는 야단쳐서는 안 되겠다 생각하고, 기회 있을 때마다 뒤로 조금씩 파고들면서 옆으로 조금씩 공간을 확보하기로 했다. 그러나 시내버스 같으면 앞뒤, 좌우로 흔들리기 때문에 그렇게 하기가 매우 쉽지만 지하철은 그렇지가 않다. 기회가 별로 없다.

하는 수 없이, 나는 내 왼쪽 무릎으로 그 소년의 오른쪽 무릎과 다리를 밀기 시작했다. 좀 오므리라는 뜻도 되고, 내가 좁아서 어디 이러고 앉아 있을 수 있겠느냐에 대한 항의였다. 소년으로부터 아무런 반응이 없자 다시금 더 세게 밀었다. 그러자 소년이 고개를 번쩍 쳐들고는 나를 향해 소리를 지르는 게 아닌가. 매우 신경질적인 목소리로 말이다.

「아저씨도 수술하셨어요?」

처음에 나는 녀석의 큰 소리에 놀랐고, 또 지하철 소음 때문에 무슨 말인지 얼른 알아듣지 못했다. 그러자 소년은 또다시 반복했다.

「아니, 아저씨도 수술했냔 말이에요?」

그제야 나는 웃음을 터뜨렸다. 옆에 있는 사람들도 처음엔 의아해하다가 한두 사람이 웃기 시작했다. 무슨 뜻인지 알았다는 표정이었다. 나는 그 소년에게 물었다.

「너, 수술했냐?」

「네!」

「언제 수술했는데, 그렇게 아파?」

「방금 전에 하고 집에 가는 길이란 말이에요.」

「그러냐? 엄청 아프겠다.」

모두들 웃었다. 녀석은 바로 그것을(?) 수술하고 집으로 가는 길이었던 것이다. 나는 얼른 다시 말했다.

「아이고, 야! 미안하다. 아저씨는 네가 그런 수술하고 가는 줄 몰랐다! 야, 그러면 거기다 뭐 수술이라고 써 붙이기라도 해야 되는 것 아니냐? 누가 그 속에 있는 것을 알았냐? 하여튼 미안하다. 어디까지 가냐?」

「신림역까지요.」

「그래, 아저씨는 신대방역까지 가니까 편히 앉아 가렴. 누가 여기 못 앉게 내가 서서 막아 줄게.」

그러면서 나는 일어나서 다시금 그 소년 앞에 섰다. 모두가 정말 즐겁게 웃었다. 더 재미있으라고 한마디를 덧붙였다.

「너, 아까 아저씨도 수술했냐고 물었지?」

「네.」

「대답해 줄게! 이 녀석아, 이 나이에 그런 것 수술하는 아저씨 봤냐! 난 원래 수술이 필요 없었어.」

모두들 더 크게 웃었다. 그리고 이내 신대방역에 도착한 나는 보라매공원을 가로질러 집으로 걸어왔다. 그러면서 생각했다. 하기야, 그

바지 속에 들어 있는 것까지 어찌 알 수가 있겠는가. 그래도, 통찰 (insight)이란 것이 있지 않은가! 속을 꿰뚫어 보는 것 말이다.

사실, 우리는 관계 지음에 있어서 흔히 외적으로 드러난 것만 가지고 이야기할 때가 많다. 그러나 그 속에 감추어진, 또는 복재된 현상은 매우 복잡하다. 사실, 관계를 제대로 맺고 좋은 관계를 개발하려면 우리는 바로 그러한 내재적인 면들을 통찰할 수 있어야 한다.

부부 동반 모임에 나가면, 사람들은 다른 사람의 남편, 다른 사람의 아내를 바라보면서 자기 남편, 자기 아내와 비교해 보는 못된(?) 버릇들을 갖고 있다. 남편을 따라 나간 모임에서 여자들끼리 친해지고 나면, 여자들은 이내 속을 터놓고 집안 얘기며, 남편 얘기며, 시부모 얘기며, 많은 것을 이야기하면서 스트레스도 풀고 웃는다. 남편들은 제쳐 두고 아예 자기들끼리 모인다. 하긴 요즘엔 남편 친구들 모임에 아내가 동반자로 나가는 경우보다, 아내 친구들 모임에 남편이 동반자로 끌려(?) 나가는 경우가 점차 늘고 있다.

하여튼 여자들은 좀 친숙해지면 상대방 남편에 대한 칭찬들을 하기 시작한다. 부러움도 나타낸다.

「가경이 엄마는 얼마나 좋우? 남편 잘 만났겠다, 애들 공부 잘하겠다, 뭔 걱정이 있우. 가경이 아빠는 참 성격도 좋아 보이시고, 털털하고, 뭐든지 다 들어주고 받아 줄 만큼 여유가 있어 보이시고. 체격도 우람하니까 마음도 넓고 크신가 봐. 그런 남편하고 평생 살면 돈 없어도 얼마나 행복하겠어…….」

이렇게 치켜세우고 칭찬하면 가경이 엄마는 뭐라고 대답할까. 서양식으로 예의를 갖추어 대답하면 아마 「그저 감사합니다」 하는 식으로 끝낼 것이다. 그러나 친숙한 사이에서 가경이 엄마는 뭐라고 답했을까? 십중팔구는 이렇게 말했을 성싶다.

「그래? 그럼 우리 남편하고 한번 살아 볼래? 내가 정말 이래서 억울하다니까. 누구든 저 인간 처음 만나면 미영이 엄마와 똑같은 소리를 해. 그래서 혹시 우리가 좀 티격태격하면 모두들 내 잘못이라고 하는데, 사람 겉 보고는 몰라. 내가 얼마나 속 썩는지는 정말 아무도 몰라. 내 속을 파보면 숯이 한 가마는 나올 거야!」

맞다. 정말 사람이나 어떤 현상이나, 겉만 보고 함부로 이야기하는 것이 아니다. 겉만 보고 그것이 전부라고 생각해서는 안 된다. 겉은 그 사람, 그 현상을 설명해 주고 특징 지어 주는 지극히 제한된 한 부분인 것이다. 오히려 더 많은 것들은 겉으로 드러나 있지 않고 속에 감추어져 있다. 바로 그것들이 오히려 그 사람, 그 현상의 참된 모습을 나타내 줄 때가 많다. 그렇기에 우리는 더욱더 그 안을 들여다볼 수 있는 안목을, 통찰력을 키워야 하는 것이다. 이러한 통찰력은 문제 해결 과정에서도, 사람들 간의 관계 지음에서도 매우 중요하다. 또 그러한 통찰은 하나의 습성처럼 일상생활 속에서 이루어지도록 해야 한다.

원숭이에게 바나나를 직접 주지 않고 천장에 끈으로 매달아 놓은 뒤 원숭이가 어떻게 하는가를 관찰한 고전적인 실험의 예가 있다. 팔을 뻗어 잡아 보려고 하지만 안 된다. 점프를 아무리 해도 소용없다. 그러자 원숭이는 가만히 앉아 궁리한다. 즉, 여기서 통찰을 하게 되는 것이다. 그러다가 저쪽 구석에 놓여 있는 탁자 하나를 발견하고는 그것을 가져다가 밟고 올라가서 팔을 뻗으니, 바나나가 손에 잡힌다. 매우 간단한 실험이지만 이는 곧 학습 과정에서 통찰은 어떻게 이루어지고 또 얼마나 중요한 것인가를 보여 준다.

자녀들이 어떤 문제에 부딪혔을 때, 그냥 그것을 금방 해결하려고 서두르기보다는 좀 여유를 갖고 통찰하는 버릇을 갖도록 함이 중요하다. 그것은 또한 인간관계 형성에서도 마찬가지다. 처음 만난 순간, 겉만 보고 죽자 사자 하기보다는 떼어 놓고 차근차근 그 속을 통찰할 줄 아는 지혜를 갖추어 나가는 것이 중요하다.

그런데 자녀의 이러한 여유 있는 통찰력의 배양은 부모들이 얼마나 인내하며 기다려 주느냐에 크게 좌우되고 있음을 우리는 알아야 한다. 이를테면 자녀들에게 어떤 행동을 요구할 때, 그저 1분만이라도 지체하면서 그들이 스스로 그런 행동을 하도록 기다려 주는 것과 같은 인내가 부모에게 필요하다. 사실 하루 동안 자녀들과 이루어지는 접촉을 돌이켜 보면 부모들은 수없이 많은 일에서 자녀들에게 무엇을 '어서' '빨리' 하라고 요구한다.

· 텔레비전 이제 그만 보고 어서 들어가 공부해.
· 어서 가서 손 씻고 와서 밥 먹어.
· 어서 옷 벗어 놓고 샤워부터 해.
· 어서 숙제부터 하고 학원에 가렴.
· 꾸물대지 말고 어서 말해 봐.

우리가 부모로서 우리의 자녀들이, 겉만 보지 않고 속을 통찰하면서 그와 관련된 여러 요소들의 관계를 잘 따지는 힘을 키우길 원한다면, 자녀들과의 일상적 대화에서 '어서' '빨리'라는 어휘 사용만 자제한다 해도 크게 성공을 거둘 성싶다.

5장 경험(經驗)

많이 보고, 많이 듣고, 많이 읽고,
또 생활 속에서 사소한 것이라도 가능한 많은 것을
경험하도록 해주는 것이 좋다.

어린 시절을 가만히 돌이켜 보면, 참으로 기가 막힐 만큼 나는 일상 생활에서 여러 가지 많은 경험을 했음을 느끼게 된다. 물론 그 시절, 부모님께서 무슨 뜻이 있으셔서 그런 것은 아니었고, 그때는 그럴 수밖에 없는 환경이었지만, 그런 다양한 경험을 할 수 있게 해주신 부모님께 늘 감사드린다. 오늘 내가 이만큼까지 된 데는 어린 시절 그런 모든 경험들이 밑거름이 되지 않았나 생각한다. 물론 그때 그런 경험들은 나만 특별하게 겪었던 것은 아닐 것이다. 그때 그 시절, 내 또래의 많은 사람들이 비슷한 경험을 하면서 성장했음을 나는 안다.

내가 세상에 태어나서 내 스스로 걷고, 몸을 움직이고, 스스로 변을 보고, 즉 나 혼자서도 무엇인가를 어느 정도 할 수 있을 무렵, 그러니까 예닐곱 살 때부터 나는 생활 속에서 다양한 경험을 하게 되었다.

내가 어렸을 때는 시골에 유치원이라는 것이 없었다. 초등학교도 잘 안 다니던 때였다. 그래도 초등학교는 동네 아이들 중 절반 이상이 다녔지만 중학교는 극히 적은 수의 아이들이 다녔고, 고등학교 진학은 더욱 드물었다. 그때 시골 초등학교에서 내가 겪은 경험은 참으로 다양했다. 학교에는 교실이 두어 칸밖에 없었기에 저학년 때는 운동장 한쪽의 큰 벚나무 그늘에서 공부할 때가 많았다. 공부는 놀이가 절반을 넘었다. 고학년 때는 교실에서 제법 공부다운 공부를 했지만, 그러면서 우리 고학년생들은, 학교 뒤편에 있는 밭에 나가

농사일을 해야 했다. 농사일 가운데서도 특히 학교 변소(화장실)에서 인분을 퍼다가 밭에 뿌렸던 일이 지금도 제일 인상 깊게 남아 있다. 긴 자루 끝에 매단 깡통으로 인분을 퍼서 초롱에 담고, 물장수처럼 긴 막대기 양 끝에 한 초롱씩 달고 등에 그 막대기를 지게처럼 지고 운반해서 밭에 뿌리는 일이었다. 키가 작다 보니 자칫하면 돌부리에 초롱이 부딪치고 그럴 때마다 인분은 하필이면 지게를 진 사람 쪽으로 출렁거렸다. 그래서 한 지게 지고 갔다 오면 인분으로 온통 미역을 감았다. 돌부리에 안 부딪쳐도 걸음 박자를 잘못 맞추는 초보자들은 인분이 저절로 출렁대면서 튀어 올라 곤혹을 치루었다.

내가 어릴 때에는 중학교와 고등학교가 한 학교로 붙어 있었다. 농업 고등학교에 붙어 있는 중학교이다 보니 농업 중학교나 마찬가지였다. 그래서 나는 집에서 일상적으로 하던 농사일을 중학교 3년, 고등학교 3년 동안 학교에서도 매일같이 했다. 학교에 갈 때는 농사철에 따라 가지고 가야 하는 농기구가 달랐다. 책가방과 함께 호미를 가지고 가기도 하고, 괭이, 삽, 낫과 같은 것도 가지고 등교하였다. 여름 방학 숙제는 퇴비를 해오는 것이었다. 그것도 풀을 베어 그냥 가져오면 안 되고, 썩혀서 한 리어카씩 해와야 했다. 그러려면 생풀을 적어도 네다섯 리어카씩은 베어야 했다.

그런가 하면 집에서도 나이에 따라 부모님이 시키는 일이 달랐다. 초등학교까지는 주로 사소한 집안일들을, 중학교로 올라가서는 좀 힘이 드는 농사일을 시켰다. 특히 나는 집 안에서 하는 일을 많이 했다. 이를테면 잔심부름이나 자질구레한 일들이었는데 콩을 꺾어다 깐다든지, 파를 다듬고, 마늘을 까고, 감자 껍질을 벗긴다든지 하는 것이었다. 특히 저녁때 어머니께서 씨눈이 깊게 박힌 파란 감자를 바가지에 한가득 담아 주시면, 부엌 바닥에 앉아서 숟가락으로 그 껍질을 긁어서 벗기는 일을 많이 했다. 아궁이에 불을 지피는 일도 자주 했다. 또 마루에 앉아 어머니가 빨래를 개고 다리고 하시면 옆에서 꼭 보조 일을 했다. 젖은 빨래를 개켜 주시면 동생을 등에 업고 일어서서 발로 그것을 밟기도 했다. 또한 긴 하얀 천(이불 홑청인가?)을 어머니와 마주 앉아서 양 끝을 잡고 팽팽하게 앞뒤, 좌우로 흔드는 일도 하곤 했는데, 어쩌다 놓치면 그것 하나 똑바로 못 잡으면서 무슨 공부를 한다고 하느냐며 야단을 맞기도 해 그걸 놓치지 않으려고 무척 애썼던 생각이 난다. 실타래를 양손에 두르고 원을 그리듯 돌리면 어머니가 저만치 앉아서 실패에다 그것을 감으셨다. 재봉틀에 기름칠하고, 빠진 실을 다시 꿰놓는 일도 늘 내 몫이었다. 팬티 고무줄이 삭아 끊어지면, 나는 옷핀을 이용해서 새 고무줄을 끼워 입었다.

부엌에서 어머니가 밥을 짓고 계실 때는 보조 조리사로서의 역할도 톡톡히 했다. 무엇인가를 삶고 계실 때, 또는 깨 같은 것을 볶고 계실 때, 나는 뜨거운 아궁이 옆에 서서 그것을 쉼 없이 저어야 했다. 물론 이렇게 부모님이 시키는 일만 한 것은 아니었다.

또 나는 어린 시절 별의별 놀이를 다 하며 돌아다녔다. 아마 하루에 걸어 다닌 거리를 합하면, 한창 놀 때는 평균 15킬로미터 정도는 되었을 성싶다. 밤 따러, 버섯 따러, 오디 따 먹으러, 버찌며 머루 따 먹으러, 미역 감으러, 개살구 따다가 왕겨에 묻었다 익혀 먹으려고, 가재 잡으러…… 일일이 열거할 수 없을 만큼 오만 가지 놀이를 하러 산으로 들로 친구들과 떼 지어 돌아다녔다. 부모님으로부터 꾸중을 숱하게 들으면서도, 더위도 추위도 모른 채 돌아다녔다. 초겨울이면 웅덩이 얼음을 깨고 고인 물을 퍼낸 다음 땅속에 잠들어 있는 미꾸라지를 잡는다고 손발이 꽁꽁 얼어붙도록 장난을 쳤다. 그래서

겨울이면 여름날 가뭄에 논바닥 갈라지듯 때가 낀 손등이 갈라져 터
졌고, 밤에는 손등에 돼지기름을 바르고 불을 쬐었다.

두서없이 적었지만 어린 시절에 내가 경험한 것의 일부다. 그렇게
일상생활에서 겪은 경험들이 곧 나에게는 그 시절 세상에 대한 학습
의 근원이고 방법이었다. 교육학에서 말하는 경험을 통한 학습
(Learning by Doing)이 무엇인지, 나는 그때 몸소 체험했던 것이다.
누가 일일이 그 일에 내재된 가치나 의미를 일러 준 것은 아니지만,
나는 그러고 지내는 동안 스스로 알게 모르게 많은 것들을 터득하고
배웠다. 물론 요즘 아이들도 나름대로 많은 경험을 하면서 성장하고
있다. 그러나 그 경험의 폭이 너무 제한적인 데다가, 또 공부라는 것
에 얽매여 더 폭넓은 경험을 하지 못하는 것은 아닌가 하는 생각이
들 때가 있다.

공부만 잘해 봐라, 깐 마늘 사다 바친다

몇 년 전 김포국제공항에서의 일이다. 그때는 영종도에 국제공항이 생기기 전이었다. 외국에 출장을 가기 위해 공항에 나갔다가 잠시 대합실 의자에 앉아 있는 동안 내 옆에 있는 어떤 모자의 대화를 엿듣게 되었다. 주고받는 말을 들어 보니, 서울의 모 명문대 1학년에 다니는 아들이 여름 방학을 맞아 미국으로 어학연수를 가는 것 같았다.

「LA에 도착하면 이모가 나올 거니까, 그때 이모한테 말해. 이 마늘장아찌 병은 깨질지도 몰라 핸드캐리로 가져왔다고. 그리고 이모한테 건네줘. 그리고 참, 너 저기 가서 짐에 붙이는 꼬리표 있잖아, 끈 달린 것 말이야. 그거 두 개만 얻어다가 하나는 여기에다 달고, 다른 하나는 거기에다 달아라.」

수하물로 부치지 않고, 직접 들고 타려는 짐 세 개가 그들 앞에 놓여 있었다. 아들은 가서 꼬리표를 얻어 왔다.

「거기에다 이모네 주소 쓰고 전화번호 적고 네 이름 적어. 아무리 들고 탄다지만, 또 아니, 두고 내릴 수도 있고. 만약을 위해 꼬리표를 붙여 놓는 게 좋아.」

아들은 아무 말 없이 엄마가 시키는 대로 이름, 주소, 전화번호 등을 꼬리표에 적었다. 그리고 엄마가 시키는 대로 들고 타려는 짐에 꼬리표를 매달기 시작했다. 사실 매달고 자시고 할 필요도 없다. 그냥 고무줄로 된 꼬리표를 짐 손잡이 아무 데에나 한 번 둘러서, 꼬리표를 그 고무줄 안으로 잡아당겨 꺼내면 되는 것이다. 그럼에도 그 아들은 한참이나 꾸물대는 것 아닌가. 그래서 뭘 어떻게 하나 곁눈으로 슬쩍 보니, 그 친구가 그것을 할 줄 모르는 것이었다. 그러다 결국엔 고무줄을 끊어서 묶으려고 하는 것 아닌가. 그걸 바라보던 아들의 엄마는 그것을 빼앗아서 대신 매달아 주었다. 대학 1학년생인데, 그렇게 머리가 좋아야만 들어간다는 그 명문 대학의 학생인데, 어째 그런 것 하나 못하는 것인지 의아했다.

그런데 내 의아함은 다시 한 번 더 크게 번졌다. 엄마는 아들에게 짐이 세 개나 되니까 그중 별로 크지 않은 두 개를 하나로 묶으라며 보자기를 꺼내 건넸다. 아들은 또 아무 말 없이 보자기를 펴놓고 그 두 개의 물건을 올려놓았다. 그런데 이게 웬일인가. 보자기를 묶을 줄 모르는 것이었다. 네 귀퉁이에서 대각선으로 끝을 잡아당겨 묶어야 하는데, 이 친구는 왼쪽은 왼쪽끼리, 오른쪽 두 끝은 또 그것끼리 묶으려 드는 것이 아닌가. 게다가 더더욱 놀란 것은 보자기가 풀어지지 않도록 매듭을 지어야 하는데 그것을 할 줄 모르는 것이었다.

그러면 그 아들은 왜 그것을 못할까? 머리가 둔해서일까? 아니다. 한 번도 해본 적이 없어서이다. 그저 공부만 했을 뿐, 보자기 한 번 스스로 싸본 일이 없을 정도로 집에서 아무 일도 하지 않았기 때문이다. 더욱이 가방 손잡이에 꼬리표 하나 매달 줄 모른다는 것은 정말 이해가 되지 않았다.

언젠가 텔레비전 방송에 요즘 아이들은 사과 하나를 제대로 깎을 줄 모른다는 뉴스가 나왔다. 여자 고등학교 3학년 학생들 중 사과를 한 손에 쥐고 돌려 가면서 껍질을 벗길 줄 아는 학생이 절반도 안 된 다는 이야기였다. 믿어지지가 않았다. 하긴 앞에서 이야기했듯이 대 학생이 보자기 하나 묶을 줄 모르는 걸 보면, 뭐 그렇게 놀랄 일도 아 닌 것 같다.

호기심이 생겼다. 마침 집사람이 마늘을 신촌에 가서 사와야겠다 고 말하기에, 내가 사다 준다고 했다. 까서 갖다 주겠다고 했다. 아내 는 깐 마늘이 훨씬 비싸다고 했다. 하여튼 까서 갖다 줄 테니, 그렇다 고 깐 마늘을 사지는 않을 테니 걱정 말라고 했다. 내심 아내는 자기 돈을 안 써도 될 거라는 생각이 들어서 그랬는지 몹시 좋아했다. 주 머니 돈이 쌈짓돈인데도. 하여간 내가 그런 생각을 한 것은 이참에 학생들에게 마늘을 깔 줄 아는가 한번 실험해 봐야겠다는 호기심이 발동해서였다.

신촌시장에서 마늘을 한 접 배달시켰다. 100명의 남학생을 모아 한 사람에게 한 통씩 준 뒤 까라고 했다. 한 학생이 질문을 했다.

「선생님, 뭘로 까지요?」

「글쎄, 네 발톱으로 까든, 이로 까든, 손으로 까든, 아무튼 까기만 하면 돼.」

그랬더니 또 한 학생이 손을 들었다.

「선생님, 제 것은 망가졌는데 새것으로 바꿔 주시겠습니까?」

마늘이 망가지다니? 알고 보니 손으로 만지자마자 쪽이 떨어졌던 것이다.

「너, 마늘 까려면 쪽을 내서 까냐, 그냥 통째로 까냐?」

「선생님, 쪽이 뭡니까?」

「야, 이 녀석아, 쪽도 몰라? 너 마늘은 먹어 봤냐?」

「네.」

「통으로 먹었냐, 쪽으로 먹었냐?」

「그냥 먹었습니다.」

「그럼 까본 적은 있냐?」

「처음 까봅니다.」

물론 대부분의 학생들은 마늘을 잘 깠다. 그러나 몇몇 소수의 학생들은 정말 마늘을 처음 까본다고 했다. 그렇다면 그 학생들 집에서는 그 아이들이 어렸을 때나 지금이나 마늘을 까지 않는 것일까? 언제고 깐 마늘만 사다 먹는 걸까? 틀림없이 그 아이들 집에서도 마늘을 깔 것이다. 그리고 아이들은 어렸을 때, 엄마가 마늘 까는 모습을 지켜보았을 것이다.

「엄마, 뭐 하는 거야?」

「보면 몰라! 마늘 까는 거지.」

「나도 깔까?」

「네가? 이게 얼마나 매운데, 네가 까? 잔소리 말고 가서 공부나 해. 하라는 공부는 안 하고…….」

그리고 엄마는 아이더러 들으라는 듯 혼잣말로 중얼거린다.

「공부만 잘해 봐라, 깐 마늘 사다가 바친다. 누군 뭐, 깐 마늘 사다 먹을 줄 몰라서 이렇게 까고 앉았는 줄 아냐! 다, 네 아버지 같은 인간 만나서 그렇지.」

세계의 수많은 나라 가운데, 엄마들이 조를 짜서 초등학교 청소를 하러 다니는 나라는 아마 우리나라밖에 없을 성싶다. 내가 전 세계를 돌아다닌 것도 아니고, 또 그렇다고 그런 것을 문헌으로 조사해 본 적도 없어 잘은 모르지만, 하여튼 내가 접해 본 나라들 중, 엄마들이 조를 짜서 자녀를 위해 학교 청소를 하러 다니는 나라는 없었다.

물론 우리나라에서도 그것이 무슨 교육부 방침으로 시행된 것은 아니다. 서울의 몇몇 학교에서 학부모들이 자발적으로 나선 일이었을 것이다. 그리고 지금은 거의 없어졌으리라 믿는다. 어떻든 우리나라에서, 특히 몇몇 초등학교에서는 한동안 엄마들이 청소를 하러 오후에 학교에 나갔었다. 그렇다면 이유가 무엇일까? 물어보았더니, 아이들이 어리지 않느냐는 것이었다. 즉, 초등학교 1, 2학년 아이들은 교실 청소를 하기에는 너무 어려서 하는 수 없이 엄마들이 대신 해주러 다닌다는 것이다. 내가 초등학교 다닐 때는 교실도 제대로 없었기 때문에 우리가 하든 엄마가 하든 그런 청소 부담은 없었던 것 같다. 빗자루로 운동장 쓸고, 학교 건물 주변을 말끔히 치우는 일이 고작이었다. 그러나 그때, 우리는 그것을 우리 스스로 다 해냈다. 어리다고 못하는 것은 아니다.

언젠가 일본에 갔을 때, 보육원에 들른 적이 있었다. 유치원 이전의 어린아이들이 머물며 보호받고 공부하는 곳인데, 그 조그만 어린아이들이 자기가 먹은 식판을 각자 개수대에서 씻고, 자기가 낮잠 자고 난 자리를 치우고, 바닥을 비로 쓸고 걸레질을 하였다. 그런데 왜 우리나라 어린아이들만 그런 일을 하기에 어린가. 청소를 아무 가치 없는, 쓸데없는 일처럼 여기지만, 만약 그것을 하는 것이 대학 입학시험에 유리하다고 하면, 엄마들은 청소 과외라도 받게 해서 청소를 시켰을 것이다. 청소하는 것은 아무런 가치가 없는, 쓸데없는 경험이 결코 아니다. 청소를 하면서도 아이들은 많은 것을 배울 수 있다. 청소하는 데 있어서도 논리적 사고가 필요하고, 청소를 통해서 관계 지음도 터득할 수 있다. 그렇기에 어린아이들에게 집 안에서는 물론, 학교에서도 청소를 몸소 해볼 수 있도록 경험의 기회를 제공하는 것이 매우 바람직하다.

앞에서도 얘기했지만, 나는 어린 시절 여러 형제들과 한방을 쓰면서, 전쟁과 평화뿐만이 아니라 공동체 구성원으로서의 역할 분담에 대한 경험도 많이 하였다. 우리 형제들은 그때그때마다 자연스럽게 역할 분담을 하였다. 정해진 엄격한 원칙은 없었지만 어느 정도 지나면, 어떤 일은 대개 누구의 몫인지가 정해졌다.

이를테면 자고 일어난 이부자리를 개켜서 벽장 속에 집어넣는 일은 누가 하고, 방을 빗자루로 쓰는 일은 또 누가 하고, 걸레를 빨아 훔치는 일은 누가 하고, 요강은 누가 나가서 쏟아 버리고 닦아서 마루 끝에 엎어 놓아야 하는지, 또 누가 부엌에 가서 밥상을 받아 와야 하는지 등과 같은 일이다. 이렇게 하찮아 보이는 일이라 해도 그때 우리는 꽤나 머리를 굴리면서 그런 일들을 해낸 것 같다. 이불을 개키는 일도 폭, 길이, 높이를 가늠하여 벽장이라는 그 제한된 공간에 딱 들어맞게 하지 않으면 이불이 다 들어가지 않거나 또는 앞으로 무너져 내리기 일쑤였다. 방을 빗자루로 쓸 때도, 장판이 겹쳐 있는 그 사이로 먼지가 들어가지 않도록 쓸어야 했다. 거꾸로 빗자루질을 하면, 들떠 있는 장판 속으로 먼지 같은 것이 전부 들어가서 나중에 풀썩대다 보면 모두 다시 밖으로 나온다. 이런 것들을 우리는 모두 경험으로 배웠다.

이왕 이야기가 나왔으니 요강을 부시는 이야기를 조금 더 하겠다. 요즘 아이들은 요강이 무엇인지 모르는 경우가 많을 것이다. 우리는 잠자리에 들기 전에 요강을 윗목이나 머리맡에 갖다 놓고 잤다. 밤에 잠을 자다가 오줌을 누기 위해서였다. 보통 뒷간이라 일컫던 시골의 화장실은, 꼭 신발을 신고 나가야만 있었기 때문에 그런 귀찮음을 덜기 위해서 언제나 요강을 사용했다. 또, 오줌을 모아 두었다가 밭에 뿌려 거름으로 사용하기도 했다.

　여름철에는 그래도 밤이 짧은 데다가, 또 낮에 땀들을 많이 흘리기 때문에 밤사이에 요강이 차는 경우는 적었다. 그저 모두들 한잠을 자고 일어나서, 아침에 밖에 나가 소변을 보고 세수도 하니까 그리 큰 문제가 생기지 않았다. 문제는 겨울철이었다. 전기도 없고, 석유 등잔을 켜자니 석유가 비싸기도 하고, 또 화재의 위험도 있고 해서 가능하면 날이 어둡기 전에 밥 먹고 모두들 일찍 잠자리에 들었다. 빠를 때는 저녁 6시쯤이면 벌써 드러누웠다. 그리하여 무려 열두 시간 넘게 잠을 잤다. 게다가 모두들 낮에 땀도 안 흘렸으니 꼭 한밤중에 한 번씩은 일어나 요강에 소변을 보았다. 그러다 보면 요강이 넘치기 일쑤였다. 그래서 이불이나 요가 흠뻑 젖기라도 하면, 아침에 모두들 어머니한테 호되게 야단을 맞았다. 밤에 요강이 넘칠라치면, 우리 형제 중 누군가 하나는 그 추운 날 밤에 일어나서 요강을 밖에 들고 나가 비우고 들어와야 했다. 귀찮은 일이었다. 서로 미루고, 그래서 싸우고, 결국 서로 돌아가면서 하게 되었다. 내 차례가 되는 날 밤이면, 나는 요강에 온 신경을 썼다. 동생들한테는 가능한 물을 많이 먹지 말도록 압력을 가했다. 또 동치미 같은 것도 먹지 않도록 유도했다. 그래도 어떻든 한 번은 나가서 비워야 했다. 자다가 누군가 일어나 더듬거리며 요강을 찾아 무릎을 꿇고 오줌을 누는 소리가 들리면, 나는 잠결에도 오줌 떨어지는 소리를 유심히 들었다. 왜냐하면 숱한 경험을 통해서 나는 오줌 떨어지는 소리가 어느 정도로 크거나 작게 들리느냐에 따라 요강이 거의 다 찼는지, 아니면 아직도 여유가 있는지를 알았기 때문이었다. 한번은 동생이 오줌 누는 소리를 듣고 내가 누워서 소리 질렀다.

「야, 야! 그만 눠. 넘친다.」

「아냐, 아직 안 넘쳐.」

「야, 글쎄 넘친다니까. 그만 눠, 야!」

「아이, 참…… 괜찮다니까.」

「어, 어…… 너 손가락 넣어 봐. 넘나 안 넘나.」

아니나 다를까, 오줌이 넘치기 시작했다. 이로써 한밤중에 한바탕 소동이 벌어졌다. 이런 얘기를 들으면 별 희한한 경험을 다 하고 자랐다고 하겠지만 희한한 일이 결코 아니다. 내 나이 또래의 많은 사람들이 이와 비슷한 경험을 하고 성장했던 것이다. 그렇듯 경험은 그 크기나 종류나 무게와 관계없이, 참으로 우리에게 많은 것을 가르쳐 준다. 경험을 통해서 우리는 그때나 지금이나 계속 성장하는 것이다.

그저 한 가지만 잘하면 바보다

주부들에게 간혹 「무슨 음식을 제일 잘 만드세요? 어떤 요리가 특기인가요?」 하고 물어보면, 어떤 주부는 「저는 카레라이스가 특기예요. 제가 만드는 카레라이스는 정말 별미예요. 모두들 맛있다고 난리예요」 하고 대답한다.

그 대답은 무얼 뜻하는가? 뭐 그렇게 뛰어나게 맛있는 음식을 만드는 것은 아니지만, 그래도 보통 다른 사람들이 만드는 수준만큼, 또 보통 사람들이 가정에서 늘 만들어 먹는 음식은 다 할 줄 안다는 것이 그 속에 내포되어 있는 것이다. 즉, 김치찌개, 된장찌개도 끓일 줄 알고 전도 부칠 줄 알고 튀김도 만들 줄 안다. 콩나물밥도 만들 줄 알고 죽도 끓일 줄 안다. 거의 일상생활에서 먹는 모든 음식을 특별하게 잘하는 것은 아니지만 식구들이 먹을 수 있게끔은 만들 수 있다. 그런 전제하에 특별하게 카레라이스만은 더 잘 요리한다는 것이다. 그럴 경우 그것은 분명, 그 주부의 특기가 된다.

그런데 만약에, 카레라이스가 특기라고 말한 그 주부가 카레라이스 외에는 아무것도 할 줄 모른다고 하자. 또는 식구들 모두가 이것

을 어떻게 먹으라고 해놓은 음식이냐고 말할 만큼 다른 음식 솜씨가
형편없다고 하자. 그래서 주부는 어쩔 수 없이 언제나 카레라이스만
만든다고 하자. 아침에도 카레라이스, 저녁에도 카레라이스, 간식도
카레라이스, 명절에도 카레라이스, 손님이 와도 카레라이스, 도시락
도 카레라이스라면 설혹 세계 최고의 맛을 낼 수 있다고 해도 그것
은 결코 특기가 될 수 없다. 우선 어떤 남자가 카레라이스 한 가지만
만들 줄 아는 아내와 살기를 좋아하겠는가.

이렇듯 특기라는 것은 다른 모든 것들을 웬만큼 할 줄 알면서, 특
별히 그것 하나만은 남보다 뛰어나게 잘할 때 하는 말이다. 그럼에
도, 요즘 우리나라에선 아주 어렸을 때부터 특기를 길러 준다면서,
다른 것들에 대한 보편적 수준의 교육마저 거부한 채 오로지 한 가
지에만 집중하여 가르치려는 어리석은 짓을 하는 부모들을 자주 볼
수 있다. 하긴 어째서 그런 것이 꼭 부모들만의 잘못이겠는가. 나라
의 정책이 한때 그러하지 않았던가?

그런 교육 정책을 주창했던 여러 사람들이 아직도 이런저런 요직
에 앉아 있는데, 그들로 인해 우리나라 대학 입시 제도에서 한때 국
민적 구호가 되었던 표현이 있다. 바로 '한 가지만 잘해도 대학 간다'
는 말이 그것이다. 그런데 그 구호가 아직도 많은 학부모들 가슴속
에 깊이 내재되어 있는 것 같아 서글픈 생각까지 든다. 어떻게 그런
발상, 그런 정책으로 우리 아이들의 교육을 책임지겠다고 했는지 모
르겠다.

어느 대학에서의 일이다. 국제적 영어 검정 시험인 토플(TOEFL)
시험에서 거의 만점을 받은 학생을 신입생 입학 전형에서 떨어뜨렸
다고 한다. 그것도 영어 특기자로 지원했는데 떨어뜨렸다고 한다.
이유인즉, 그 학생은 영어 이외의 다른 교과 성적이 너무도 형편없었

기 때문이었다. 아무리 '한 가지만 잘해도 대학 간다'라는 비교육적 구호, 반교육적 정책이 고양되었다 하더라도, 위와 같이 정신이 바로 박힌 대학이 있기에 아직 우리나라는 희망이 있는 것 아닌가 하는 생각이 들었다.

어떻든 그때부터, 그리고 지금까지도, 열기는 다소 식었지만 한 가지 특기를 자녀가 익히도록 하는 부모가 꽤 많다. 특기를 계발하는 것 그 자체가 잘못은 아니다. 바람직한 일이다. 어떤 악기를 특별히 잘 다룰 줄 알고, 또 어떤 외국어를 특별히 잘하고, 또는 어느 한 분야에서 남달리 특별한 두각을 나타내는 것은 지극히 바람직하다. 그러나 여기에 반드시 전제되어야 할 한 가지는 다른 것들도 남들 하는 만큼 평균적으로 하면서, 특별히 어느 하나를 더 잘해야 한다는 것이다. 심각한 문제는, 한 가지 특기만을 배우게 하기 위해서 다른 모든 것을 거의 희생시킨다는 데 있다. 그저 「너는 영어 한 가지만 잘하면 되니까, 딴것은 못해도 괜찮아. 그냥 아침이고 저녁이고 영어만 죽어라 열심히 하렴. 방학 중엔 어학 연수도 보내 줄 테니까!」 하는 식의 교육이 종국에 가서는 자녀를 망친다는 사실을 그들이 왜 깨닫지 못하는지 모르겠다.

자녀들이 식사할 때, 부모가 가장 많이 해주는 조언이 무엇인가. 골고루 먹으라고 하지 않는가? 그러면 무엇 때문에 골고루 먹으라고 하는가. 신체가 한창 발육하는 어린 시절, 모든 영양소를 골고루 섭취하여야만 신체가 균형 있게 발달하고 성장하기 때문이다. 그렇다면 지력이 한창 발달하고 심성이 계발될 때에 필요한 지식이나 태도, 기능 등에 대한 학습은 왜 골고루 하라는 소리를 안 하는가. 그러기는커녕 오히려 어떤 한 가지 특기만, 한 가지 분야에 대한 지식, 기능, 태도만 편향적으로 키우려 하고 있는 것이다. 그것은 마치 여러 음식 중에서, 이를테면 토마토가 좋다고 해서 토마토 한 가지만 아침, 점심, 저녁으로 먹게 하는 것과 다를 바가 없다.

초등학교부터 고등학교까지 12년간의 교육은, 또는 유치원 1년을 포함한 13년간의 교육은 국민 보통 교육이라고 할 수 있다. 이는 한 인간이 태어나서 성인이 되기까지 누구나 갖추어야 할 기본적인 지식, 태도, 심성, 기능 등을 함양시키는 데 목적이 있는 것이다. 달리 표현하면, 이 13년 동안의 국민 보통 교육은 한 인간이 효율적인 사회 구성원으로서 반드시 갖추어야 할 최소한의 소양을 연마하도록 하는 데 목표가 있다. 그래서 성인이 되어 시민 사회의 한 구성원으로서 더불어 살아가는 데 필요한 최소한의 의사소통 능력을 갖추도록 하고, 또한 한국인으로서 공유해야 할 공통 의식과 가치를 배움으로써 공동체의 기능이 효율적으로 발휘되도록 하는 데 목적을 두고 있는 것이다. 따라서 이 기간 동안의 교육은 모든 교과에 걸쳐 균형 있게 이루어져야만 한다.

전래적으로 교과에는 좀 힘이 센(?) 과목들이 있었다. 이를테면 주지 교과라고 하여 국어, 영어, 수학, 과학 등이 그것이다. 흔히들 이런 교과는 매우 중요하고, 또 어떤 면에서는 좀 어렵고, 그래서 머리 좋은 아이들이나 잘할 수 있는 교과인 양 인식되었다. 그렇기에 과거에 대학별로 입학시험을 치를 때 그런 교과목들만 시험 과목으로 선정했었다.

그러다 보니, 학생이나 학부모들 모두가 그런 몇몇 주지 교과목만 공부인 양 착각을 했다. 음악이나 미술, 체육 등과 같은 예체능계 교과목이나 사회과, 실업·가정과 교과목, 국사나 윤리계 교과목들은 그저 주지 교과의 들러리로 생각하는 버릇들이 있었다. 「그까짓 미술 좀 못하면 어떠냐. 애, 그냥 국·영·수만 잘하면 돼」 하는 식의 주지 교과목 편향주의가 아직도 만연해 있다. 또한 국어, 영어, 수학, 과학 등 주지 교과만 기초 과목이며, 그런 교과 공부만 잘하면 다른 교과목들은 아무 때나 해도 그저 쉽게 잘할 수 있는 것으로 착각하는 사람들이 많다.

더욱이 국어, 영어, 수학, 과학 등 주지 교과목들은 수업 시간표를 짤 때도 주로 오전에 집어넣고, 그외 교과목들은 점심 먹고 한창 졸린 오후 시간에 집어넣는 경우도 허다하다. 어디 그뿐인가. 선생님에 대한 대접도 다르다. 주지 교과 선생님들에 대한 학생이나 학부모의 존경심과 태도가 그외 교과 선생님들에 대한 태도와 사뭇 다른 것이다.

이렇듯 특정 교과 편향주의와 특정 교과목에서만 탁월한 성적을 올리려는 것이 맞물려서 오늘의 한국 교육을 이상한 방향으로 끌고 가고 있음은 참으로 안타까운 일이다.

자정이 다된 아주 늦은 밤이었다. 남편을 기다리다 못해 아내는 그냥 잠이 들었다. 옷도 제대로 갈아입지 않고, 그냥 침대에 누워 잠이 들었다. 아이들도 모두 자기 방에 들어가서 잠에 곯아떨어진 늦은 시간이었다.

술에 취한 남편이 그제야 들어왔다. 그런데 이것이 웬일인가. 친구 두 명을 데리고 온 것이다. 사실 요즘 젊은 부부들에게서 이런 일을 보기란 지극히 드물다. 옛날에는 자정을 기해 통행금지를 시키는 제도가 있는 바람에 집에 갈 수가 없어 종종 그런 일이 일어났지만, 요즘은 아무 때고 집에 갈 수 있기에, 이렇게 친구 집에 밤늦게 가는 경우는 드물다. 하지만 예를 들기 위해 옛날에나 있었던 이런 이야기를 한번 해보는 것이다.

「여보!」

술에 취해 호기를 부리는 남편의 음성이 자못 단호하다.

「여보, 벌써 자! 여기 애들 왔어. 이 친구들 둘 다 기러기 아빠라, 집에 가도 아무도 없어서 그냥 내가 데리고 왔어. 애네들, 아무 데서나 잘 자. 그냥 마루에서 자라고 해도 돼. 한 친구는 소파에서 자고. 근데, 우리 자기 전에 딱 한 잔만 더 하자! 정말, 우리 저녁도 제대로 못 먹었잖아.」

친구들을 소파에 앉힌 남편은 계속 호기를 부린다. 남편을 끌고 안방으로 들어간 아내는 남편에게 종주먹을 댄다.

「당신, 왜 이래? 지금 몇 신데?」

「아, 여보. 당신 지금 남편을 훈계하는 거야! 엉? 남편을 우습게 보는 거야!」

「아이, 시끄러워요. 밖에서 다 들어요!」

「그러니까 잔소리 말고, 빨리 나가서 술상이나 준비해!」

「술상? 기껏 밖에서 퍼대고, 뭘 또 집에 와서 술상을 펴요? 잔소리 말고, 이왕 왔으니, 당신이 데리고 마루에서 자든, 부엌에 가서 자든 맘대로 해요.」

그러자 이젠 남편이 애원조로 말한다.

「아이참, 내가 우리 집에 가서 딱 한 잔만 더 하자고 해서 온 거야. 쟤네들 불쌍한 친구들이야. 외롭고 지친 애들이야. 처자식 모두 미국에, 캐나다에 보내 놓고, 허구한 날 혼자서 밤하늘 쳐다보면서 외로운 기러기처럼 사는 애들이야. 오늘 밤은 우리 집에서 따뜻하게 해줍시다.」

아내는 남편의 애원이 갑자기 측은하게 느껴진다. 실은 남편보다도 지금 술에 취해 엉거주춤 거실에 앉아 있는 두 남자가 더 측은해 보인다.

'나도 자식을 키우지만, 자식이 뭐길래 저러고 살아야 하는지.'

안방에서 부엌으로 나온 아내는 그들 옆을 지나가면서 인사를 건
넨다.
「편히 쉬세요. 제가 금방 따뜻한 국물 끓여 드릴게요.」
아내는 냉장고를 열어 본다. 그런데 뭐가 있어야 시원한 국물이라
도 끓여서 술에 찌든 저들의 배를, 저들의 쓰린 가슴을 달래 줄 것 아
니겠는가. 꽁꽁 얼어붙은 돼지고기 한 덩어리와 두부 한 모가 있을
뿐이다. 그 외엔 애들이 좋아하는 치즈, 소시지, 계란 등 뭐 그렇고
그런 것들뿐이다. 콩나물도 있었는데 마침 저녁에 애들에게 무쳐 주
어 남은 게 없다. 그렇다고 이 시간에 24시간 편의점에 가보았자 제
대로 된 것들을 살 수도 없어, 아내는 하는 수 없이 얼어붙어 있는 돼
지고기를 꺼내 뜨거운 물에 녹이기 시작한다. 원래 고기는 찬물에
녹여야 하지만 빨리 녹이느라고 전자레인지에도 집어넣었다, 뜨거
운 물에도 담갔다 하면서 녹인다. 그러곤 그것을 썰어서 두부와 김
치를 넣어 찌개를 끓인다. 국물이 자작자작할 때까지 끓인다. 그사
이에 남편은 평소 아껴 두었던 복분자주를 꺼내 들고 나온다. 복분
자주와 김치찌개가 어울리는지는 모르겠지만 아내는 그냥 안주를
내온다. 셋은 한참이나 떠들며 그 찌개를 맛있게 먹는다.
바로 그거다. 냉장고를 열었을 때, 그 속에 돼지고기며 두부라도
있었으니 김치찌개라도 끓인 것이다. 만약 냉장고에 물통 하나만 덜
렁 있고 아무것도 없다면, 아무리 아내가 요리에 재주가 있다 하더라
도 아무것도 끓여 낼 수 없을 것이다. 더욱이 여기서 중요한 것은 냉
장고 속에 비록 가짓수는 적어도 몇 가지는 골고루 있어야 무엇을
만들어 낼 수가 있다는 것이다. 그래야만 생각도 해낼 수 있는 것이
다. 만약 냉장고에 대파, 쪽파, 양파, 실파, 그냥 파만 이것저것 있다
면, 그래서 이 집의 특기는 '파'라고 한다면, 그것 한 가지만 가지고

식구들을 위해 무슨 요리를 해줄 수 있겠는가. 냉장고에 음식 재료
가 골고루 있어야 하듯, 또 음식을 먹어도 골고루 먹어야 하듯, 우리
어린아이들 머릿속에, 정보도 기능도 골고루 갖추어지도록 도와야
한다. 다른 것은 아무것도 못하면서 그저 한 가지만 잘하면 그 아이
는 바보나 다름없는 것이다.

쓸데없이 한눈팔지 말고 앞만 보고 똑바로 걸어

어제 백화점에서 산 샌들의 뒤축 끈이 끊어지려고 하는 것을 발견한 새롬 엄마는 오늘 나가서 바꿔 와야겠다고 생각했다. 며칠 있다가서 바꿔 달라고 하면 또 뭐라고 할지 몰라 오늘 꼭 나가서 바꿔 와야겠다고 생각한 것이다. 그런데 오늘은 네 살짜리 새롬을 데리고 나가야 할 것 같다. 새롬이 다니는 어린이집이 오늘 마침 쉬는 날이라서 집에 있게 된 것이다. 그냥 문 꼭 잠그고 집에 혼자 있으라고 하고 싶었지만, 엊그제 옆집에, 대낮에 도둑이 들었다는 얘기를 듣고는 그냥 데리고 나가기로 했다. 또 데리고 나간 김에 새롬이 입을 여름 원피스도 하나 사줄 겸해서였다.

엄마는 우선 에스컬레이터를 타고 샌들 매장이 있는 3층으로 갔다. 샌들을 바꾸러 온 김에 다른 물건들도 구경하고 있는데, 새롬은 새롬대로 바쁘게 왔다 갔다 하는 게 눈에 띄었다. 자기 딴에 이것저것을 들여다보고 만져 보고 그러는 것이다. 그런데 잠시 후에 보니 새롬이 시야에서 없어졌다. '어디 사람들 틈에 섞여 있겠지' 하며 잠시 기다렸지만 샌들을 다른 것으로 바꾸어 신고 헌 신을 싸 가지고 나올 때까지도 새롬은 보이지 않았다. 신발 매장 근처를 다 둘러보아도 새롬이 없었다.

조금 당황하기 시작한 엄마는 이내 제법 큰 목소리로 새롬을 부르면서 3층 매장 여기저기를 훑어보기 시작했다. 그러자 새롬이 저쪽 여성 속옷 매장 앞에 있는 것이 보였다. 거기서 새롬은 잠옷을 들여다보고 있었다.

「너, 정말 엄마한테 혼나고 싶어? 엄마가 뭐랬어. 너, 엄마 옆에 꼭 붙어 있으라고 했지. 그런데 이렇게 네 맘대로 돌아다니면 어떻게 해? 너 그러다 어떤 나쁜 아저씨나 아줌마가 맛있는 것 사준다고 하면서 데려가면 따라가려고 그랬지? 너, 엄마 싫어?」

아이는 울기 직전이었다. 아이의 생각은 그저 단순했다. 여기서 이걸 보다 보니 옆의 것이 궁금하고, 또 거기서 그걸 보다 보니 그 옆의 것이 더 예쁘고, 그래저래 순간에 3층을 거의 반 바퀴 돌아서 속옷 매장까지 온 것뿐이다.

「하여간, 이젠 너 안 데리고 다닐 거야. 집에 두고 올걸, 괜스레 데리고 나왔지. 너, 너 때문에 엄마 식은땀 나는 것 안 보여! 그전에도 너 서울대공원에서 잃어버려 가지고, 방송하고 난리 쳤었잖아! 근데 너 참 이상한 아이다. 왜 그렇게 네 맘대로 아무 데나 가는지 모르겠어. 너, 겁도 안 나니? 엄마 잃어버리면 어떻게 하나 겁도 안 나?」

엄마는 새롬을 데리고 얼른 한 층 위에 있는 유아복 매장으로 갔다. 그리고 원피스를 하나 사주었다. 손을 잡아끌고 다녔다. 사람은 왜 이렇게 많은지. 경제가 어렵다, 소비가 위축되어 있다, 내수 경기가 불안하다, 연일 텔레비전에서는 그런 얘기들만 하더구먼, 백화점에 오니 어제나 오늘이나 사람들로 들끓었다. 그렇게 사람들을 헤집

고 다시 아래층으로 내려오려는데, 새롬이 자꾸 주변을 두리번거린
다. 백화점에 처음 데려온 것도 아닌데 아이는 처음 와본 것처럼 온
갖 것에 관심이 많다. 에스컬레이터를 타고 내려가면서도, 아이는
똑바로 서 있지 않고 자꾸 위쪽에 쭉 붙어 있는 광고물들을 보느라
정신이 없다. 그냥 걸어갈 때도 아이가 자꾸 한눈을 파는 바람에 몇
번씩이나 사람들과 부딪쳤다. 화가 난 엄마는 다시 소리친다.
　「너, 앞만 보고 걸어. 쓸데없이 한눈팔지 말고, 앞만 보고 똑바로
걸으란 말이야. 다 너한테 소용없는 것들이야. 모두 어른들한테
필요한 거야. 너, 엄마가 어린이집에 가서도 선생님 말씀만 잘 들
으랬지. 쓸데없이 한눈팔지 말고…….」
　쓸데없다는 것이 무슨 뜻인가. 또 한눈을 판다는 것은 무슨 뜻인
가. 이 세상에 쓸데없는 것은 없다. 비록 그것이 사소한 물건이라 하
더라도 다 쓸데가 있다. 어떤 집을 보면, 남편이든 아내든 그저 뭐든
지 꿍쳐 두는 버릇을 가진 경우가 있다. 하다못해 케이크 상자를 두
른 포장 끈도 버리지 않고 돌돌 말아서 두는가 하면, 와인 상자가 얇
은 송판으로 되어 있어 버리기 아깝다고 그냥 놔두기도 한다. 혹시
나 이 다음에 다 쓸데가 있지 않을까 해서이다. 그런데 한 사람이 모
으면 다른 한 사람은 내다 버리는 경우가 있다. 남편에게 보관하는
버릇이 있으면 아내는 내다 버리고, 아내에게 보관하는 버릇이 있으
면 남편이 내다 버린다. 그래서 조화를 이루는 것 같기는 하다.
　「당신, 이런 것 꿍쳐 뒀다 뭐 하려고 그래. 뭐 고물상 차리려고 그
래? 괜스레 복잡하기만 하고 짐만 돼. 다 쓰레기야. 다 일회용품이
야. 그냥 내다 버려.」
　이렇듯 쓸데 있고 없고를 판별하기란 어렵지만, 그래도 꿍쳐 두는
사람의 생각과 마찬가지로, 이 세상에 쓸데없는 것은 하나도 없다.

사물이 그러하듯, 현상도 그렇다. 성장기에 놓여 있는 아이들이 오관을 통해서 보고 느끼고 받아들이는 것 중에 쓸데없는 것은 없다. 이것저것 이 세상에 존재하는 것 모두가 다 쓸데 있는 것이다. 그렇기에 아이들이 그런 것에 눈을 돌리고, 호기심을 갖는 것이 결코 쓸데없는 짓은 아니다. 지금 당장에는 쓸데없다 하더라도, 언제고 그런 것들이 그 아이들에게도 쓸데 있는 것이 될 것이기 때문이다.

특히 여기서 생각해 보고자 하는 것은 쓸데 있느냐 없느냐 하는 문제보다도 '한눈'을 파는 문제이다. 연세한국어사전을 보면 '한눈팔다'를 '보아야 할 데나 해야 할 일에 정신을 집중하지 않고, 엉뚱한 곳에 관심을 두는 것'이라고 정의하고 있다. 마치 한눈을 파는 것이 바람직하지 못한 행동처럼 되어 있다. 즉, '~하지 않고'라는 표현도 그렇고, 그다음 '엉뚱한 곳'이라는 표현도 그렇다. 지금 나는 여기서 사전적인 의미를 놓고 옳고 그름을 따지려는 것이 아니다. 국어사전의 정의는 맞을 것이다. 문제는 그런 식으로 사람들이 한눈을 파는 것을 부정적으로 생각한다는 것이다. 즉, 엉뚱한 곳에 관심을 두고, 엉뚱한 짓을 궁리하고, 엉뚱한 일에 호기심을 보이는 것을 나쁘게 생각하는 것이 문제이다. 실은 교육학적인 입장에서 보면 '엉뚱한 행위'가 오히려 창의적인 발상을 가져올 때가 많다. 그리고 보면 한눈을 파는 것이 그렇게 바람직스럽지 못한 것만은 아니다. 뒤집어서 이야기하면, 오히려 이따금씩 한눈을 파는 것이 더 바람직스럽다. 좀 지나친 비약이지만, 나는 젊은 날에 한눈을 많이 판 사람이 훗날 결혼을 하고 가정을 꾸렸을 때 그만큼 한눈을 덜 팔게 될 거라고 생각하기도 한다. 즉, 이것저것 엉뚱한 일에 관심이 많고, 또 엉뚱한 짓을 많이 하고, 엉뚱한(?) 연애도 많이 한 사람이 훗날 결혼해서는 한눈 안 팔고, 한 가지 일에만, 한 사람에게만 집중하는 것 아닌가 싶다.

그것은 결국 그만큼 이런저런 경험을 많이 했기 때문이 아니겠는가.

한눈을 파는 것은 일종의 경험을 다양화하는 행위이다. 이것도 보고, 저것도 보고, 또 이것도 경험해 보고, 저것도 경험해 보는 것이다. 그런데 대체로 한눈을 팔 때, 그 대상이 사소하고 시시껄렁한 경우가 많다. 별로 중요하지도 않고 가치도 없는 일에 주의를 기울이고 호기심을 보이는 것에 대해 한눈을 판다고 경멸하는 경우가 많은 것이다. 그러나 실은 그러한 사소하고 시시껄렁한 것들에 관심을 기울이고, 그런 것들에 시간을 보내면서 주의를 기울이는 습성은 매우 중요하다. 우리는 어떤 사물이나 사람이나 현상을 지각하고 인지할 때, 그것이 규모가 크고 부피가 있고 무게가 있어야만 주의를 기울일 가치가 있는 것으로 생각할 때가 많다. 그러나 그냥 넘어가도 될 성싶은 작은 것들이라면, 그러한 것에 주의를 기울이는 것은 곧 시간 낭비이며 엉뚱한 짓이라고 생각하기 때문에 한눈을 판다고 폄하하는 것이다.

사실 한눈을 파는 사람들은 매사에 주의 집중을 못하고 그저 덜렁거리는 사람처럼 오해를 받는다. 하지만 사소한 것들에 한눈을 판다는 것을 긍정적으로 생각하면 그만큼 주변을 통찰하고, 또 여러 가지를 세심하게 배려하고 따진다는 것으로 볼 수도 있다. 특히 남이 보지 못하는 것을 보기도 하고, 남들과 똑같은 길을 걸어도 그 주변에서 일어난 일을 보고 느끼고 생각하는 것이 그만큼 다를 수가 있는 것이다.

내가 연세대 부총장으로 일할 당시 결재를 하거나 어떤 일을 논의할 때, 나를 도와 일하는 실무 책임자들에게서 이따금 들었던 얘기가 있다. 그중 하나가 「부총장님, 너무 자질구레한 일은 따지지 마시고 큰 흐름만 짚어 주세요」 하는 얘기였다. 물론 틀린 얘기는 아니다.

그 많은 서류를 결재하고, 그 많은 일에 대해 의사 결정을 해야 할 때, 내가 어찌 일일이 작고 사소한 것까지 따질 수 있겠는가. 웬만한 것은 실무 책임자에게 맡기는 것이 나도 편하고, 그들도 편하지 않겠는가.

그러나 그것이 내 성격이고 습성인지는 몰라도 결재를 하다 보면, 또 개 눈엔 뭐만 보인다고, 꼭 틀린 것이 얼른 눈에 들어온다. 줄줄이 읽지 않고, 그들 말대로 그저 큰 흐름만 보려고 첨부된 시행 계획 따위를 들여다보는데도 틀린 것, 잘못된 것이 얼른 눈에 띈다.

「여기, 날짜가 틀렸네요. 기간이 2003년 9월 1일부터 2003년 2월 28일이면, 뭔가 잘못된 것 아녜요? 공사 예정 기간이 이러면 어떻게 되는 거예요? 이것이 2004년 2월 28일로 고쳐져야 되는 것 아녜요?」

「네. 오타입니다.」

오타라? 그래, 오타일 것이다. 그런데 웬 오타가 내게 올라오기 전에 여섯 명이나 그 서류에 사인을 했는데도 발견되지 않았단 말인가. 모두들 그냥 제목만 보고 서명했는가. 아무도 안 읽어 본 것인가. 그러면 모두들 사소한 것엔 관심 없고 큰 흐름만 생각하는 것인가. 모두들 큰일들만 해서 그런 것인가. 아니면, 다른 쓸데없는 것에 한눈을 팔아서인가. 또는 큰 것에만 주의 집중하다 보니, 사소한 것들에 한눈을 팔지 못해서 그렇게 된 것인가.

서양 명언 중에 이런 말이 있다. 'God is in detail.' 이 말에는 여러 가지 의미가 함축되어 있다고 생각한다. 하나님은 우리가 일상으로 하고 있는 작고 사소한 일에도 늘 함께하신다는 의미도 내포되어 있고, 또 우리는 일상의 작고 사소한 일에도 최선을 다하고 성실해야만 된다는 의미도 들어 있다고 생각한다. 사실, 나는 가르치는 학생들이나 함께 대학 행정 일을 했던 사람들에게 언제나 '작은 일에 당신의 정성을 다 쏟으라'고, '작은 일도 큰일처럼 늘 완벽하게 정신을 집중해서 하라'고 말해 왔다. 작은 일에 성실하지 못하고, 작은 일을 제대로 해내지 못하면서, 무슨 큰일을 성실하게 하겠으며, 무슨 큰일을 맡아서 할 수 있겠느냐고 했다. 적은 양의 물이 고여서 시내를 이루고, 또 그 시내가 모여 큰 강을 이루고 바다를 이루듯, 우리의 일상 생활에서도 작고 시시콜콜한 일들에 최선을 다해야 큰일을 할 수 있는 것이다.

사람과의 관계도 그렇다. 중요하고 높은 지위에 있는 사람과의 관계에는 신경을 쓴다. 만날 약속을 하면 의복에도 신경을 쓰고, 시간도 늦지 않기 위해 서두르고 엄청 주의를 기울인다. 그러나 지위가 자기보다 낮고 또 뭐 그리 중요한 사람이 아니라고 생각하면, 그저 대충 차려입고 시간도 늦거나 말거나 신경을 덜 쓰는 사람들이 있다. 나는 그런 식으로 행동하는 사람들은 결코 훗날 진실로 큰일을 하기는 어렵다고 생각한다.

사실 요즘 사회는 매우 정교한 시대이다. 그래서 우리는 모든 일에서 완벽주의를 추구하고 있다. 순간의 아주 작은 실수가 엄청난 재앙을 초래한다. 그렇기에 우리는 어떤 일이든, 그것이 크든 작든 세심한 배려를 기울여야 한다. 초점이 되는 일에만 그저 주의를 기울일 것이 아니라 관련된 주변 상황도 면밀히 따질 줄 알아야 한다. 그렇게 하려면 이따금씩 한눈도 팔아야 되는 것이다. 그저 앞만 보고 똑바로 걷다가 옆에서 들이닥치는 오토바이를 피하지 못하면 안된다. 그래서 한눈을 파는 것이 꼭 바람직스럽지 못한 것만은 아니다. 특히 어린 시절, 작은 일들에, 별 가치 없는 것에 한눈을 파는 것은 그만큼 지각의 범위를 넓혀 준다. 따라서 한눈팔기를 보고, 듣고,

느끼고, 만져 보고, 또 몸으로 직접 해보는 다양한 경험을 축적시키는 데 있어 가치로운 행위로 받아들여야 할 필요가 있다. 집에서 키우는 개를 끌고 공원에 나가면, 개는 이것저것에 한눈을 판다. 관심이 많다. 그러면 주인은 개를 좀 놓아준다. 맘껏 한눈팔라고. 그러곤 저만치서 주인은 지켜본다. 그런데 왜 유독 어린아이들에겐 그러지 못하는가. 안전이 위협받기 때문인가. 개만도 못한 것인가. 모두 아닐 것이다. 어쩌면 아이가 한눈팔면 엄마가 그만큼 힘들고 귀찮아져서인지도 모른다.

6장 기초(基礎)

세상 모든 일에는 단계가 있다.
때를 기다리면서 천천히, 기초를 단단히 세우는 것이
훗날 더 큰 성공을 거두기 위한 밑거름이다.

기억하고 싶지도 않은 사건들이 그동안 우리 사회에 많았다. 삼풍 백화점 붕괴 사건이나 성수대교 붕괴, 대구 지하철 참사 등 수많은 인명 피해를 가져온 악몽 같은 사건들이 있었다. 지금은 언제 그랬 었느냐는 듯, 그곳엔 아무 흔적도 남아 있지 않다. 이러한 큰 사건들 이 터질 때마다 봇물처럼 원인 분석과 대책들이 쏟아져 나왔지만, 그 것이 얼마나 잘 시행되었는지는 모르겠다. 수많은 전문가들의 진단 과 처방 가운데서, 역시 가장 공통적이었던 것은 기초 공사의 부실이 었다. 기초를 단단히 세웠어야 하고, 기본 원칙을 철저히 지켰어야 하는데, 그런 것들을 제대로 하지 않았기 때문에 그런 엄청난 재앙을 초래한 것이라는 결론이었다.

역시 세상 모든 일에 있어서는 기초가 가장 중요하다. 기본을 바 로 세우는 것이 가장 중요하다. 그렇기에 도로를 건설하고 집을 짓 는 데 있어서도 기초 공사가 제일 오래 걸리는 것 아니겠는가? 기초 를 바로 세우는 일은 기본 원리, 기본 원칙을 바로 정하고 그것을 철 저하게 지키는 것을 의미한다. 그럼에도 불구하고 지금 우리 사회는 그러한 기초를 세우는 일, 기본 원칙을 정하고 시행하는 일에는 자못 소홀하다.

특히 교육에 있어서, 우리의 학부모들이 갖고 있는 보편적 생각을 살펴보면 그러한 우려가 더 심각해진다. 교육은 긴 과정의 수고를 필요로 한다. 그저 단숨에 어떤 것을 배우고 익히게 하여 교육을 끝내기란 어렵다. 때에 맞추어, 참고 기다리면서, 필요한 절차를 거쳐 처음부터 차곡차곡 쌓아 나가야 한다. 뛰어넘을 수가 없다. 뛰어넘기보다는 거쳐야 할 과정을 차례대로 거치도록 하는 것이 더 중요하고 값진 가치가 되어야 한다.

교육에는 비법이 없다. 가로질러 가는 지름길을 찾으려 하는 것은 바람직하지 않다. 더욱이 어떤 신비스러운 요령으로 남들보다 빨리 어떤 것을 자녀들이 성취하길 바라는 것은 매우 위험한 생각이다. 그럼에도 많은 부모들은 그러한 것을 찾아 헤맨다. 또 학부모의 그러한 심리를 절묘하게 상업적으로 이용하려는 무리들이 있다. 마치 자기들한테는 무슨 비법이 있는 양 학부모를 유혹한다. 이를테면 남보다 수고를 덜하고도 수학능력시험에서 고득점을 받을 수 있는 것처럼 말이다.

경쟁이 치열한 것은 자본주의 사회의 특성이다. 또 그런 경쟁에서 꼭 이겨야만 하겠다는 것도 사람들의 본능이다. 그러다 보니, 많은 학부모들이 자기 자녀들이 남을 제치고 이길 수 있도록 하는 일에 온갖 노력을 기울인다. 우선 배워야 할 것들을 남보다 먼저 가르쳐서 일찍 목표 지점에 도달하도록 하겠다는 것이다. 이름하여 선행학습이다. 초등학교 1,2학년 때 배워야 할 것을 유치원에서 다 배우고, 초등학교 고학년 때 배워야 할 것을 저학년 때 다 떼고, 중학교에 들어가서 배울 것을 초등학교 고학년 때, 고등학교에 가서 배워야 할 것을 중학교 때 미리 다 배우게 하겠다는 것이다. 그렇다면 그들이 미리 다 배운 그 시점에서 대학 입학이 가능한가. 결국엔 그들도 멈춰 서 있다가 제대로 과정을 거쳐서 뒤쫓아 온 아이들과 함께 대학 입학시험을 보게 될 터인데도 그냥 허겁지겁 먼저 배우게 하려고 한다. 그 바람에 아이들이 좀 더 찬찬히 시간을 두고 뜸을 들이고 숙성

186

을 시켜 가면서 거쳐야 할 과정들을, 그저 바람이 휙 불면서 지나가 듯 단숨에 지나쳐 버리게 됨으로써 진정한 의미의 기초를 제대로 세우지 못하게 되는 경우를 많이 본다. 왜들 그러는 것일까.

그렇게 모든 것을 당겨서 배우면, 왜 대학에 가서 배울 것을 고등학교 때 당겨서 배우지 않는가. 그렇게 당겨서 미리 배우면서, 왜 삶을 미리 당겨서 살려고 하지 않는가. 왜 미리 당겨서 죽으려 하지 않는가. 물론 극히 소수의 영재들에겐 그렇게 하는 것이 필요하다. 그들은 영재이기 때문에 보통 사람들이 거쳐야 하는 과정을 철저하게 거치면서도 남들보다 앞서 가는 것이다. 그런데 영재가 아닌 수많은 보통 아이들도 영재로 착각(?)하고 그들을 그런 초고속 경쟁 대열로 내모는 데 문제의 심각성이 있다.

좀 늦어도, 좀 더뎌도 과정을 차례대로 거치면서 기초를 바로 세우는 것이 훗날에 더 큰 성공의 밑거름이 된다는 것을 다시 한 번 염두에 두고 깊이 생각해 보면 좋겠다.

자빠지고 넘어지고, 그게 뭐 그렇게 재미있우?

해마다 1월 말쯤이면, 미국에서는 미식축구 최종 결승전이 벌어진다. 1년 동안 양대 컨퍼런스로 나뉘어 격돌을 벌여 올라온 두 팀이 맞붙는다. 내셔널 컨퍼런스와 아메리칸 컨퍼런스의 챔피언끼리 맞붙어 슈퍼볼 챔피언전을 하는 것이다. 나는 미국에서 공부할 때부터 그 슈퍼볼 보는 데 재미를 붙인 뒤로 지금까지 해마다 그 결승전만큼은 꼭 보아 왔다. 미국 시간으로 일요일 저녁에 개최하다 보니, 이곳에서는 꼭 월요일 이른 새벽에 일어나 중계방송을 보지 않으면 안된다. 그래서 월요일 새벽에 혼자 슬그머니 일어나 그것을 보고 있노라면, 시끄러워서 깨어난 아내가 퉁명스럽게 핀잔을 준다.

「그게 도대체 무슨 재미가 그렇게 있우? 들여다봐야 만날 자빠지고 넘어지기만 하고, 그게 뭐 그렇게 재미있담. 난 도무지 지루해서 못 보겠구먼서도…….」

그 말이 맞다. 가만히 보면, 선수들이 넘어질 때가 많다. 서로 부딪치고, 잡고, 그래서 함께 나뒹굴고, 또 그러다가 엉덩이를 하늘 높이 쳐들고 엎드려 있다가, 서로 뛰는가 싶으면 또 엉켜 붙어 넘어지고,

무슨 재미가 있겠는가. 그러나 그 미식축구의 규칙을 알고 원리를 알고 나면, 그 순간순간 밀려오는 스릴과 감동은 말로 표현하기 어렵다. 게다가 내가 좋아하는 팀이 결승전에 진출하기라도 하면, 그때의 감동은 배나 더 커진다. 세상에서 구경하기에 저보다 더 재미있고 흥분되는 스포츠가 또 어디 있을까 싶다. 그런데 그런 운동이 왜 아내에겐 졸립고 지겹고 재미없게 느껴지는 것일까? 그저 식성이 다르듯이, 스포츠에 대한 선호가 달라서 그런 것일까? 아니다. 그 게임의 규칙을 모르기 때문이다. 즉, 기본을 모르니까 도무지 재미가 없는 것이다.

하긴 나도 그 기본 원리나 기초를 몰라서 재미없는 것들이 많다. 1980년대 초의 일이다. 나는 그때 영국 정부의 초청을 받아 영국의 고등 교육 체제를 시찰해 볼 수 있는 기회를 얻었다. 일주일간 영국에 머물면서, 영국의 대학 제도가 어떻게 운영되고 있는지 여러 사람들을 만나 설명을 듣고, 또 현장에 나가 두루 살펴보았다. 정말 많은 것을 느끼고 돌아온 값진 여행이었다.

그런데 나는 도착한 두 번째 날 평생 잊지 못할 경험 하나를 했다. 일요일 저녁이었던 것 같다. 영국의 대학위원회 위원장이 베풀어 준 환영 만찬에 참석한 뒤 문화 행사 자리에 초대받았다. 그들이 이미 짜놓은 계획이었다. 포도주 한두 잔을 곁들인 맛있는 저녁을 먹은 다음, 나는 그들이 안내하는 대로 그 유명한 런던의 로열오페라하우스에 갔다. 음악엔 정말로 문외한이긴 했으나 그 유명한 곳에 간다는 사실만으로도 기쁨을 감출 수가 없었다. 객석은 영화에서 자주 보았듯이 3층 구조로 되어 있는 것 같았다. 영화에서 보면, 귀족들이 저만치 앉아서 한 손으로 시력 검사할 때처럼 한 눈을 가리는 포즈를 하고, 망원경 같은 것으로 무대를 살펴보는 장면이 있지 않던가.

그런 장면이 바로 여기서 나오는 것이로구나 일순 생각했다. 우리는 2층 한가운데 두 번째 줄에 앉았다. 귀빈석 같았다. 왜냐하면 왕왕거리는 무슨 방송이 나오더니 스포트라이트가 별안간 우리가 앉아 있는 쪽을 비추고 박수가 터져 나왔기 때문이다. 알고 보니, 그것은 우리 일행을 향한 것이 아니라, 우리 바로 앞줄에 앉아 있던 영국 왕실의 어떤 귀족들을 향한 것이었다. 확실히 우리는 귀빈석 근처에 앉은 것이 틀림없었고, 나를 그만큼 대접해 주었다는 생각에 가슴 뿌듯했다.

공연은 발레였다. 지금은 제목도 기억나지 않는다. 하여튼 한 시간 반쯤 공연하다가 20분 정도 쉬고 다시 한 시간가량 이어진 발레 공연이었다. 발레. 그냥 '발레'라고 말만 해도 무엇인가 날렵하고, 고급스럽고, 멋져 보이지 않던가! 발레가 어떠한 형태의 춤인지 대충 짐작은 해왔지만, 실상 나는 아무것도 모른다. 이를테면 발레가 어떻게 추는 춤인지, 정말이지 아무것도 모른다. 아니, 음악 자체를 모르는 내가 아니던가. 하긴 노래를 부르는 것만 해도 그렇다. 우리 집사람 표현으로는, 나는 같은 노래를 열 번 부르면 열 번 다 다르게 부르는 매우 창조적(?)인 사람이 아닌가.

공연이 시작되었다. 나는 숨을 죽이고 무대를 향해 온갖 눈과 귀와 마음을 모으고, 이따금씩 옆에서 들려오는 숨죽인 탄성을 통해 '정말로 대단한 발레구나' 하고 간접적으로 느끼며 앉아 있었다. 문제는 한 10분쯤 지났을 때였다. 하품이 나오기 시작한 것이다. 옆 사람이 눈치 챌까 두려워 입을 막고는 마치 입 언저리가 가려워서 긁는 것처럼 위장하려 했다. 하지만 이내 감겨 오기 시작하는 눈은 참으로 어찌할 수가 없었다. 저녁 식사 때 마신 두어 잔의 포도주 탓인가. 아니면 시차 때문인가. 그러려니 하고, 그래도 잠을 이겨 내면서 구경하다 보면 '뭐, 재미가 생겨 밀려오는 잠을 극복할 수 있겠지' 하고 생각했다. 하지만 아무리 눈을 까뒤집고 정신을 모아 들여다보고 열심히 들어도 도무지 재미가 없었다. 내 눈에는 계속 무대에서 똑같은 장면들만 펼쳐지고 있었다.

이를테면 한 사람이 무대 이쪽에서 저쪽으로 발뒤꿈치를 들고 종종걸음으로 걸어가다 양다리를 펼치면서 번쩍 뛰어오르고, 그냥 서서 혼자 빙그르르 돌고, 그러다 저쪽에서 또 한 사람이 뛰어나와 같이 어울려 이리 껑충 뛰고 저리 껑충 뛰고, 그러고는 종종걸음으로 들어가 버린다. 그러고 나면 이번엔 무대 저쪽에서 여러 명이 한꺼번에 나와, 집단으로 이리 껑충 저리 껑충 뛰어다닌다. 그러다 적당한 시점이 되면 서서 빙그르르 돌고, 또 한 남자가 한 여자를 번쩍 들어 올렸다 내려놓고는 여자가 등과 머리를 뒤로 젖히도록 잡아 주는가 하면 다시 똑바로 세운 뒤 서로 빙그르르 돈다. 뭐, 대충 그런 동작들이 글쎄 한 시간 반이나 계속되었던 것이다. 참으로 힘들었다. 밀려오는 잠을 이겨 내기 위해서 내 평생 그때처럼 잠과 싸우며 고통을 겪은 적은 없었다. 혹시라도 순간 잠이 들어 옆에 있는 사람에게 코 고는 소리라도 들리면, 특히 앞에 앉아 있는 그 귀족 할머니에게 들리기라도 하면 어떻게 하나. 잠에 빠진 숨소리는 사람들이 금방 알지 않던가. 참으로 별짓을 다 했다. 혀도 깨물고, 허벅지를 꼬집기도 하고, 이를 악물기도 하고, 이쑤시개를 주머니에서 꺼내 손톱 밑을 찌르기도 하고, 온갖 짓을 했다. 드디어 휴식 시간이 왔다.

휴식 시간에 우리는 작은 방으로 안내되었다. 그 방 안에는 다과가 준비되어 있었다. 포도주도 있었다. 포도주를 또 한 잔 마시면 더욱 졸릴 것 같아 권하는 것을 일부러 피했다. 그러나 거기 서 있는 일고여덟 명의 사람들이 모두 포도주 잔을 손에 들고 담소하는데, 나만 그냥 서 있는 것이 멋쩍어서, 또 손을 어디다 둘 곳도 없어서, 손

하나라도 할 일을 맡겨야겠다 싶어, 포도주 잔을 들고 서 있었다. 한 모금씩 마시다 보니 한 잔을 다 마셨다. 발레에 관해서 서로들 이야기하는데, 나는 아무것도 모르니 대화에 끼어들기도 어려웠다. 그냥 「멋있었다」는 말만 연발했을 뿐. 그리고 겸연쩍으면 그저 포도주를 한 모금 입에 물었다. 그러고 나니 휴식 시간 후 다시금 한 시간가량 계속된 후반부에선 정말 전쟁이라고 해도 지나치지 않을 만큼 밀려오는 졸음과 싸워야 했다. 평생 못 잊을 자기와의 싸움을 나는 영국 런던의 로열오페라하우스에서 했다.

일주일간의 체류를 마치고 떠나기 바로 전날, 나는 다시금 환송 만찬에 초대되었다. 그때 내 옆에서 발레를 함께 관람했던 영국 대학위원회의 사무총장이 던진 농담이 나는 아직도 잊혀지지 않는다.

「이 박사, 오늘 식사 후에 다시 한 번 발레를 보러 가지 않을래요?」

그분은 그 말을 해놓고서 크게 웃었다.

그러면 왜 나는 그렇게 발레가 지겹고 재미없었을까. 이유는 간단하다. 한마디로 무식했기 때문이다. 발레의 기초를 전혀 모르고 있었기 때문이다. 그 긴 공연의 스토리도 모를뿐더러 음악도 몰랐다. 하긴 지금 제목도 기억 안 나는 것을 보면 정말 몰라도 너무 몰랐다.

세상 모든 일이 다 그렇다고 생각한다. 기본 원리를 모르면 아무런 재미를 느끼지 못하는 것이다. 우리가 설 때나 추석 때 집안 식구들끼리 모여 앉아 모처럼 고스톱을 칠 때도 그렇지 않던가. 그 원리를 알면, 돈을 따건 잃건 간에 그 과정에서 묘미를 느끼지 않던가. 「그때 내가 칠싸리 두 장 중 껍데기를 잘 내던졌지. 그게 초출이었거든. 아니나 달라, 다음 사람이 그걸 먹으려다 쌌잖아. 하지만 내가 그 다음에 그거 싼 것 다 가져왔지, 피 한 장씩 받았지, 그래서 이긴 거야…….」

이렇듯 복기를 하면서 그때 내가 머리를 잘 쓴 것에 쾌감을 느끼지 않던가. 팔아도 어떨 때 팔아야 되는지, 순간순간 변화하는 판세에서 머리를 짜고, 도전을 해보고, 시험을 걸고 하는 것 모두 고스톱의 기본 원리를 알기 때문에 가능한 것이다. 그러다 보면 고스톱이 더욱 재미있어지지 않던가.

아이들의 학교 공부도 그렇다. 기본 원리를 모르면 그 과목이 그렇게도 재미가 없다. 그러나 기초를 단단히 세우고 나면, 세상에 그 과목처럼 재미있는 것이 없다.

나는 초등학교 때부터 수학을 참 못했다. 중학교에 들어가서는 더욱 그러했다. 난데없이 X니 Y니 하는 영어 글자까지 나오는 수학이 너무도 재미가 없었다. 다른 과목에서는 공부가 그렇게 재미없지는 않았는데, 수학 시간만 되면 정말 도살장에 끌려가는 소와 같은 기분이었다. 게다가 수학 시간은 왜 거의 매일 있는지……. 중학교 3년 내내 같은 선생님한테서 배웠는데 그 선생님은 눈 한쪽이 조금 이상했다. 그래서 선생님이 쳐다보면 학생들은 모두 무서워했다. 더욱이 선생님에게는 아주 특별한 버릇이 있었다. 학생을 혼낼 때, 꼭 한쪽 뺨을 손가락으로 움켜쥐고는 다른 쪽 뺨을 두어 대 때렸다. 때리기 쉽게 뺨을 움켜쥐고는 당신의 키만큼 학생의 몸을 당겨 올렸다. 우린 깨금발을 해서 그 높이를 맞추기 위해 애를 썼다. 나는 선생님의 그러한 체벌에 단골손님이었다. 그런데 선생님은 꼭 수업에 들어가기 전에, 지난 시간에 내준 숙제를 검사하고 틀린 사람 한 명을 본보기로 혼내고는 수업을 진행했다. 그러니, 나는 수학 시간마다 불려나가서 매 맞는 의식을 치러야 했다. 혹시나 선생님이 그것을 잊고 있으면, 아이들이 내 이름을 연호하여 선생님으로 하여금 잊고 넘어

갈 뻔했던 의식을 치르게 했다.

「선생님! 이성호, 숙제 안 해왔대요.」

아이들은 나를 놀리느라고, 그저 순진한 악동들처럼 재미있어서 그러면 선생님은 꼭 그것에 화답을 하셨다.

「그래? 이성호, 이리 나와 봐!」

아마 지금 아이들 같았으면 학교 안 다닌다고 했을 것이고, 또 엄마도 그냥 안 있었을 성싶다. 그래도 나는 집에 가서 한마디도 안 했다. 그저 견뎌 냈다. 또 수학을 정말 좀 잘해 보고 싶었지만 뜻대로 안 되었다. 그러던 중, 중학교 2학년 겨울 방학을 며칠 앞둔 어느 날 선생님이 나를 불렀다. 겨울 방학이 시작되면 매일 오후 몇 시까지 당신 집으로 오라는 것이었다. 수학을 가르쳐 주겠다고 했다. 선생님이 무섭기도 했고 밉기도 했지만, 사실 나는 그때 선생님이 그렇게 싫지는 않았다. 그래서 공부를 개별적으로 가르쳐 준다기에 정말 기쁘고 감사했다. 두 달 가까이 매일 한두 시간씩 나는 선생님한테 특별 과외를 받았다. 지금처럼 무슨 돈을 내고 하는 그런 과외가 아니었다. 또 처음부터 그런 이야기는 전혀 없었다. 그저 감사해하고 미안해하는 나에게 선생님은 맘 편하게 해주려고, 여름이 되면 개구리나 몇 마리 잡아 오라고 했다. 선생님은 초등학교 수학부터 차근차근 가르쳐 주었다. 선생님이 내주는 숙제를 해가면, 선생님은 늘「아니 이렇게 잘하면서, 왜 그동안 그렇게 수학을 못했냐?」하고 칭찬을 아끼지 않았다. 정말 나 자신도 놀랄 정도로 수학이 재미있고 쉬워졌다. 기초를 단단히 알기 시작하였기 때문이다. 나는 중학교 3학년 때나 배울 법한 수학까지 선생님이 가르쳐 주는 대로 배웠다. 당시 교과서에 나오지 않는 새로운 수학도 가르쳐 주었다. 말발굽처럼 생긴 기호를 그리면서 여집합, 합집합이라고 하는 것까지 가르쳐 주

194

었다. '이 다음에 대학에 갈 수 있으면 꼭 수학과에 가야지. 그래서 수학 선생님이 되어야지' 하는 결심까지 하였다. 수학이 무척 재미있어져 중3 때는 반에서 내가 수학을 제일 잘하는 아이로 변신해 있었다. 선생님을 대신해 칠판 앞에 서서 아이들에게 수학 문제를 풀어 가면서 설명해 줄 정도가 되었다. 참으로 그 선생님께 감사드렸고, 지금도 또한 감사드린다. 선생님은 내가 미국에서 학위를 마치고 연세대 교수로 부임하였을 때, 학교까지 직접 찾아오셔서 축하해 주셨다. 그러면서 선생님은 「자네, 이게 다 중학교 때 나한테 빰 맞으며 공부한 덕분인 줄이나 알아」 하고 말씀하시면서 크게 웃었다.

정말로 나는 모든 일에서 기초를 단단히 세우는 일이야말로 제일 중요하다고 생각한다. 그렇기에 나는 교육학과에 입학해서 교육학을 공부하려고 하는 학생들에게 꼭 타이른다. 교육학의 기초를 열심히 공부하라고. 특히 대학원에 진학하려는 학생들에게는 대학원에서 무엇을 전공하게 되든 간에 학부 때는 교육학의 기초를 단단히 세우라고 말한다. 이를테면 철학, 심리학, 사회학과 같은 인접 기초 학문을 철저히 공부해 두라고 타이른다. 그러다 보면 처음에는 남들보다 시간도 더 걸리고, 나가는 속도도 느려 보이는 것 같지만, 나중에는 그것이 결코 늦거나 헛된 수고가 아니라는 것을 내 경험으로 알게 되었다고 이야기해 준다. 앞서 내가 미식축구며, 발레며, 수학 공부며 내 자신의 삶에 대한 이야기를 장황하게 늘어놓은 것은 세상 모든 일에서 기초를 단단하게 세우는 일이 얼마나 중요한지를 강조하기 위해서이다.

너, 안 걸을래! 다리 뻗어!

아이가 태어나면, 엄마들은 그 순간부터 자기 아이와 다른 아이들을 비교해 가면서 경쟁을 시작한다. 우선 아이의 몸무게나 키, 손발의 길이, 심지어는 머리숱까지 적네, 많네 하면서 경쟁을 한다. 우리 아이는 4킬로그램이 넘었다느니, 아이가 눈이 크고 코가 오뚝하고 힘이 세다느니, 온갖 것을 다 가지고 경쟁을 시작한다. 이제 그다음 단계는 아이가 벌써 뒤집기 시작했다느니, 기기 시작했다느니 하면서 다른 아이들보다 좀 더 일찍, 빠르게 그런 과정들을 거치는 것을 매우 자랑스러워하고 기뻐하고, 또 그렇게 되도록 노력한다. 혹시라도 자기 아이가 남의 집 아이들보다 좀 늦은 듯싶으면, 엄마들은 조바심을 내고 성화를 낸다. 누굴 닮아서 그렇다는 둥 책임론까지 들고 나온다. 「원래, 이 집 식구들이 모든 것이 느리잖아. 하여간 씨는 못 속이는 것 같아」 하면서 늦되는 것에 대한 탓을 한다.

출생 후 1년이 되어 가면 아이는 걷기를 시도한다. 아이 스스로 두 발로 일어서기 위한 노력을 하기 시작한다. 이때 엄마의 필사적인 노력이 함께 이루어진다. 아이가 좀 더 빨리 걸을 수 있도록 엄마의 교육과 훈련이 시작되는 것이다. 그런데 이때 엄마들이 아이에게 걷기를 가르치는 방법을 보면 대체로 세 가지 유형으로 나타난다.

우선, 첫 번째로 아이가 자연스럽게 스스로 일어서서 걸을 수 있도록 기다리며 도와주는 방법이 있다. 결론부터 이야기하면, 이런 태도가 가장 바람직하다. 사실 아이들이 일어서서 발을 떼기 시작하는 것은 본능적이다. 그렇기에 아이들은 기어 다니다가 적당한 시점이 되면, 화장대 의자나 침대 모서리 같은 곳을 짚고 그것에 의지하여 일어서기를 좋아한다. 그것을 짚고 일어서서 이것저것 만지고 놀다가 뒤로 넘어지기가 일쑤다. 그래도 아이들은 뇌진탕 같은 것을 잘 일으키지 않는다. 넘어지는 것도 자연스럽기 때문인 것 같다. 그러기를 수차례 반복하다 보면, 아이들은 이제 넘어지지 않고 제법 잘 서 있게 된다. 그리고 의지하던 물건에서 저쪽 물건으로 발을 옮기면서 다시금 그곳에 의지한다. 몇 걸음을 움직인 것이다. 이럴 경우 가만히 놔두고 지켜보면, 아이들은 그런 행동을 수없이 반복하다가 이번엔 제법 먼 거리, 약 1미터 정도의 거리를 뒤뚱거리며 이동한다. 이것이 곧 걷기의 시작인 셈이다. 저만치 서 있는 엄마에게 다가가기 위해, 아이는 뛰다시피 서너 걸음을 걸어서 엄마 무릎 앞에 엎어진다. 아이가 분명 걷기 시작한 것이다. 이렇듯 아이들은 자기 스스로 걷기를 해낸다. 그리고 이때는 아이들이 자연스럽게 걷기를 익힐 수 있도록 물리적 환경을 만들어 주는 것이 중요하다. 즉, 방 안에 의지해서 일어설 수 있는 적당한 크기의 물건도 있어야 하는 것이다. 이를테면 화장대 의자나 침대와 같은 가구들이 그런 것에 속한다. 그러한 가구들이 아이의 걷기 학습에 지지대(비계) 역할을 한다. 때로는 엄마의 치마나 바지가 그런 지지대가 되기도 한다. 엄마의 치마를 붙들고 아이가 일어서는 것이 바로 그러한 경우이다. 적당한 지지

대가 제공되면 아이는 그것을 활용하여 본능적으로 일어서기 학습을 한다. 그러다가 나중엔 지지대가 없어도 온전히 홀로 걷는다.

그러나 이러한 자연스러운 성장 발달을 기다리지 못하고, 그저 하루라도 빨리 아이가 걷기를 바라는 엄마들은 이제 두 번째, 세 번째 방법을 사용하기 시작한다.

두 번째 방법은 아이의 식욕과 같은 본능적 욕구를 어른들이 교묘하게 이용하는 것이다. 우선 아이가 두 발로 자기 몸을 어느 정도 지탱할 수 있는 다리 힘이 생겼을 때, 아이를 방의 구석 같은 곳에 일단 세워 놓는다. 그러면 아이는 양옆의 벽에 자기 몸을 의지하여 잠시 서 있는다. 이때 엄마가 과자 같은 것을 손에 들고, 저만치 앉아서 먹을 것을 내밀면서 아이를 부른다. 아이는 걷는다는 생각보다는 엄마가 쥐고 있는 먹을 것에 대한 본능적인 욕구만으로 몸을 움직인다. 두 걸음쯤 뗀다. 양쪽 발을 한 번씩 방바닥에서 뗀 것이다. 그러면 엄마는 먹을 것을 아이 손에 쥐여 주면서 이런 일을 반복한다. 또 어떤 엄마는 아이가 한 걸음씩 떼면서 다가오면, 얼른 뒤로 물러앉아서 다시 내민다. 그러나 아이는 한 번 속지, 더 이상 속지 않겠다는 듯이 주저앉아서 딴청을 부린다. 이렇게 해서라도 아이가 남들보다 하루라도 먼저 걷게 되기를 엄마들은 바란다.

세 번째는 좀 더 강제적이고 적극적인 방법인데, 비교육적이다. 기어 다니면서 노는 아이를 갑자기 일으켜 세워서는 양 겨드랑이 사이에 엄마가 손을 넣고, 아이에게 다리를 뻗고 설 것을 요구한다. 아이가 싫어서 다리를 움츠리면, 다리를 뻗으라고, 그래서 바닥에 발을 디디고 서라고 강요한다. 「너, 안 걸을래! 다리 뻗어!」 그러고는 「하나, 둘, 하나, 둘」 하면서 아이를 앞으로 당기며 걷게 한다. 정말로 걷기 훈련을 시키는 것이다. 아이의 신체 발달이나 능력 또는 아이의 기분과는 전혀 상관없이, 그저 엄마가 원하는 때에 아이를 붙들어 일으켜서는 그러한 걷기 훈련을 반복한다.

앞에서도 이미 언급하였지만, 위의 세 가지 방법 중 가장 바람직한 것은 첫 번째 방법이다. 부모는 이때 적절한 환경을 조성해 주기만 하면 된다. 이러한 환경 조건에 따른 자연적인 성장과 발달은 근본적으로 두 가지 전제를 바탕에 깔고 있다.

하나는 때가 있다는 것이다. 하나님은 참으로 오묘하게 인간과 자연에게 때를 정해서 어떤 일을 성취하도록 하신다. 이를테면 우리가 일상으로 먹는 과일도 때에 따라 다르다. 그리고 계절에 따라 인간의 몸에 적합한 과일을 먹도록 섭리해 놓으셨다. 예를 들어 땀을 많이 흘리는 여름철엔 수분이 풍성한 수박과 같은 과일을 먹게끔 해놓은 것이다. 물론 지금은 인간들의 지혜로 만들어진 온실 재배를 통하여, 하나님이 정해 놓으신 계절별 섭취가 무색해지기도 하였다. 그러나 우리 모두 그것만은 분명히 알고 있지 않은가? 역시 제철에 먹는 과일이 가장 맛있다는 사실을. 인간의 성장과 발달도 다 때가 있다. 때에 따라 적절한 성장과 발달을 이루도록 하나님이 섭리해 놓으셨다. 이를테면 아이들은 첫돌을 전후해서 자연스레 걷기 시작한다. 그러나 개인차는 있다. 개인별로 하나님의 섭리가 조금씩 다른 것이다. 어떤 아이는 조금 천천히 일어나 걷게 하고, 또 어떤 아이는 조금 빨리 일어나 걷게 하시는 것이다. 그러한 때를 대비하여, 우리가 할 수 있는 적절한 환경 여건을 마련해 주는 것이 부모로서 해야할 일이다. 결코 부모의 의지에 맞추어서 부모의 욕구에 부응하여, 아이들이 아무 때나 걷고, 말하기 시작하고, 대소변을 가리게 되는 것은 아니다. 각기 주어진 때가 있다.

다음으로 우리는 그 때를 인내심을 갖고 기다려야 한다는 것이다.

인간이 제아무리 성질이 급하고 원하는 마음이 크다 해도 계절을 앞당겨 올 수는 없는 것이다. 여름을 건너뛰고 가을을 오게 할 수는 없다. 그냥 우리는 기다려야 한다. 아이들의 성장과 발달을 위해서도 부모들은 참을성을 발휘하여야 한다. 인내심을 갖고 차분히 기다릴 수 있어야 하는 것이다.

우리나라 사람들이 모든 면에서 급하고 빠르다는 것은 세계적으로 널리 알려져 있다. 어느 날 택시를 탔을 때, 젊은 기사가 들려준 이야기이다. 한국 사람이 세계적으로 빠른 게 세 가지가 있다고 한다. 첫 번째는 커피 자판기에서 커피가 아직 다 내려오기도 전에 꺼낼 준비를 하느라 그 안에 손을 넣어 종이컵을 잡고 있다는 것이다. 두 번째는 횡단보도에서 신호가 바뀌면 먼저 건너갈 요량으로 차도에 내려서서 주춤주춤 앞으로 나와 있다는 것이다. 세 번째는 지하철을 타려고 개찰구를 통과해서 계단을 오르거나 내려갈 때, 전동차가 도착하는 소리가 들리면 모두 계단을 뛰어 올라가거나 뛰어 내려가거나 한다는 것이다. 2,3분만 있으면 다음 전동차가 도착할 텐데도 그 2,3분을 빨리 가려고 뛴다는 것이다. 더욱이 이미 전동차에서 내린 사람들이 계단을 올라오는데도 그 차를 타겠다고 올라오는 사람들을 밀치고 계단을 뛰어 내려가는 모습은 세계 어느 나라에서도 볼 수 없는 우리나라 사람들만의 특징이라고 그 택시 기사는 말했다. 그가 외국을 많이 다녀 보아서 아는 건지, 아니면 그 역시 누군가로부터 들은 이야기인지는 모르겠으나, 나도 그의 말이 맞다고 생각하였다.

나 또한 그런 것을 알면서도 성질이 워낙 급해서인지, 좀 천천히 하라는 조언을 들을 때가 많다. 이를테면 부총장으로 일하고 있을 때는 회의를 주재하는 경우가 많았다. 논의해야 할 안건을 상정하고

나면 좀 인내심을 갖고, 참석자들의 이야기를 끝까지 경청해야 하는
것이 그 회의를 주재하는 어른다운 모습임을 나도 안다. 그러나 어
떨 때 보면 참석자들의 이야기가 너무 원론적이거나 피상적이거나
또는 주제에서 벗어날 때가 있다. 회의 시간이 길어지고 지루해져서,
듣다 못한 나는 결론으로 몰고 간다. 예상되는 문제점을 내가 먼저
짚어 내고는 이렇게 할 수밖에 없다, 저렇게 해야 한다고 결론을 지
어 이야기한다. 내 딴엔 회의를 꽤나 효율적이고 경제적으로 주재했
다 싶지만, 다른 사람들의 생각은 그게 아닌 것 같다. 한번은 회의가
끝나자 한 참석자가 내게 조언을 했다.

「부총장님께서는 늘 저희들보다 더 앞을 내다보고 가시기 때문에
저희가 미처 따라가지 못할 때가 많습니다. 그렇지만 부총장님이
다른 사람들의 이야기를 끝까지 들어주시면서 서서히 결론으로
이끌어 가심이 좋을 듯합니다.」

고마운 충고이다. 하긴 교수법에서 내가 늘 주장하며 가르치는 것
중 하나가 교사는 인내심을 갖고 학생들의 응답을 기다려야 한다는
것이다. 마찬가지로 부모들도 자녀의 응답을 인내심을 갖고 기다려
야 한다. 아이들이 생각하느라 머뭇거리고 미적거려도 그것을 인내
하고 기다려야 한다. 어른들은 아이들보다, 선생님은 학생들보다 경
험이 많고 생각이 넓고 깊다 보니, 앞을 더 많이 내다보고 있다. 그러
나 아이들이나 학생들은 아직 어른들이나 선생님만큼 앞을 내다보
지 못한다. 그럼에도 어른들이나 선생님들은 그것을 인내하지 못하
고 재촉한다.

「뭘 그리 꾸물대며 생각하느냐?」
「자네, 지금 딴생각하고 있지?」
「아니, 그게 그렇게 어려워서 그래?」

「야, 아주 날 새겠다. 밤새 생각해라, 밤새.」
「야, 그러다간 오늘 한 페이지도 못하겠다.」

그야말로 여러 가지 표현으로 아이들이나 학생들에게 면박을 주면서 재촉한다. 그러나 그러한 재촉이 결국엔 아이들이나 학생들의 심리를 압박해, 그들의 생각을 더욱 굳어지고 닫혀 버리게 한다는 것을 왜 생각 못하는 것인가.

아이들의 성장과 발달 과정에서 부모들의 조급증은 아이들에게 엄청난 스트레스를 준다는 것을 우리는 잊어서는 안 된다. 오히려 그러한 조급함은 아이들의 성장과 발달을 저해하는 요인이 된다. 특히 가끔씩 아이들을 무시하거나 반응을 기다리지 못하는 행위가 아이들로 하여금 기본이나 기초 과정을 무시하고 건너뛰게 만들 수 있다는 점에서 우리 어른들은 크게 경계하는 바가 있어야 한다. 앞서도 언급한 바 있지만 기초 공사는 시간을 두고 천천히 해야만 한다. 예를 들어 콘크리트 굳히기 같은 것은 더욱 그렇다. 그것이 충분한 시간에 걸쳐 견고해질 수 있도록 기다려야 하는 것이다. 그래야만 기초가 튼튼해지고, 그 위에 높은 집을 지을 수 있는 것 아니겠는가.

기초를 튼튼히 세우기 위해서는 그야말로 모든 일들이 때에 맞추어 적절하게 이루어질 수 있도록 인내심을 갖고 기다려야 한다. 그렇기에 우리는 초·중등학교 교육과정 내용을 선정하고 조직할 때, 학습자들의 지력 발달, 정서 발달, 신체 발달, 사회성 발달 등을 고려하여 적절한 때에 적절한 내용을 가르치고 배울 수 있도록 편성하는 것을 매우 중요한 원리로 삼는 것이다. 그럼에도 이러한 원리를 무시하고, 그저 경쟁심만으로 남보다 빨리 앞당겨서 가르치고 배우도록 하면, 그 아이는 훗날 무너져 내린 '삼풍백화점'의 모습이 되고 말 것이다.

각 시도별 GNP 순서로 말한 것입니다

초등학교 6학년 사회과 수업 시간에 선생님이 학생들에게 문제 하나를 냈다.

「자, 우리나라엔 특별시, 광역시, 도와 같은 광역 지방 자치 행정구역이 여러 개 있습니다. 누가 우리나라의 그러한 시·도를 열거해 보겠어요?」

「선생님, 저요!」

언제나 매사에 씩씩한 정호가 손을 번쩍 들었다.

「그래, 정호가 한번 말해 봐.」

「네. 서울, 제주도, 강원도, 부산…….」

「그래, 우선 거기까지만 해도 돼. 그런데 정호는 무슨 순서로 열거한 거지?」

「그냥 아무 순서도 없어요. 그저 생각나는 대로 말했어요. 서울은 지금 우리가 살고 있고, 제주도는 지난 여름 방학 때 엄마, 아빠, 형하고 놀러 갔다 왔어요. 또 강원도엔 설악산이 있잖아요. 저번에 교회에서 설악산으로 수련회 다녀왔어요. 그리고 부산엔 큰아버지가 살고 계셔서 추석 때나 설 때면 꼭 내려가요.」

「그래. 아주 잘했다. 그럼 이번엔 누가 또 해볼까?」

얌전하게 맨 앞에 앉아 있던 빛나가 해보겠다고 나섰다.

「그래. 한빛나, 네가 해보렴.」

「네.」

빛나는 일어서더니 눈을 위로 치뜨고는 머릿속에서 무엇인가를 그리는 듯 손가락으로 여기저기를 가리키며 때론 원을 그려 가면서 대답하기 시작했다.

「네. 서울, 인천, 경기도, 강원도, 충북, 대전, 충남, 그리고 아 참, 대구, 경북, 부산, 울산, 경남, 그리고 전북, 광주, 전남, 제주도입니다.」

완벽하게 대답을 하였다. 그렇다면 빛나는 어떤 생각을 하면서 이렇게 완벽하게 대답했을까.

앞서 정호가 한 대답과는 전혀 다른 방식으로 대답을 한 것이다. 정호는 한마디로 행동적 경험에 기초한 응답을 하였다. 이를테면 자기가 사는 곳, 자기가 가본 곳, 즉 직접 경험한 것에 기초하여 대답을 하였다. 그러나 빛나는 감각적으로 생각하며 응답을 하였다. 즉, 머릿속에 한반도 지도를 그려 놓고는 서울에서부터 시작해서, 서쪽에서 동쪽으로, 동쪽에서 서쪽으로, 북쪽에서 남쪽으로 짚어 가면서 하나도 빼먹지 않고 차례대로 대답한 것이다. 또한 특별시와 광역시를 먼저 말한 다음, 그것을 에워싸고 있는 도를 말했다. 지극히 감각적인 방법이다.

이번에는 로건이 손을 번쩍 들었다.

「선생님, 제가 해보겠습니다.」

다른 친구가 이미 다 얘기했는데 뭘 또 얘기한다는 것일까? 선생님은 약간 의아해하며 로건에게 기회를 주었다.

「그래, 이로건, 네가 다시 해봐.」

「저는요, 우선 서울, 그다음에 경기도, 부산, 경북, 경남, 인천, 음……..」

「됐어. 그만 해도 돼. 아까 빛나가 하나도 빼먹지 않고 다 말했는데. 그럼, 로건이는 지금 무슨 순서로 열거한 거지?」

「네, 선생님 저는 각 시도별 GNP 순서로 말한 것입니다.」

「와─아─와!」

아이들도 선생님도 그 대답에 모두 놀라워했다. 모두들 어찌 그런 발상을 했을까 놀라웠던 것이다.

로건처럼 여러 기준을 이용해서 자유자재로 시·도를 열거하기 위해서는, 우선 그 시·도에 대한 다양한 정보를 갖고 있어야 한다. 그리고 각 시·도를 완전히 파악하고 있어야 한다. 그러면 그 시·도에 대한 이해가 완전히 자기 것이 될 것이다. 그것을 교수·학습에서는 지식의 사유화(私有化)가 이루어졌다고 한다. 어떤 현상에 대한 이러한 표현은 앞서의 행동적 표현이나 감각적 표현보다 한 단계 높은 상징적 표현이다. 상징적 표현의 단계에 이르면 문자나 기호 등을 활용하여 자유롭게 어떤 현상을 표현할 수 있게 된다. 꼭 그래야 되는 것은 아니지만 상징적 표현 단계까지 성숙하면, 표현은 상당히 추상적이고 함축적으로 바뀐다. 즉, 말 한마디, 표현 한마디에 많은 의미가 함유된다.

남녀가 서로 사랑해서 결혼하고 싶을 때, 여자에게 사랑을 고백하고 청혼하는 남자들의 수준도 어찌 보면 행동적, 감각적, 상징적 표현에 따라 다를 수 있겠다. 행동적 표현을 즐기는 사람은 지극히 원초적인, 본능적인 행동으로 의사 표현을 한다. 나란히 앉아 있다가 별안간 여자를 꼭 껴안고 느닷없이 키스를 하면서 사랑을 고백하고 결혼하자고 할 것이다. 그런가 하면 감각적 표현에 능한 사람은 눈에 사랑을 가득 머금고 여자를 강렬하게 쳐다보면서 온 마음을 담은 목소리로 여자의 가슴속에 찡한 감동이 전해지도록 사랑을 고백하고 청혼할 것이다. 다음으로 이 두 가지 단계를 다 뛰어넘어 상징적 표현을 하는 사람은 아주 점잖게 공원을 함께 거닐면서, 아니면 창밖 경관이 좋은 카페에 마주 보고 앉아서 레몬 향의 차를 시켜 놓고는 나지막한 목소리로 이렇게 말할지도 모른다.

「전 그런 생각을 많이 했어요. 아침이면 로미 씨와 함께 일어나서 이렇게 나란히 앉아 따뜻한 커피를 함께 마실 수 있으면 얼마나 좋을까 말입니다. 곧 그렇게 되겠지요?」

오늘날은 커뮤니케이션의 시대라고도 할 수 있다. 커뮤니케이션이 그 어떤 시대보다도 절실히 요구되고 있다. 또 그렇기에 커뮤니케이션의 방법도 매우 다양화되고 있다. 정보 통신 및 과학 기술의 발달이 커뮤니케이션의 혁명적 변화를 가져오고 있다. 커뮤니케이션 능력이 그 어떤 다른 지적인 능력들보다 더 중요하고 필수적인 것으로 인식되고 있다. 커뮤니케이션 능력에서 중요한 것은 한마디로 어떻게 표현(representation)하느냐 하는 것이다. 특히 자기 자신의 생각과 경험을 어떻게 표현하고, 또 더불어 다른 사람들의 그러한 표현을 얼마나 제대로 이해하느냐 하는 것이 커뮤니케이션 능력의 핵심이다. 뿐만 아니라, 삶 속에서 어떤 현상이나 사물에 대해 어떻게 기술하고 어떻게 표현하느냐 하는 것이 커뮤니케이션의 중요한 한 부분이 된다. 행동적 표현, 감각적 표현, 상징적 표현, 그 모두가 이 시대를 살아가는 사람들이 갖추어야 할 표현 능력인 것이다.

이러한 표현 능력을 제대로 키우기 위해서는 우리 어린아이들에게 기본적으로 다음에 제시되는 네 가지 습관을 들이도록 돕는 것이 매우 중요하다고 생각한다.

첫째, 글을 많이 읽게 해야 한다. 남들이 어떻게 표현하고 있는가를 이해하려면, 남들이 쓴 글을 많이 읽어야 한다. 특히 역사적으로 위대한 문호나 예술가, 정치가, 과학자 등 수많은 분야의 위인들이 사물과 현상을 어떻게 이해하고, 또 어떻게 그것을 표현했는지를 글을 통해 배워야 한다. 그러므로 어린아이들에게 많은 것을 읽는 버릇을 키워 주는 것이 바람직하다.

그렇다고 무조건 어렵고 수준 높은 것만 읽게 해서는 안 된다. 우리나라 엄마들의 경쟁심과 조급증은 아이들에게 읽을 책을 선택해 주는 데에서도 여실히 나타난다. 초등학교 1학년 학생에게 어떤 유명 작가의 단편소설을 읽힌다든지 하는 것은 바람직하지 않다. 자신의 지력 발달이나 정서 발달에 걸맞지 않은 난해한 책을 읽힐 때, 아이가 겪게 되는 인지적 착란은 오히려 어린아이의 지력이나 정서 발달에 상당한 위해를 끼칠 수 있다고 많은 학자들이 경고하고 있다. 어린아이들의 수준에 맞는 글들을 읽게 하고, 또 경우에 따라서는 시간을 두고 나중에 반복해서 읽게 하는 것이 매우 바람직하다.

둘째, 글을 많이 쓰도록 하는 것이 좋다. 우리가 글을 쓴다는 것은 곧 그만큼 생각한다는 의미와도 상통한다. 어떤 글을 그대로 옮겨 적는 일은 쓰기에 속하지 않는다. 단순한 것이라 하더라도 자기 스스로 문장을 만들어 연계시키면서 자신의 글로 만들어 나가는 것은 다른 사람의 글을 읽는 것 못지않게 중요하다. 어떤 글을 쓴다는 것은 이미 그만큼 자기 스스로 표현할 수 있는 능력을 갖추어 나가기 시작했다는 의미이다.

셋째, 많이 말하고 듣는 기회를 갖게 해야 한다. 자신의 생각을 자기 입을 통해 표현할 수 있는 기회를 갖는 것이 중요하다. 가정에서, 일상의 작은 일에 대해서도 아이들 스스로 자신의 느낌이나 생각을 표현할 수 있도록 기회를 제공하는 부모는 그만큼 아이들의 커뮤니케이션 능력 개발을 돕는 것이다. 그럼에도 부모들은 자녀들이 아직 어리다는 이유만으로, 때로는 자기들이 매우 바쁘다는 이유로, 아이들이 말할 수 있는 기회를 막거나 어른들이나 다른 사람들이 이야기하는 것을 들을 수 있는 기회를 빼앗는 경우가 많다. 혹시 집 안에서 자녀들을 향하여 부모들이 이런 표현들을 자주 사용한다면 그러한 말들의 의미를 다시금 반성해 볼 필요가 있다.

「야, 시끄러워. 너희가 알긴 뭘 알아.」

「야, 너 잔소리 말고, 들어가 공부나 해.」

「야, 무슨 사내아이가 그렇게 말이 많냐?」

「넌, 하여튼 너무 말이 많아.」

「어른들 말하는데 함부로 끼어들지 마.」

「입 다물고 가만히 앉아 있어.」

「어른들 얘기하는데 넌 뭘 그렇게 빤히 쳐다보며 듣고 앉았니?」

그리스·로마 시대에는 웅변이 매우 중요한 교과의 하나였다. 특히 지배 계층 사람들은 웅변을 필수적으로 배웠다. 이미 그때부터 자기 자신을 다른 사람에게 설득력 있게 표현하는 것이 얼마나 중요한 소양인가를 인식했던 것이다. 이미 앞에서도 언급했지만 대화가 지적 능력의 개발이나 구성원들 간의 공감대 형성에 얼마나 중요한지를 강조해 두고 싶은 것은 바로 이런 까닭에서이다.

끝으로 넷째는, 어린아이들에게 셈하는 기회를 되도록 많이 마련해 주어야 한다. 나는 한때 이런 제안을 하였다. 물론 지금도 그 생각엔 변함이 없지만, 대학 1학년 학생 모두에게 고등 수학을 필수적

으로 가르치자는 것이다. 수학은 사고력을 함양하는 데 참으로 중요
하고 가치 있는 교과이다. 특히 오늘날과 같이 모든 것이 숫자로 표
현되고 있는 시대에 어린 시절부터 숫자와 친숙하게 해주고, 또 수
리적인 생각과 습관을 심어 주는 것이 그 무엇보다 중요하다.

 '나는 아침 7시에 우리 집 1803호를 나와서 1호기나 2호기 엘리베
이터를 타고 내려와 5번 마을버스를 타고 신대방역으로 간다. 거기
서 2호선 지하철을 타고 21분 걸려 신촌역에 도착한다. 굳이 외워
둘 필요는 없다고 생각하지만 지하철에 타면 그런 문구가 보인다.
이 칸의 번호는 2423입니다. 또 굳이 신경 쓰지 않더라도 지하철을
타려면 승강장 바닥에 쓰인 4-2와 같은 번호를 보게 된다. 즉, 네 번
째 차량의 두 번째 문이란 뜻이다. 그곳에서 타면 신촌역에서 내릴
때 밖으로 바로 연결되는 계단 바로 앞에서 내리게 된다.'

 가만히 살펴보면 지금 우리는 숫자의 홍수 시대에 살고 있다. 반
드시 우리가 외우고 다녀야 하는 숫자도 많다. 아파트 동과 호수가
그렇고, 집이나 사무실 문의 잠금장치 비밀번호가 그렇고, 은행이나
휴대 전화의 비밀번호가 그렇다. 주민등록번호에다 집의 전화번호,
휴대 전화의 번호 등 외워 두어야 할 숫자도 많다. 휴대 전화로 은행
과 거래를 하거나 조회를 하려면 때로는 스물에서 서른 자리의 숫자
를 눌러야 할 때도 있다. 다리 교각을 보라. 거기에도 전부 숫자가
붙어 있다. 전신주에도 붙어 있고 도로나 버스에도 붙어 있다. 정말
이 세상 온 천지가 숫자로 표현되고 있다. 증권의 등락폭도 환율의
오르내림도 하루에 필요한 열량도……. 그야말로 숫자의 시대라고
해도 과언이 아니다.

 이러한 수의 시대에 우리 스스로 수의 노예가 되지 않고 그 수를
다룰 수 있는 능력을 어려서부터 키우는 일은 앞에서 이야기한 읽

고, 쓰고, 말하고 하는 것과 더불어 커뮤니케이션의 소양을 갖추는 데 매우 중요한 요소이다. 그리고 이들 네 가지 기초 소양은 결국 우리의 자녀들이 성장하면서 반드시 겪게 될 삶과 일, 그리고 모든 학습에서 기본을 제대로 갖추도록 하는 데 필수적 수단이 되고 있음을 깊이 인식하여야 할 것이다.

7장 감동(感動)

작은 일에 항상 크게 기뻐하고 감동하면서,
언제나 자신감을 갖고 열정으로 모든 일에
임할 때 교육은 성공을 거둔다.

산업이 발전하면서 도시화가 급격히 이루어졌음은 우리 모두 잘 아는 사실이다. 사실 옛날에는 고속버스를 타고 서울을 빠져나가면 이내 좌우로 푸른 들판이 이어졌다. 논이며 밭이며 야산이며, 푸르름으로 가득했다. 저만치 아름다운 농가 마을이 눈에 들어왔으며, 또 들판에서 일하는 사람들의 모습이 정겹게 느껴졌다. 어딜 가든 어린 시절 고향 마을 같았다. 그러나 지금은 어떤가? 서울을 빠져나가도 예전의 그 푸르름을 보기란 매우 어렵다. 아파트가 빼곡히 좌우로 들어서 있다. 어디까지가 서울이고, 어디서부터 경기도가 시작되는지도 모른다. 그냥 쭉 동네로, 아파트 단지로 이어져 있다. 이젠 어디가 시골이고, 어디가 도시인지 구별이 없다. 전국이 그냥 하나의 거대한 도시다. 옛날에는 군(郡), 면(面)이라는 어휘만 들어도 시골 냄새가 물씬 풍겼지만, 지금은 웬만한 군은 모두 시로 이름이 바뀌었다. 시(市) 안에 면(面)이 있는 경우도 있다. 도농 복합 도시라는 말이 지금은 보편화되었다. 그러나 이제 그런 도농 복합 마을도 이내 사라질 것만 같다.

이처럼 도시화가 진행되면서 사람의 삶에도 많은 변화가 일고 있다. 특히 생활 주변의 자연환경에 커다란 변화가 나타났다. 한마디로 있는 그대로의 모습, 즉 천연적으로 살아 있는 자연이 점차 줄어들고, 대신 사람들이 깎아서 만들고 고치고 파헤쳐 뒤집고 해서 만든 인공적 자연환경이 우리 주변에 허다하다. 그리고 이러한 자연환

경의 변화가 사람들의 심성 변화에도 엄청난 영향을 미치고 있음을
부인하기 어렵다.

살아 있는 자연환경의 절대적인 양도 줄어들고, 또 그것에 접촉할
수 있는 기회가 여러 가지 이유로 줄어들면서, 사람들의 심성에도 많
은 변화가 생긴 것이다. 특히 도시의 분주한 생활 속에서 사람들은
자연과 함께 호흡하며 시간을 보내던 여유를 상실하였다. 자연은 누
가 꼭 보살피고 가꾸지 않아도, 스스로 철 따라 모습을 바꾸어 가면
서 우리에게 많은 느낌을 갖도록 해주었는데, 이제는 그런 자연을 보
기도 어려워졌다. 게다가 지금은 바쁘지 않은 사람이 없다. 모두들
너무 바쁘고 지쳐 있다. 그렇기에 이따금 도심 한구석에 외로이 꽃
을 피운 라일락 한 그루를 보아도, 그것을 바라보고 향기를 맡는 사
람들이 적다. 그곳에 그 꽃나무가 서 있는지조차 모르고 몇 년씩 그
곳을 지나다니는 사람들도 많다.

아주 오래전에 미국에서 어떤 사람이 이런 분석을 하였다. 미국
인명사전에 올라 있는 각 분야의 여러 지도자들의 성장 배경을 분석
한 결과 그들의 몇 가지 공통점 가운데 하나가 바로 어린 시절에 살
아 있는 자연과 접촉하며 성장하였다는 것이다. 이를테면 그저 집
밖으로 나가면 들판이 있고, 새소리가 들리고, 시냇물이 흐르고, 이
름 모를 꽃들이 여기저기 피어 있고, 잠자리가 날고, 풀벌레 우는 소
리가 밤이면 가까이서 들려오고, 하늘을 올려다보면 헤아릴 수 없을
만큼 많은 별들이 금방이라도 쏟아져 내릴 듯 널려 있는, 그런 살아
있는 자연환경 속에서 성장했다는 것이다. 어쩌면 그때는 도시화가
본격적으로 이루어지기 전이라서 그랬던 것 아니냐고 할 수도 있다.
그러나 조금만 생각하고 노력하면 아직도 그렇게 살아 있는 자연환
경과 접촉하며 살아갈 수 있는 기회는 곳곳에 있다. 하기는 가까이

에 그런 살아 있는 자연환경이 별로 없다 보니, 아이들에게 조금이라도 그런 것을 느끼게 해주려고 아파트 베란다에 상추와 고추를 심고, 꽃을 가꾸고, 물고기를 기르고, 곤충을 기르는 부모들도 많다. 또 주말 농장을 통해서 아이들에게 살아 있는 자연환경을 경험하게 해주려는 부모들도 있다. 모두가 아름답고 바람직한 일이다.

문제는 살아 있는 자연환경과의 접촉이 적을수록 감성이 풍부해지기가 어렵다는 것이다. 사실 요즘 어린아이들은 '머릿속'은 매우 풍부해졌지만 '가슴속'은 메말라 있는 듯 보일 때가 많다. 느낌이 없는 것이다. 이 세상의 아름다움, 즐거움, 기쁨, 슬픔, 괴로움, 불쌍함, 깨끗함, 더러움 등과 같은 갖가지 느낌을 풍부하게 키우지 못하고 있는 듯 보인다. 우리나라 개천에 물이 말라 버렸듯이 사람들의 감성도 메말라 가고 있다.

감성이 풍부하면 사고력도 풍부해진다는 것은 우리 모두 잘 아는 사실이다. 농어촌에서 어린 시절을 보낸 사람들이 훗날 문학, 예술, 과학 등의 분야에서 큰일을 많이 하게 되는 까닭도, 넓게 보면 어린 시절 자연 속에서 키운 감성으로 인하여 지성도 남달리 넓고 깊어졌기 때문이 아닌가 싶다. 그렇기에, 모든 것이 다 그렇지만 감성도 어린 시절에 계발해 주어야 한다.

감성은 한마디로 느낌이다. 느낄 줄 알아야 하는 것이다. 느끼려고 노력해야 하는 것이다. 아름다운 것을 바라보면서도 가슴속에 아무런 느낌이 없다면, 그리고 생각만 한다면, 그것은 죽어 있는 지성이다. 살아 있는 지성은 감성도 바탕에 깔고 있다. 감성이 풍부한 사람은 일에 있어서도 열정적이다. 감성이 풍부한 사람은 작은 일에서도 크게 기뻐하고 감동한다. 거꾸로도 말이 된다. 매사에 열정적으로 임할 때 그 사람의 감성 또한 풍부해진다. 마찬가지로 언제고 작

은 일에서 크게 기뻐하고 감동하는 버릇을 가지면 감성도 풍부해진
다. 특히 앞서도 이야기하였거니와, 살아 있는 자연환경과의 접촉에
서 감성을 얻고 배울 수 있는 기회가 줄어든다면 우리는 일상의 삶
에서라도 어린아이들에게 감성을 키워 주도록 노력을 기울여야 할
것이다.

우아! 아빠, 이거 나 주려고 산 거야?

지난 2002년 월드컵은 정말 감동적이었다. 특히 우리나라가 세계
축구 4강에 오르기까지 우리 선수들이 보여 주었던 열정적인 노력
은 전 국민을 감동의 도가니로 몰아넣었다. 내가 기억하는 한, 아마
도 일제로부터 해방을 맞이한 1945년 이후로 가장 국민적 감동을
불러일으켰던 일이 아닌가 싶다.

사실 그동안 한국 사람들은 웬만해서는 쉽게 감동하지 않는 것처
럼 느껴질 때가 많았다. 특히 무엇인가에 놀라고, 두려워하고, 기뻐
하고, 환호하는 것과 같은 감정 표현에 인색하였다. 좁은 땅에서 먹
고살기에 너무도 지쳐서 그런지, 아니면 하도 속으며 살아서 그런지
웬만한 경우가 아니면 별로 느낌이 없는 것처럼 보일 때가 많았다.
이를테면 외국에서는 곧 한반도에 핵전쟁이 일어날 듯이 야단들인
데, 정작 이곳에 사는 사람들은 북한이 핵을 보유하고 있건 말건, 그
다지 신경을 쓰지 않고 일상생활에 여념이 없지 않은가. 우리나라
사람들이 어떤 분야에서 세계적인 명성을 날리고 또 세계적인 경쟁
에서 당당히 최고의 반열에 올라서도 그저 하루 뉴스거리 정도로만

생각할 뿐, 뭐 그리 크게 기뻐하거나 일손을 놓을 만큼 들떠 하지도 않는 것 같다. 또 대형 사고가 터져도 그때 그 순간만 그저 냄비에 물 끓듯이 아우성치고는 이내 모든 것을 잊어버리고 만다. 어찌 보면, 그렇게 무디게 살아가는 것이 이 시대를 살아가는 데 더 현명한 방법일지도 모른다.

그러나 우리 자녀가 인간답게 성장하기를 원하고, 또 그들이 머리만 크는 것이 아니라 몸도 마음도 모두 균형 있게 성장하기를 원한다면, 우리는 그들이 풍성한 감성을 키울 수 있도록 도와주어야 한다. 특히 작은 일에 크게 감동하는 습관을 들이게 해야 한다. 그러나 우리 가정을 보면, 어른이고 아이고 웬만해서는 감동을 하지 않는다. 그저 모든 것이 풍족해서 그런 것 같기도 하고, 그만큼 기대 수준이나 목표 수준이 높아져서 그런 것 같기도 하다. 그래서 극히 미미하고 조그만, 그저 시시해 보이는 것들에 대해서는 마음이 미동도 하지 않음을 자주 본다.

어떤 남편이 술 한잔 마시고 취해서 집으로 걸어 들어오다가 큰길가 노점상에서 아내에게 줄 요량으로 예쁜 머리끈 하나를 샀다. 물론 값으로 따지면 불과 천 원짜리 지폐 한 장에 해당하는 값싼 것이다. 노점상에서 샀으니, 예쁘게 포장되었을 리도 만무하다. 그냥 종이에 대충 싸서 주머니에 넣고 와서는 현관에 들어서자마자 아내에게 그것을 건네주면서 남편은 말한다.

「여보, 내가 오늘 당신한테 주려고 선물 사왔어.」

「어머, 그래요. 뭔데요?」

「음, 이거야. 펴봐.」

「근데 무슨 선물 포장이 이래.」

「뭐, 꼭 포장을 예쁘게 해야 하나? 겉보다 속이 중요한 거야.」

그것을 풀어 본 아내는 몹시 실망한 표정으로 그냥 식탁 위에다 던지다시피 놓는다.

「당신! 지금 어디서 뭐 하다가 이제 오는 거유? 술은 잔뜩 취해 가지고…… 이 술 냄새…… 어유, 지겨워!」

「아! 미안, 미안…… 근데 당신 왜 저 선물 맘에 안 들어?」

「아, 시끄러워요. 저런 쓰레기 같은 것을 사 들고 와서는, 뭐 선물이라고?」

「그럼 선물이지, 뭐야? 그래도 내가 집에 오면서 당신 생각이 나서, 또 그것을 쭉 펼쳐 놓은 게 하도 예뻐 보여서, 예쁜 당신한테 주려고 사왔는데…… 뭐, 뭐가 잘못됐어?」

「나 주려면 좀 좋은 것, 쓸 만한 것을 사줘요. 만날 선물이라고 해 봤자, 당신이 평소에 반지 하나 변변한 것 사준 적 있어요?」

「반지? 없었나…… 사준 적 있었을 텐데.」

「아! 시끄러워요. 당신하고 말도 하기 싫으니까. 당신 씻든지 말든지 하고, 저 방에 가서 자요. 난 연속극 보고 잘 거니깐.」

「저 방? 어느 방?」

「저기 저쪽 어머니가 쓰시던 방 말이에요.」

짐작이 가지만 이런 대화는 좋게 끝날 리가 없다. 진짜 그까짓 머리끈 같은 것은 사람을 감동시키기 어려운 것인가. 아내가 조금만 마음을 고쳐먹으면 그 작은 머리끈에서도 감동을 느꼈을 터인데. 감동은 물론 자연스럽게 다가오는 것이 좋다. 그러나 그것도 자꾸 감동하려는 마음을 가지려고 노력을 해야 되는 것이다. 예컨대 이렇게 말이다.

「아니, 여보! 당신이 어떻게 이런 것 살 생각을 다 했우? 내게 이런 머리끈이 필요한지는 또 어떻게 알았고. 예쁜데!」

값도 묻지 않는다. 어디서 샀느냐고 묻지도 않는다. 또 그런 경우가 있겠느냐만, 어떤 여자 주려고 샀다가 내게 주는 것이냐고 따져 묻지도 않는다. 머리를 묶고 거울을 들여다보며 그저 어린아이처럼 좋아한다. 남편에게 보여 주면서 어떠냐고 묻는다. 설혹 그것으로 머리를 묶을 기회가 별로 없다고 할지라도 크게 기뻐하는 모습을 보인다. 그렇게 하면 자신에게도 남편에게도, 또 그런 모습을 바라보는 아이들에게도 모두 기쁨을 가져다 주지 않겠는가.

어른들만 감동에 인색한 것이 아니다. 어린아이들도 그렇다. 웬만한 것을 선물로 주면 시큰둥하다. 뭐 이까짓 것을 사다 주고 선물이라고 그러냐, 하는 식이다. 비록 작은 것을 사다 주어도 그것을 사는 순간 누군가 나를 생각해 주었다는 사실만으로도 감동할 수는 없는 것인가. 그것만으로도 감동하기에 충분하다. 왜 우리는 지금 그런 수많은 감동의 기회를 그냥 놓쳐 버리는가.

나의 어린 시절, 시골에서는 앞뒷집이 많은 것을 주고받으며 지냈다. 햇고구마를 캤다며 쪄 먹어 보라고 소쿠리에 몇 알 가져오기도 하고, 물김치를 새로 담갔다며 한 탕기를 가져오기도 했다. 그러면 온 식구가 맛있다고 감동하면서, 나중엔 형제들끼리 싸움까지 하고 그릇을 엎어 가면서 먹었다. 그러나 요즘 아파트에서는 이웃 간에 그런 것을 잘 나누어 먹지도 않지만, 설혹 앞집에서 새로 담갔다며 물김치를 한 탕기 가져왔다고 해도 과연 감동을 할까 모르겠다. 예를 들어 앞집에서 준 물김치를 저녁 식탁 위에 올려놓은 엄마와 아이 사이에 오갈 수 있는 대화를 생각해 본다.

「엄마, 이거 뭐야?」

「응, 앞집 아줌마가 물김치 새로 담갔다고 준 거야. 근데 뭐 허옇게
생긴 게 왜 그런지 모르겠다.」

별로 신통치 않게 받아들인 엄마는 속으로 중얼거린다.

'그런데 그 여편네가 이걸 왜 가져왔지?'

평소에 내왕이 거의 없다 보니 주고받는 것이 있을 리 없다. 그저 어쩌다 엘리베이터에서 마주치면 한마디 인사나 하는 정도인데, 왜 느닷없이 대단치도 않은 물김치 한 탕기를 가져왔을까, 하고 생각을 한다. 저번에 내가 엘리베이터 앞에 쓰레기 내놓은 것 가지고, 냄새가 복도에 진동한다고 한마디 해서 미안해서 그러는 것일까. 그렇다면 빈 그릇만 돌려보내기도 그렇고…….

「엄마, 맛있어?」

「네가 직접 먹어 봐, 맛있는지. 뭐 생긴 것이 그렇잖아. 물김치가 맛있어 봤자지. 그런데 그 집 생수도 안 먹는 것 같던데, 그럼, 이거 수돗물로 담갔나.」

엄마는 별생각 없이 혼잣말처럼 중얼댔지만 옆에 앉아 있던 아이는 다 들었다.

「그럼, 엄마, 난 안 먹어. 쏟아 버려, 엄마.」

만약에, 정말로 이런 대화가 어느 집에서 오갔다면 그 속에서 아이는 무엇을 배우겠는가. 감동하는 버릇, 작은 일에도 고마워하고, 기뻐하고, 감사하고, 그래서 찡한 감동을 가슴속에 느끼는 것을 배우기는커녕 의심하고, 무시하고, 귀찮아하는, 그런 심성만 배우지 않을까.

나는 두 아들에게 늘 그런 버릇과 마음을 갖도록 가르쳤다. 누군가 무엇을 베풀어 주면 그것이 부모로부터든 다른 사람들로부터든, 그리고 크든 작든 감사하는 마음을 크게 갖도록 하는 버릇 말이다. 그것이 결국 자기 자신의 감성을 풍부하게 키우는 것임을 일러 주었다. 그래서인지 특히 작은아이는 감성이 매우 풍부하다. 작은 일에도 크게 기뻐할 줄 알고, 작은 것에 크게 감사할 줄 안다. 그 아이가 초등학교에 다닐 때였을 것이다. 대만에서 아시아 기독교대학 회의가 있어서 학교의 목사님과 함께 다녀온 적이 있었다. 그때 나는 길가에서 그 녀석을 위해 작은 선물 하나를 샀다. 동자승이 우거지상을 하고 물지게를 지고 가는 모습을 흙으로 빚어 놓은 인형인데, 주머니에 들어갈 정도로 조그마한 것이었다. 만든 이는 꽤나 수고를 했을 것 같은데 값은 별로 비싸지 않았다. 하기 싫은 공부 하느라고 만날 우거지상을 하고 있는 둘째 녀석의 모습이 그 동자승의 일그러진 얼굴과 너무도 흡사한 게 재미있어서 그것을 사다 주었다. 집에 돌아와서 아이에게 선물을 건넸다. 포장을 뜯어 자기와 꼭 닮은 우거지상인 동자승의 모습을 본 녀석은 참으로 한참이나 껄껄 웃었다.

「하여튼, 우리 아빠는 못 말려. 그래 이것이 저와 똑같다 이거지요? 하하하……. 아빠, 정말 감사해요. 정말 좋아요. 근데 어떻게 이런 거 사실 생각을 했어요? 어디서 이런 것을 팔아요?」

「응, 아냐. 그냥 지나가다 길가에서 샀어.」

「하여튼, 정말 감사해요.」

아이는 정말 기뻐했고 진심으로 고마워했다. 그리고 속으로 꽤나 많은 것을 느꼈는가 싶다. '내가 공부하기 싫어서 얼마나 우거지상을 하고 있었으면, 아버지가 저런 것을 사오셨을까. 저것을 보면서, 웃으며 공부하라는 뜻으로 사오셨겠지!' 하는 생각을 한 듯싶다. 아이는 그 후 대학에 입학할 때까지, 그것을 책상머리에 놓아두고는 애지중지하였다. 사실 별것도 아닌 것에 아이는 참 기뻐했고, 자기를 생각하면서 그것을 사다 준 아버지에게 진심으로 감사해했으며, 또 그것을 통해 아버지가 자기에게 어떤 메시지를 전해 주려 했는지를 깨닫고 크게 감동한 것이다.

감동도 노력해야 자꾸 하게 된다. 사실 우리는 아침에 눈 뜨고 일어나서 저녁에 잠들 때까지 몇 번이나 감동하는가. 거의 한 번도 없을 성싶다. 그렇기에 나는 매일 아침 출근할 때마다 감동하는 하루가 되어야겠다고 생각하며 자꾸 감동거리를 찾아내려고 노력한다.

이를테면 나는 출근길 지하철에서 감동할 때가 있다. 플랫폼에서 전동차를 기다렸다. 전동차가 도착하여 내 앞을 스쳐 멈추었는데, 차 안을 들여다보니 출근 시간이 지났는데도 서 있는 사람들이 많았다. 나는 아예 앉아 갈 수 있으리라는 기대를 버렸다. 그렇다고 굳이 노약자석으로 다가가 나보다 젊은 사람이 앉아 있으면 그 앞에 서서 그 사람에게 무언의 압력을 넣으며 자리를 뺏을 생각도 없었다. 일단 전동차에 오른 나는 가운데로 들어갔다. 그리고 쭉 앉아 있는 사람들을 한번 살펴보고는 가운데 적당한 지점에서 손잡이를 잡고 섰다. 앉아 있는 사람들의 자세로 보아, 금방 내릴 것 같지 않았다. 그런데 이게 웬일인가. 다음 역 안내 방송이 나오자마자, 바로 내 앞에 앉아 있는 사람이 일어서는 것 아닌가. 방금 전까지도 눈을 감고 있었기에 그 사람이 멀리까지 갈 줄 알았는데 내리려고 일어났다. 좌우를 살펴보니 다 젊은 사람들뿐이고, 앉아도 될 것 같아 그 자리에 앉았다. 그러곤 속으로 '야! 오늘은 시작부터가 좋네. 아니, 이 많은 사람들이 있는 데서 자리에 앉아 가게 되다니!' 하고 감동했다.

감동하면 건강에도 좋다고 한다. 우리가 감동하는 순간 몸에서 매우 좋은 호르몬이 대량으로 분비되어 나온다는 것이다. 장수하는 사람들에 대한 연구 보고를 보면, 그들이 가지고 있는 습관 중 하나가 작은 것에도 크게 기뻐하고 크게 감동한다는 것이다. 그래서 그런가. 목사님이 안수 기도를 해주면, 어떤 사람은 온몸이 뜨거워지고 감동에 빠져든다. 그런가 하면 어떤 사람은 자기 머리 위에 얹어진

목사님의 손을 그저 '왜 이렇게 무겁지?' 하고 감동은커녕 속히 끝나기만을 지루하게 기다린다. 그랬을 때, 이 두 사람에게 나타나는 결과에는 엄청난 차이가 생긴다. 앞사람은 감동을 통해 병을 치유받는 하나님의 역사를 경험하고, 뒷사람은 안수 기도라는 것이 괜스레 사람만 귀찮게 하는 사기 아닌가 싶은 느낌만 갖게 되는 것이다.

아이들은 아직 세상의 때가 묻지 않아서 길섶에 먼지를 뒤집어쓰고 있는 작은 꽃 하나에도, 또 거기 앉은 나비 한 마리에도 큰 기쁨과 감동을 느낀다. 그것이 그들의 자연스러운 모습이다. 아이들에게 그렇게 자연스럽게 감동하는 버릇을 계속 가꾸어 주다 보면, 언젠가는 부모에게 다른 감동이 되어 돌아올 것이다.

애들아, 엄마 왔다! 잘 놀았어?

부부간의 다툼은 참으로 아무것도 아닌 작은 일에서 오해로 인하여 벌어질 때가 많다. 부부 싸움의 계기가 되는 대표적인 것 중의 하나는 자동차 운전 연습이다. 남편이 아내에게 주행 연습을 시키다가 큰 싸움을 하게 되는 경우를 많이 본다. 실제로 주부들을 대상으로 물어보면, 상당수의 주부들이 「다시는 남편한테 안 배울 거예요」 「더럽고 치사해서 못 배우겠어요」 「사람을 짜증 나고 화딱지 나게 만들어요」 하는 식의 표현으로 남편과 함께하는 주행 연습을 부정적으로 생각하는 경우가 많다. 엄격히 따지고 보면, 사실 이렇게 주행 연습할 때 싸우는 것은 남편과 아내가 서로에 대하여 기대하는, 또 오해하는 부분이 있기 때문이라고 할 수 있다.

이미 앞에서 한 번 언급한 바 있지만, 남녀 성차 연구 결과에 따르면, 남자들이 여자들보다 공간 지각 능력이 탁월하다. 그런데 운전이라는 것은 공간 지각 능력을 바탕에 둔 운동 기능적 행위이다. 따라서 일반적으로 남자들이 여자들보다는 운전을 잘한다. 예외가 없는 것은 아니겠지만, 대체로 여자들이 운전에 관하여 남자들보다 다소

미숙한 것은 그러한 성차의 특징에 기인한 것이라고 하겠다. 그럼에
도 남자들은 여자들이 자기들 수준만큼 운전을 쉽게 배우고, 또 실제
로 자기들과 똑같은 수준에서 운전을 할 수 있을 거라고 잘못 기대하
고 있다. 이런 기대가 바로 싸움의 원인이 되는 것이다.

그렇다고 해서 아내가 운전석에 앉고 남편이 조수석에 앉자마자
싸움을 하는 경우는 없다. 또 처음부터 소리 지르고 화내고 짜증 부
리는 남편은 한 명도(?) 없다. 처음엔 사랑하는 아내에 대하여 모두
친절하고 자상하다.

「자! 안전벨트도 매고! 액셀러레이터는 천천히 밟고 천천히 떼어
야 돼. 좌우간 천천히만 가. 차선 따라서 곧장 가. 서두를 것 하나
도 없어. 뒤차가 쫓아와서 박으면 그건 그 사람 잘못이니까. 뒤차
신경 쓰지 말고 곧장 천천히 가. 좌회전하거나 차선을 바꾸거나
해야 할 때는 내가 얘기할 테니까.」

「여보, 근데 미리 가르쳐 주어야 돼. 별안간 좌회전, 우회전 말하
면 나 못해.」

「알았어. 걱정 말고 떨지 마. 처음엔 다들 서툴러. 나도 처음 운전
대 쥐고 배울 때 엄청 긴장했어.」

아내는 남편이 고마웠다. 바쁜 와중에도 시간을 내어 이렇게 한적
한 곳까지 데리고 나와 주행 연습을 시켜 주다니, 그리고 이토록 따
뜻하게 격려해 주다니, 고맙기 이를 데 없었다.

그런데 이게 웬일인가. 차를 움직여 조금씩 앞으로 달려가자, 남편
의 음성이 높아지기 시작하는 것 아닌가. 그러잖아도 긴장되어 죽겠
는데, 남편의 목소리가 카랑카랑해지는 게 심상치 않다.

「브레이크 밟아! 저기 지금 신호등 바뀌었잖아! 좀 미리 내다봐!
저게 지금 초록 불이라고 이따가도 초록 불이란 법이 없어. 벌써

아까부터 초록 불이었으니까 이제 빨간 불로 바뀔 때가 다 된 거야. 그런 것을 미리 예측할 수 있어야 돼. 도대체 앞을 보는 거야, 안 보는 거야?」

아내는 아무 대꾸도 안 했다. 잘못 말했다간 남편의 화를 돋울 것 같았다. 브레이크를 밟고 정지했다. 신호가 바뀌어서 1차선으로 가는데 남편이 별안간 소리쳤다.

「차선 바꿔. 2차선으로 바꾸란 말이야. 저기 가서 우회전해야 되니까!」

너무 놀란 나머지 핸들을 한 번에 우측으로 돌리지 못하고 순간 좌측으로 돌리는 바람에 중앙선을 조금 넘는 듯하다가 제자리로 돌아왔다. 그러곤 2차선으로 바꾸기 위해 깜빡이등을 켰다. 그러자 남편이 또 소리를 질렀다.

「당신! 이젠 왼쪽, 오른쪽도 몰라? 바보야? 이쪽으로 꺾어야 바퀴가 이쪽으로 돌지. 가만히 있어 봐. 오토바이가 달려오잖아! 스톱, 스톱!」

남편의 목소리는 더 이상 커질 수 없을 만큼 최고조에 다다랐다. 남편은 계속 소리를 질렀다.

「아니, 우측 깜빡이만 켜면 다야! 사이드 미러도 봐야지! 고개를 돌려서 확인을 해야 될 거 아냐, 바보야! 바짝 붙어 있는 것은 안 보인다는 거 몰라? 거울에 보이는 게 다가 아냐. 사각지대가 있어. 그래서 꼭 고개를 돌려 봐야 돼. 어유- 어유- 죽으려고 환장했어?」

정말 치사했다. 차를 길가에 세웠다. 아내는 차 밖으로 나왔다.

「그냥 집에 갈래요. 나 여기서 버스 타고 갈 테니간, 당신이 차 몰고 와요.」

정말 아니꼽고 더럽고 치사했다.

「좀 가르쳐 주려면 잘 가르쳐 주지. 꼭 노예 부리듯 난리야, 제기랄!」

아내는 분을 참지 못했다. 그러곤 그날 밤 두 사람은 서로 한마디도 하지 않았다.

여기서 생기는 또 한 가지 오해는 소리 지르는 남편에 대해서이다. 남편이 소리 지른 것은 아내가 미워서가 결코 아니다. 오히려 아내를 너무 사랑하기 때문인 것을 부인이 모르고 오해한 것이다. 만약에 어떤 부인이 남편한테서 주행 연습을 다섯 차례에 걸쳐 받았는데 남편이 단 한 번도 소리 지르지 않고 내내 아주 부드럽게 가르쳐 주었다고 하면, 나는 우스갯소리로 이렇게 말한다. 그 사람은 진정 아내를 사랑하는 남편이 아니라고. 그 사람은 아마도 재림한 예수이거나 가짜 남편, 둘 중 하나라고.

사실 그렇지 않던가. 운전 학원에 다닐 때 그 학원 선생님들이 신경질 내고 소리치고 욕하면서 가르치던가. 모두 조용조용 부드럽게 가르치지 않던가. 그러면 그들이 자기 아내를 가르칠 때도 그럴까? 아니다. 그렇다면 왜 자기 아내에게는 남편이 그렇게 하는 것일까? 한마디로 사랑하기 때문이다. 만에 하나 어떤 사고가 나서는 안 되기 때문이다. 아내가 정말로 안전하게 운전할 수 있어야 되기 때문이다. 그냥 대충 하다가 실수를 범하는 일이 벌어져서는 안 된다는 절박한 애정이 바탕에 깔려 있기 때문에 소리를 지르는 것이다. 그러한 애정이 열정이 되어 아내에게 큰소리를 통해 전달되는 것이다. 그럼에도 아내는 그 전달되어야 하는 애정이나 열정엔 느낌이 없고, 그저 남편이 자기가 미워서 소리친다고 생각하는 것이다. 가르쳐 주기 싫은 것을, 그래도 안 가르쳐 줄 수가 없어서 마지못해 나왔다고 오해하니 남편이 더욱 꼴 보기 싫어지는 것이다.

이러한 열정은 삶에 있어서 매우 중요한 의미를 지닌다. 열정은 상대에 대한 사랑이 있을 때 터져 나온다. 사람과의 관계 지음에서도 또 어떤 사물이나 현상과의 관계 지음에 있어서도 상대에 대한 열정을 품는 것은 상대를 사랑하고 걱정하기 때문이다. 또 어떤 문제가 생겼을 때 그 해결에 있어 누구보다 많은 지식과 경험을 가지고 있기 때문이다. 감동도 열정도 모두 만들어 내야 한다. 세상이 아무리 각박해도, 그래서 힘들고 지치더라도 부모가 자식에게 꼭 보여 주어야 하는 모습의 하나가 바로 이러한 열정에 찬 모습이다.

집에 돌아온 아버지나 어머니가 밖에서 있었던 여러 가지 일로 피곤하고 지치고 짜증이 난다고 해서, 집 안에 들어서자마자 그런 모습을 보여 주면 집안 분위기가 어떻게 되겠나?

「야, 너희들 이게 신발 벗어 놓은 거냐? 어째 신발 하나를 제대로 벗어 놓지를 못하냐, 엉? 그리고 엄마가 모래 묻혀 오지 말라고 그랬지? 집에 들어올 땐, 밖에서 신발 좀 털고 들어오랬지? 이게 뭐야! 엉?」

엄마는 짜증부터 낸다. 핸드백을 소파에 탁 던져 놓은 엄마는 스타킹을 벗으면서 힘없는 목소리로 또 아이들에게 말한다.

「하여튼 너희들은 못 말리는 아이들이야. 아니 그래, 라면을 먹었으면 치워야 될 거 아냐. 누가 컵라면 사다 먹었어, 응? 이게 뭐야, 부엌 바닥에 라면 국물 줄줄 흘려 놓고. 하여튼 엄만 정말 짜증 난다.」

그때 여섯 살짜리 둘째가 엄마에게 달라붙는다.

「엄마, 근데 형아가 라면 혼자 다 먹었다.」

「혼자 먹었건 둘이 먹었건, 저리 가. 엄마 더워 죽겠어. 애가 왜 이렇게 덤벼. 다 꼴 보기 싫어! 저리 가래도…….」

두 아이는 모두 힘없이 자기들 방으로 들어가 버리고 이내 집 안은 조용해진다. 엄마는 소파에 비스듬히 누워 버린다.

그러나 이와는 달리 어떤 엄마가 집 안에 들어서자마자 아주 힘차게 이렇게 말했다고 하자.

「얘들아, 엄마 왔다. 잘 놀았니?」

「네!」

「뭐 하고 놀았는데?」

「응, 숙제도 하고, 형이 컵라면 먹자고 해서 컵라면 먹었다.」

「물은 어떻게 끓였는데?」

「응, 형이 끓였어. 형아가 물 엎지를 뻔했다!」

「뜨거운 물을?」

「응. 그런데 안 엎질렀어.」

「큰일 날 뻔했구나! 그래, 엄마가 저녁엔 맛있는 것 해줄게. 근데 아빠한테서는 전화 안 왔니?」

「응.」

「알았어. 아빠도 오늘은 아마 일찍 들어오실 거야. 그럼 우리 맛있는 것 해 먹자.」

「야, 신난다.」

아이들이 활기에 찬 목소리로 대답한다. 그러고는 시키지 않았는데도 아이들이 알아서 어질러 놓은 것들을 치운다. 엄마가 씩씩하고 활기찬 모습을 보일 때, 이처럼 아이들도 활기차고 씩씩한 모습을 보인다. 부모가 열정을 내보일 때, 아이들도 그 열정을 느끼고 배운다. 주행 연습을 할 때 설혹 그것이 야단치는 것처럼 들려도 자신에 대한 남편의 열정이며 사랑임을 아내는 깨달아야 한다. 그것은 아이들

에게도 마찬가지이다. 설혹 아이들에게 꾸중을 해도 부모의 열정은
아이들에게 언제나 샘솟는 힘의 원천이 되는 것이다.

그러한 것은 회사에서도 마찬가지이다. 아침에 출근하는 사장이
아주 당당하고 활기찬 모습으로 사원들에게 힘주어 인사를 건넨다
고 하자! 그러면 그를 믿고 따르는 모든 사원들이 하루를 활기차게
시작할 것이다. 반대로 사장이란 사람이 힘이 빠져 금방 쓰러질 듯
한 모습으로 출근해서는, 신문을 이리저리 뒤적이다 책상에 내팽개
치듯 던져 버리면서 이렇게 말했다고 하자.

「하여튼 돌아가는 세상 꼬락서니하고…… 못해 먹겠어. 모두 때
려치워 버리든지. 하여튼 금년 말까지만 버텨 보다가 문을 닫든지
해야지, 이거 어디 해먹겠어!」

마침 이 소리를 사원들이 밖에서 들었다면 그들은 어떤 마음을 갖
게 될까. 더욱 열심히 일해서 우리 사장님 입에서 저런 말이 나오지
않게 해야겠다고 생각할까? 아니다. '아무래도 회사를 옮겨야겠군.
어쩌면 금년 말에 문 닫을지도 모르니까 말이야. 이런 데서 뭘 믿고
열심히 일할 수 있겠어?' 할 것이다.

자녀들에 대한 부모의 태도나 학생에 대한 교사의 태도, 사원에
대한 사장의 태도 모두 마찬가지이다. 열정적인 모습을 보여야 한
다. 때로는 언성을 높이고 고함을 치더라도 그 속에 열정이 배어 있
어야 한다. 그러면 상대방에게 감동으로 전해질 것이다.

내 자식 가르치듯 학생을 가르치자

초등학교 4학년 자연 수업 시간에 선생님이 아이들에게 곤충에 대해 가르쳤다. 곤충의 여러 가지 특징과 함께 '곤충은 머리, 가슴, 배 세 부분으로 되어 있다'는 것을 분명히 가르쳤다. 그리고 며칠 후 선생님은 아이들에게 이런저런 문제를 숙제로 내주었는데, 거기에는 아래와 같은 문제가 섞여 있었다.

> *다음 빈 칸에 알맞은 말을 채우시오.
>
> 곤충은 머리, 가슴, ( )로 이루어져 있다.

아이는 숙제를 했다. 문제가 너무 쉽다고 생각했다. 얼른 숙제를 다 끝내고 아이는 텔레비전을 보고 있었다. 그때 엄마가 큰 소리로 아이를 부른다.

「은식아, 너 숙제는 다 하고 그러고 있는 거야?」

「응, 아까아까 다 했는데.」

「너, 정말 다 했지?」

「다 했어. 오늘은 선생님이 숙제 얼마 안 내줬어. 그리고 쉬운 숙제라서 금방 다 했어.」

「그래?」

「그럼, 저녁 먹고 학원 가야지?」

「엄만- 오늘 학원 안 간다고 했잖아. 우리 선생님 예비군 훈련 받으러 간댔잖아. 그래서 내일 토요일에 많이 해준다고 했어.」

「그래? 그럼 숙제 가지고 부엌으로 와. 엄마가 한번 검사해 보게. 잘했는지.」

아이는 자신 있는 태도로 공책을 부엌 식탁에 올려놓고는 다시 텔레비전 앞으로 뛰어간다. 아니나 다를까, 잠시 후 엄마는 큰 소리로 아이를 부른다.

「은식아! 이리 와봐.」

「왜, 엄마?」

「너, 이게 숙제 한 거냐?」

「뭐요?」

「여기 이거, 자연 문제 말이야.」

「응, 그거. 왜?」

「너, 이게 뭐야. 여기 빈 칸에 뭐라고 쓴 거야?」

「뭘, 맞잖아.」

「뭐가 맞아, 맞기는. 너 읽어 봐!」

「곤충은 머리, 가슴, (으)로 이루어져 있다. 맞잖아. 가슴으로 이루어져 있다고 해야지. 그럼, 엄마는 가슴(가)로 이루어져 있다고 해야 돼? 엄마는 알지도 못하고서는…….」

엄마는 기가 막히다. 처음엔 웃음이 튀어나왔다. 하도 기가 막혀서. 그러나 그것도 잠시, 엄마는 이내 야단을 치기 시작한다.

「너, 이게 지금 국어 숙제냐?」

「아니, 자연 숙제인데.」

「근데, 너 여기 뭐라고 쓴 거야?」

「곤충은 머리, 가슴, (으)로 이루어졌다고 썼잖아.」

「이런 바보 같은 녀석하고…… 너 선생님이 뭐라고 하셨니? 곤충은 뭘로 이루어져 있다고 하셨어?」

「머리와 가슴.」

「그렇게 둘뿐이야?」

「응……!」

「아이고 답답해. 너 책 갖고 와봐. 거기 뭐라고 써 있는지 한번 보자.」

아이가 교과서를 찾으러 간 사이 엄마는 씩씩대기까지 한다.

「그래, 거기 뭐라고 써 있어!」

「곤충은 머리, 가슴, 배 세 부분이래.」

「그런데 여기 넌 뭐라고 썼어? 이 바보야.」

「곤충은 머리, 가슴, (으)로 이루어졌다고.」

「그러니까 그게 아니잖아, 이 바보야. (으)로가 아니라 (배)로 이루어졌다고 해야지. 안 그래?」

「그냥 (으)로 이루어졌다고 해도 맞는 건데!」

「맞긴 뭐가 맞아, 이 답답한 녀석아. 하여튼 피는 못 속인다더니, 너 이 다음에 뭐가 되려고 그러냐, 엉?」

저녁에 애 아빠가 들어오자, 엄마는 아이가 한 자연 숙제를 보여 준다. 아빠 역시 아주 큰 소리로 껄껄 웃는다. 그러나 내심 아빠도 아이가 그렇게 답한 것에 은근히 부아가 끓어오른다.

「애 학원에 다니잖아, 학원에선 그런 것도 안 가르쳐 주나?」

「뭐 학원에서 그런 것까지 일일이 가르치나요? 지금 학원에선 중학교 1학년 수학 배우는데.」

「수학? 아니 4학년 자연도 잘 모르는 아이한테 무슨 중학교 1학년 수학이야, 수학은. 하여간 저 녀석 큰일이야. 그리고 당신도 그래, 만날 아이를 그냥 놔두고 돌아다니니까 저 모양 아냐?」

뒷말만 안 했어도 그냥 참고 넘어가려 했는데, 애 아빠가 덧붙인 한마디는 엄마의 억눌렸던 열통을 터뜨리고 만다.

「너! 은식이, 오늘 저녁에 혼 좀 나야 돼. 방에 들어가 있어. 엄마 금방 들어갈 거니까.」

엄마는 그날 밤 아이에게 온통 열을 낸다. 달래기도 하고 쥐어박기도 하고 소리치기도 하고, 아이에게 엄마가 보여 줄 수 있는 감정은 모두 내보인다. 한마디로 열통이 터진 것이다. 저런 열통은 은식이 자기 자식이기 때문에 터져 나온 것이다. 남의 자식이면 누가 저렇게 열통이 터지겠는가. 곤충은 머리, 가슴, (으)로 이루어졌다고 남의 자식이 답을 썼으면 그저 마구 웃고 말았을 것이다. 오히려「너 참, 기똥찬 아이다. 어떻게 그런 생각을 다 했니? 너 혹시 천재 아니냐?」했을지도 모른다. 그러나 내 자식이 그랬을 때는 용서가 안 된다. 그냥 열통이 터진다. 자식에 대한 그런 열통은 부모의 본능적인 사랑이고 열정이다.

요즘 젊은 부부들 가운데 아이가 조금 성장하면 '나를 안 닮았다'는 의심을 하면서 유전자 검사를 받는 경우가 많은가 보다. 사실 마음속으로는 한번 해보고 싶은데, 아내에게 그런 말을 하기 어려워 못 하고 끙끙 앓는 남편들도 많은가 보다. 하긴 그런 말을 하기는 쉽지 않을 것이다. 그런 말을 꺼내는 것 자체가 아내를 의심한다는 뜻이기 때문이다. 유전자 검사를 해보아서 그 아이가 내 자식이 아니라고 판명되어도 엄청 불행한 문제가 터져 나오겠지만, 내 자식으로 판명된다 해도 아내를 믿지 못했다는 불신과 배신감 때문에 부부 사이에 문제가 생길 수 있다. 그렇기 때문에 선뜻 아이를 데리고 가서 유전자 검사를 해보자고 말하지 못하는 아버지들이 꽤 많을 성싶다. 그런 아버지들에게 나는 이런 얘기를 한다.

그 아이를 옆에 앉혀 놓고 공부를 가르쳐 봐라. 아이의 수준보다 조금 높은 단계, 즉 아이가 조금 어려워하는 문제를 가르쳐 봐라. 몇 번씩 설명을 해주었는데도 아이가 엉뚱한 소리나 하고 앉아 있고 답을 못 알아맞혀 아버지의 열통이 터진다면, 그 아이는 분명 자기 자식임에 틀림없으니 걱정 말라고. 만약 아무리 애가 더듬거려도 신경질은커녕 화도 짜증도 안 나면 그 아이는 남의 자식임에 틀림없다고 우스갯소리처럼 말한다.

오늘날 학교 교육이 황폐화되었다고 걱정을 많이 한다. 교육이 제대로 이루어지지 않는다고 말한다. 대학 입시 제도 때문이라고 책임을 모두 거기다 돌린다. 때로는 학원 때문이라고도 한다. 그래서 정부는 사교육비를 줄이기 위해 온갖 노력을 기울이고 있다. 세계 역사를 통틀어 유례가 없는 국가 주관의 방송 과외가 드디어 실시되고 있다. 그리고 대학수학능력시험은 바로 그 수능 방송에서 출제하겠다고 한다. 그럼에도 그 방송 과외를 보지 않을까 봐, 교재 내용에서만 문제를 출제하지 않고, 방송 강사가 말한 것 중에서도 출제한다고 공개적으로 선언하고 나섰다. 그렇게 해서라도 학원 과외 등의 사교육비 지출을 경감시키고 학교 교육 즉, 공교육을 정상화시키겠다고 한다. 공교육의 질을 높여 사교육을 압도하겠다는 생각보다, 어떤 제도를 통해서 공교육의 위상을 확보하려 하고 있는 것이다. 하여튼, 그래도 여전히 공교육에 대한 학부모의 신뢰는 크게 오르지 못하고 있

다. 사교육, 특히 학원 교육이 조금은 주춤하고 있지만 아직도 학원
은 불야성을 이루고 있다.

　그렇다면 왜 사람들, 특히 학부모들은 공교육이 자꾸만 사교육에
뒤떨어진다고 생각하는 것일까. 언젠가 방송 프로그램에서 학교 선
생님들과 학원 선생님들이 마주 앉아 토론을 벌이는 것을 보았다.
그때, 참으로 아이러니하게도 학원 선생님이 당당하게 주장하기를,
자기네는 온갖 열성을 다해서 가르친다는 것이었다. 학생이 단 하루
라도 늦거나 결석하면 집으로 전화해서 반드시 부모님과 통화하고,
또 아이가 중간고사, 학기말 고사를 앞두고 있으면 전날 저녁에 전화
를 걸어 시험 잘 보라고 격려해 주고, 아이가 학원에 왔을 때 그야말
로 온갖 열성을 다해 가르치고 있다고 열변을 토하면서 학교에서도
그렇게 하고 있느냐고 묻는 것이었다. 그때 왜 학교 선생님들은 자
신없는 태도를 보인 것인가. 학교에는 정말 그렇게 열통을 터뜨리며
가르치는 선생님이 없다는 말인가!

　정말로 나는 그렇게 생각하지 않는다. 정말이지 나는 많은 선생님
들이 열과 성을 다하여 학생들을 가르치고 있다고 믿는다. 그렇지만
상당수의 학교 선생님들이 그렇게 하지 못하고 있음을 또한 부인하
기는 어렵다. 그저 수업이 있으니 교실에 들어가는 것이고, 학생들
이 떠들거나 엎드려 자고 있으니 열심히 가르칠 의욕도 생기지 않을
것이다. 이런 상황이니 그저 듣는 학생은 들으라고 하고, 안 듣는 학
생은 할 수 없다는 듯이 내버려 두고, 그냥 그렇게 시간을 때우는 선
생님들도 한편에는 있음을 부정할 수가 없다. 심지어 어떤 선생님은
아이들에게 학원에 가서 배우라고 조언을 했다는 이야기까지 들리
고 있으니 안타깝기 이를 데 없다.

　언젠가 어느 시골 고등학교 선생님이 학생들을 단체로 데리고 서

울에 있는 학원에 공부시키러 왔다는 뉴스가 있었다. 그 선생님은 학생들을 여관에 합숙시키면서 아침이면 학원으로 보내 놓고, 온종일 기다렸다가 다시 함께 먹고 자고 또 이튿날이 되면 학생들을 학원에 보낸다고 했다. 당신도 학생을 가르치는 선생님인데, 그 아이들을 당신이 직접 가르치지 못하고 서울의 사설 학원에 보내는 심정이 어떠했을까? 그래도 그 선생님은 그만한 열정이라도 있는 것 같아 한편으로는 신뢰와 존경이 가기도 한다. 오죽하면 그랬겠느냐는 동정도 받을 만하다.

그러나 아직도 우리네 학교에는 그야말로 자기 자식 가르치듯 열통을 내며 가르치는 선생님들이 적은 편이다. 오히려 점점 줄어들고 있다. 오늘날 학교 교육이 황폐화되어 가는 것이 앞서 언급한 대학 입시 제도, 국가의 방송 과외, 사설 학원 또는 교육 관련 시설의 열악함 때문만은 아니다. 근본적으로는 선생님들이 좀 더 적극적으로, 우리들의 옛날 선생님들처럼 열심히 가르치지 않는 데서 비롯된 것이다.

나는 학교 선생님들이 진정으로 부모가 내 자식 가르치듯 가르쳐서 학생들이나 학부모들에게 감동을 안겨 주기를 바란다. 내 자식 가르치듯 가르친다는 것은 여러 가지 의미를 함축하고 있다. 앞서 이야기하였듯이 그것은 뜨거운 열정으로 학생들과 함께 안타까워하고 함께 힘들어하고, 함께 기뻐하고, 즉 모든 과정과 결과를 교사와 학생이 함께 공유한다는 의미를 포함하고 있다.

또한 내 자식 가르치듯 가르친다는 의미는 그 어느 경우에도 학생을 절대로 포기하지 않는다는 것을 의미한다. 부모는 그 어떠한 경우에도 자식을 포기하는 법이 없다. 백 번을 실패하고 돌아와도 부모는 결국 자녀를 품 안에 안는다. 자식이 제아무리 부모에게 덤벼도 끝내는 사랑으로 감싸며 그가 부모 앞에 엎드리도록 만든다. 나는 선생님들이 그 어떤 경우에도 학생들을 포기하지 않기를 바란다. 좀 힘들고 절망적이더라도 끝까지 학생의 손을 놓지 않고 잡아끌어 주려는 선생님들의 모습을 보고 싶다. 지금도 물론 그런 선생님들이 빛도 없이 숨겨진 그늘에서 수고하고 계시리라고 나는 믿는다. 그러나 그러한 일이 특별한 예외로서가 아니라 우리나라 학교에서 지극히 보편적이고 일반적인 현상이 되길 바란다. 선생님들에게 너무 무리한 부탁인지는 모르겠지만, 나 역시 교직에 30년이나 있었기에 그들의 마음을 누구 못지않게 헤아리면서 이런 부탁을 하는 것이다.

끝으로, 내 자식처럼 가르친다는 것은 선생님의 학생에 대한 조건 없는 사랑을 의미한다. 자식에 대한 부모의 사랑에 아무런 조건이 없지 않던가. 부모가 자식을 사랑할 때, 훗날 그들로부터 그만한 어떤 보상을 받을 것을 기대하던가. 그저 무조건적 사랑을 베풀고 있는 것이다. 자식에게 무조건적인 사랑을 베푸는 부모의 모습처럼 선생님들도 학생들에게 그렇게 비쳐지기를 바란다. 마치 어느 교사의 다음과 같은 기도처럼 말이다.

「주여! 내가 받을 최대의 보상은 여기에서가 아니라 저 세상에서라는 것을 깨닫게 하소서. 이 땅 위에서 당신을 빛낸 공로로 내가 가르친 학생들과 함께 나는 천국에서 별처럼 빛나리라는 것을 알게 하소서.」

내 부모 존경하듯 선생님을 존경하자

오래전에 일본의 어떤 교수에게서 들은 이야기이다. 일본의 텔레비전에서는 좀처럼 보도하지 않는 세 가지가 있다고 한다. 하나는 강간과 같은 성폭행에 관한 내용이라고 한다. 어떤 사람이 어느 곳에서 언제 누구에게 어떻게 성폭행을 했는지 상세히 보도하지 않는다는 것이다. 그리고 두 번째는 청소년들의 향정신성 의약품 복용이나 본드 흡입 같은 것을 보도하지 않는다고 한다. 불량한 청소년들이 떼 지어 다니면서 어떤 곳에서 그런 것을 단체로 흡입했다고 해도 그것을 뉴스 기사로 다루지 않는다는 것이다. 이 두 가지를 보도하지 않는 것은 그것을 본 수많은 선량한 청소년들이 호기심을 갖게 되어 혹여라도 충동적으로 따라 할까 하는 염려 때문이라고 한다. 우리나라 신문이나 방송이 어쩌면 그렇게 친절할(?) 수 있을까 싶을 정도로 상세히 보도하는 것과 비교하면 사뭇 무엇인가 느껴지는 게 있을 성싶다. 특히 우리나라의 방송에서는, 청소년들이 아파트 지하 창고 같은 으슥한 곳이나 야산의 토굴 같은 곳에서 본드를 흡입했다 하면 방송 카메라가 그곳까지 자세히 비춰 주고, 기자가 그곳에 서서 '바로 이곳에서' 그랬다고 상세히 알려 주지 않던가. 이런 측면에서 봤을 때 방송 보도에서 청소년들에게 미칠 교육적 영향을 염두에 두고 있는 일본의 경우는 우리에게 자못 시사하는 바가 크다.

일본의 텔레비전 방송에서 좀처럼 보도하지 않는 세 번째 내용은 교육자들, 즉 교장 선생님이나 교사들, 대학교수들의 비행이나 비리에 대한 것이다. 정말이지 웬만하면 그런 것들은 보도하지 않는다고 한다. 이를테면 어떤 초등학교 교장 선생님이 고학년 여학생을 불러다가 성추행을 했다든가, 어느 고등학교 교사가 여학생을 성추행했다든가, 어느 대학교수가 학생에게 학점을 빌미로 성적 희롱을 가하였다든가, 또는 학부모에게 금품을 요구하거나 학교의 공금이나 연구비를 횡령하였다든가 하는 사건들 말이다. 그들이 그러한 내용에 대한 방송을 가능한 절제하는 것은 오로지 한 가지 이유 때문이라고 한다. 비행이나 비리를 범한 교육자는 극히 일부분인데, 그런 것을 보도하면 마치 모든 교사나 교수들이 다 그런 양 학부모나 학생들이 생각할 소지가 있기 때문이라는 것이다. 만약 학부모나 학생들이 그렇게 생각하면 교사나 교수에 대한 존경과 신뢰는 떨어지고, 그것은 결국 교육이 실패하게 되는 원인으로 작용할 것이기 때문이라는 것이다.

참으로 옳은 이야기이다. 교사가 실력이 있느냐 없느냐 하는 것은 나중 문제이다. 일단 국가가 공인하는 검정 절차를 거쳐 교사가 된 이상, 그들은 최소한 일정한 수준 이상의 자격 요건을 갖춘 사람들이다. 학생을 가르칠 수 있을 만큼의 충분한 자격이 있다고 국가가 공인해 준 사람들이다. 문제는 그러한 교사들에 대한 신뢰와 존경이 전제되지 않는 한, 교사들이 제아무리 유능하고 제아무리 공부를 많이 해 실력이 있다 하더라도 교실에서 교수·학습은 결코 이루어지기 어렵다는 점이다. 즉, 학생들이 선생님을 존경하지 않는 한, 선생님으로부터 아무것도 배울 수 없게 된다는 것이다.

물론 오늘의 학교 선생님들이 그러한 존경과 신뢰를 받을 수 있을 만큼 실력과 도덕적 품위와 고결한 인격을 갖추었느냐고 반문할 수도 있다. 그렇기에 나는 바로 이 앞 글에서 교사들이 진실로 내 자식 가르치듯 온갖 열성을 다하여 가르침으로써 학부모와 학생을 감동시켜야 한다고 이야기했다. 물론 선생님들이 부단한 연수를 통하여 실력을 연마해야 함은 두말할 나위도 없다. 그러한 점들을 전제하고서, 여기에서는 반대로 학부모나 학생이 부모를 존경하듯이 선생님들을 신뢰하고 존경해야 무너져 내리는 우리네 공교육이 바로 설 수 있다는 것을 강조하고 싶다.

선생님에 대한 학생들의 존경은 우선 그 학생들의 부모가 선생님을 어떻게 인식하고 있느냐 하는 데서부터 비롯한다. 즉, 부모가 선생님을 대하는 태도에 따라 학생들의 선생님을 향한 신뢰와 존경의 강도가 크게 달라진다는 것이다.

학교에서 돌아온 중학교 1학년짜리 딸아이가 저녁 식탁에서 엄마, 아빠와 밥을 먹으면서 얘기를 꺼냈다.

「엄마, 오늘도 무척 더웠어. 이제 5월인데 벌써 여름처럼 더워. 애들이 교실에서 덥다고 난리 쳤어. 어떤 애는 쉬는 시간에 교복 윗도리 벗었다가 담임 선생님한테 들켜서 혼났어. 근데 엄마, 우리 선생님이 그러시는데 앞으로 우리나라는 아열대성 기후로 바뀔 거래.」

잠자코 듣던 아빠가 아이에게 물었다.

「아열대성이 뭔데?」

「음, 우리 선생님이 그러시는데, 하여튼 아열대성 기후가 된대. 그러니까 여름과 겨울만 있고 이제 봄과 가을은 없어진대.」

아버지는 아이의 대답에 아무 말 없이 그냥 빙긋이 웃었다. 아버지는 대학교수로서 마침 전공 분야가 대기과학이다. 그러자 엄마가 묻기 시작했다.

「어떤 선생님이 그랬는데?」

「우리 담임 선생님 말이야.」

「너희 담임 선생님?」

「응.」

「너희 담임 선생님은 국어 선생님이랬잖아.」

「응.」

「근데 국어 선생님이 그런 걸 어떻게 알아?」

「선생님이신데, 그 정도도 모르시겠어?」

「이런 바보! 선생님이라고 다 아냐? 선생님 중에도 무식한 선생님이 얼마나 많은데, 더욱이 너희 담임 선생님은 국어 선생님인데 그런 걸 어떻게 알 리가 있냐.」

「…….」

「너희 선생님 어느 대학교 나왔어?」

「잘 모르겠는데. 그때 언제 들었는데, 서울에 있는 대학은 아니었어.」

「그러면 그렇지. 너희 선생님이 알긴 뭘 아냐? 국어나 제대로 가르칠지 모르겠다. 근데 어떻게 지방대 나온 사람이 서울 학교 선생님이 되셨다냐?」

「실력이 있으니까 됐겠지.」

아이는 그래도 아직 선생님에 대한 존경심을 갖고 있는지 자꾸 선생님을 옹호하려고 들었다.

「배경이 좋았나 보다. 요새는 서울에서 한다 하는 대학 나와도 학
교 선생님 되기 어려운 세상인데.」

이런 이야기가 정말 저녁 식탁이든 어디에서든 부모와 아이 사이
에 이루어졌다면, 그 아이는 자기 선생님에 대해 어떻게 생각하게 될
까. 그래서 아이가 선생님을 존경하기는커녕, 실력이 없다고 무시하
고 경멸하게 되면 그 선생님으로부터 배우고 싶겠는가. 부모의 별생
각 없는 말 한마디에, 아이가 선생님에 대해 가지는 생각과 신뢰와
존경이 크게 좌우된다는 것을 부모들이 왜 깨닫지 못하는 것일까.

사실 옛날과 달라지긴 많이 달라졌다. 내가 어렸을 적만 해도, 학
부모들이 선생님들보다 여러 면에서 약간 뒤떨어졌다. 공부도 대부
분의 학부모들보다는 선생님들이 많이 하였고, 또 사회·경제적 지
위도 학부모들보다 높았다. 특히 시골 학교에서는 더욱 그러했다.
마을에서 넥타이 매고 출근하는 사람들은 선생님이나 군청 공무원
들 외에는 별로 없었던 때였다. 그런 시절엔 누가 뭐래도 선생님이
제일 가는 존경의 대상이었다. 꼭 자식 놈을 가르쳐서만이 아니라
세상 돌아가는 일들에 대해서도 농사 짓는 학부모들보다는 선생님
이 더 많이 알고 있었기 때문이다. 선생님은 곧 그 마을의 유일한 전
문 상담가이기도 했다. 집안에 어려운 문제가 생기면 동네 사람들은
선생님을 찾아가 자문을 구하기도 하였다. 그렇기에 선생님은 무한
한 존경을 받았다. 그래서인지, 우리는 어린 시절에 선생님 되는 것
이 꿈이었다. 나 역시 꼭 교사가 되어야겠다는 생각으로 대학에서
교육학을 전공했던 것이다. 물론 어릴 때 희망대로, 결국 선생이 되
기는 했다.

그러나 지금은 세상이 달라지지 않았는가. 학부모들 가운데, 이제
는 선생님들보다 공부를 많이 한 학부모가 많다. 선생님들보다 더

수준이 높은 전문 분야에서 활동하는 학부모들도 많다. 전문 지식이나 보편적 상식을 갖춘 면에서 선생님들을 능가하는 학부모들이 많아진 것이 사실이다. 뿐만 아니라 사회·경제적 지위도 선생님보다 높은 학부모들이 많다. 선생님은 지하철로 출근하는데, 학부모들은 고급 승용차로 교문 앞에까지 자기 자녀를 태워다 주는 경우도 많아졌다. 그렇다면 학벌이나 사회·경제적 지위가 높다고 해서, 학부모들이 교사들을 우습게 보아도 되는 것인가? 이렇게 물으면 학부모들은 그런 것을 말이라고 하느냐며 코웃음을 칠 것이다. 아무래도 그럴 수 있겠느냐고 반문할 것이다. 그러나 사실 겉으로 드러내지는 않아도 은연중에 교사들에게 그런 것을 과시하는 학부모가 많다고 한다면, 그것을 어떻게 받아들여야 하겠는가. 한마디로, 선생님은 그 어떤 학부모로부터든 무조건 존경을 받아야 한다. 그것은 선생님을 위한 것이 아니고 교육을 위한 것이며, 또 그것이 종국에는 자기 자녀를 위하는 길이라는 것을 알아야 한다.

　우리나라처럼 잠재적 신분 계급이 강한 나라도 없을 성싶다. 즉, 표면적으로는 그렇게 보이지 않고 노골적으로 그런 식으로 말하진 않지만, 실제로 말하고 행동할 때 은연중 신분의 차이를 내비치는 경우가 많다. 그중 하나가 교육자들의 지위에 관한 것이다. 이를테면 우리나라에선 나이가 많은 학생을 가르치면 지위가 덩달아 높은 것으로 착각하는 사람들이 많다. 즉, 보육원(어린이집) 선생님의 지위가 제일 낮고, 그다음 유치원 선생님은 보육원 선생님보다 조금 지위가 높고, 초등학교 선생님이 그보다는 지위가 더 높은 것으로 은연중에 생각하는 것이다. 마찬가지로, 중학교 선생님보다는 고등학교 선생님의 지위가 더 높고, 고등학생보다 나이가 많은 전문대 학생을 가르치는 전문대학 교수들은 고등학교 선생님보다 지위가 더 높은 것으로 생각한다. 또한 전문대학보다는 4년제 대학교수들의 지위가 더 높은 것으로 생각한다. 대학 안에서도 1학년 교양 과목보다는 3, 4학년 전공 과목이나 대학원의 석·박사 과정을 가르치는 교수들의 지위가 더 높은 것으로 생각하는, 웃기는 사람들이 꽤 많다. 그런 식으로 따진다면, 동네 노인 대학 선생님들의 지위가 교육자들 가운데서 가장 높지 않겠는가.

사실, 교육자들의 지위는 모두 똑같다. 각기 가르치는 학생들에 따라 그들의 역할과 자질이 전문화되어 있는 것뿐이다. 그렇기에 중등학교 교원 자격증을 가진 사람들을 초등학교 교사로 발령 내는 데 대하여 거센 반발이 있었던 것 아니겠는가. 대학교수들이 공부를 더 많이 한 것은 사실이다. 거의 모두가 박사 학위까지 취득했으니까. 그렇다고 해서 그들이 초등학교에 가면 그저 아무 때든지 어린이들을 가르칠 수 있다고 생각하는가. 결코 그렇게 할 수 없다. 보육원에서 가르치든 중학교에서 가르치든 대학교에서 가르치든, 모두가 선생님으로서 존경받아야 할 때는 똑같은 지위에 있는 것이다. 그럼에도 불구하고 학생들이나 학부모들이 선생님을 대할 때, 선생님들이 계신 학교의 급에 따라 그 존경심을 달리한다면, 이는 결국 선생님들에게 엄청난 모멸감을 느끼게 할 것이며, 그것은 곧 그들로 하여금 교육에 열성을 다 바치지 못하게 만들 것이다.

한때, 촌지 문제로 교사들의 사기를 통째로 떨어뜨린 교육 정책이 시행된 적이 있었다. 즉, 모든 교사들이 전부 촌지를 받는 양, 교사들이 모두 촌지에 눈이 먼 양, 교사들을 몰아붙인 적이 있었다. 그때 이후로 교육 현장에 선 교사들의 사기는 말할 수 없이 떨어졌다.

선생님들을 건드려서 기분 나쁘게 하면, 그 결과가 어디로 반영되겠는가. 선생님은 그저 선생님으로서 무조건 신뢰와 존경을 받아야 한다. 그렇게 해도 신뢰와 존경을 받을 수 없는 교사가 있다면, 우리는 제도를 통하여 그런 선생님을 학교에서 떠나게 하면 된다. 어떤 곳에서 가르치든 간에 일단 가르치는 일을 하는 선생님에 대한 온 국민의 신뢰와 존경이 관습화되어야 할 것이다. 그리고 그러한 신뢰와 존경은 비단 학교 선생님뿐만 아니라, 학원 선생님에게도, 주일학교 선생님에게도, 테니스장의 코치 선생님 같은 분들에게도 마찬가지로 이루어져야만 그 어떤 교육도 계획한 대로 성공을 거두게 되리라는 것을 인식하여야 할 것이다.

8장 후기(後記)

자녀들에게 삶을 말로 가르치려 하지 말고,
있는 그대로 삶에서 행동으로 보여 줄 때
진정한 자녀 교육이 이루어진다.

　지금까지 나는 이 책에서 나의 경험을 바탕으로 부모들이 가정에서 어떻게 자녀의 성숙을 도울 수 있는가를 스물여섯 개의 토막글로 나누어 제안하였다. 이미 내가 글의 곳곳에서 수없이 강조해 왔지만, 다시 한 번 강조해 두고 싶은 것이 있어 후기 형식으로 적고자 한다.

　그것은 곧 자녀 교육은 말로써 하는 것이 아니라는 점이다. 자녀 교육은 학교에서처럼 자녀를 책상 앞에 앉혀 놓고, 말로써 강의하듯 하는 것이 아니다. 또한 자녀 교육은, 그에 따른 무슨 교과서가 있어서 그것을 가지고 부모가 선생이 되어 가르치면 되는 것도 아니다. 자녀 교육은 어디까지나 삶 속에서 행동으로 실천되고 이루어져야만 한다. 즉, 부모들이 일상생활에서 행동으로 보여 주어야만 한다.

　인간은 모든 동물들과 기본 속성이 같다. 특히 학습에 관한 속성은 더욱 그렇다. 어느 방송국에서 오랫동안 방영한 동물의 생태를 다룬 프로그램을 유심히 보면 동물들이 자신의 새끼들을 가르치는 것을 볼 수 있다. 그러나 어느 동물이고 새끼들을 앉혀 놓고 수업하듯 가르치는 경우는 없다. 그럼에도 새끼들은 성장 과정에서 자신들이 반드시 익혀야 할 것들을 매우 잘 배운다. 그러면 그 새끼들은 그것을 어떻게 배우던가. 동물들은 그 새끼들에게 어떤 식으로 가르치던가. 그들은 그저 새끼들에게 행동으로 보여 준다. 새끼들과 함께 생활하면서 생존하는 방법을 보여 준다. 그러면 새끼들은 어미의 행동을 따라 하면서, 자신들이 살아가는 데 반드시 필요한 것들을 자연스럽게 익힌다.

　사람도 마찬가지이다. 자녀들은 부모와의 삶 속에서 상호 작용을 통하여 필요한 것들을 배우며 성장하는 것이다. 결코 말로써 가르치지 않아도, 상호 작용 그 자체만으로도 그들은 충분한 학습 과정을 거치는 것이다. 그렇기에 부모와 자녀 간의 이러한 상호 작용이 엄청나게 중요하다. 그리고 그러한 상호 작용은 부모가 자녀들에게 삶을 행동으로 보여 주는 가운데 이루어진다.

　나는 이 책 속에 적은 모든 내용들을 부모들이 일상생활 속에서 자녀들과 상호 작용을 통하여 행동으로 보여 주길 바란다. 그 내용이 곧 삶의 일부가 되길 바란다. 그것을 좀 더 강조하기 위해 이 후기에 나는 두 개의 토막글을 첨부하여 읽는 이들에게 생각을 정리할 수 있는 기회를 주고자 한다.

너희 아버지 군인이시지?

　유치원에 새로운 아이들이 입학했다. 그중에 경태는 귀엽게 생긴 남자 아이였다. 얼마나 예쁘게 생겼는지, 여자 아이 옷을 입히면 사람들이 여자애라고 할 정도다. 성격도 차분하고, 말도 매우 또박또박하게 잘하였다. 예의도 바르고 행동에도 절도가 있어 보였다. 어떤 때는 유치원생이라고 보기 어려울 만큼 예의가 있어 보였다. 그런데 경태는 선생님 질문에 답할 때나 선생님께 질문할 때, 다른 아이들과 달리 「~습니다」 「~습니까?」 하는 어법으로 항상 끝을 맺었다.
　「자, 이번엔 경태가 앞으로 나와요.」
　「네, 선생님, 여기 나왔습니다.」
　선생님은 웃음이 나오려고 했지만 참았다. 그리고 다시금 말을 이어 나갔다.
　「경태, 오늘 아주 멋진 옷을 입었네요.」
　「네, 어머니가 입혀 주셨습니다.」
　보통 아이들은 그냥 다 '엄마'라고 표현하는데, 경태는 꼭꼭 '어머니' '아버지'라는 호칭을 사용하였다.

「그래?」

「네.」

「자, 그럼, 이번엔 경태가 여기에다 해를 그려 봐요. 크게 그려 봐
요.」

「네, 그러겠습니다.」

이처럼 경태는 외양과는 달리 늘 씩씩하게, 또 당당한 모습으로 또
박또박 대답했다. 며칠 후 선생님은 경태를 교실 한쪽으로 불러 매
우 조심스럽게 물었다.

「경태야, 너희 아빠 군인이시지?」

「네, 군인이십니다. 육군이십니다.」

「그래? 경태는 좋겠다.」

「좋습니다. 그러나 나쁜 것도 있습니다.」

「뭐가 나쁜데요?」

「집에 잘 안 오십니다.」

「그래요? 바쁘신가 보구나.」

「비상이십니다.」

선생님은 크게 웃었다. 그리고 경태를 안아 주고 등을 다독거려
주었다.

유치원 선생님들은 아이들과 몇 번 이야기를 주고받으면, 그 아이
의 부모가 어떤 직업에 종사하고 어떤 일을 하는가에 대해 이내 알
아챌 수 있다고 한다. 아이들이 사용하는 단어나 말투 등을 보면, 그
아이의 집안 분위기가 어느 정도는 짐작이 된다는 것이다.

성경에도 씌어 있기를, 천국에 가고자 하거든 어린아이처럼 되라
고 하였다. 이는 곧 어린아이들은 거짓을 모르고, 세상의 모든 것을
있는 그대로 받아들임을 의미한다. 아이들의 맑고 깨끗한 마음은 어

254

른들처럼 세상의 모든 것을 거짓으로 꾸미고 조작하지 않는다. 그렇기에 아이들은 눈앞에서 이루어지는 모든 모습들을 있는 그대로 받아들이고 믿는다.

뿐만 아니라 아이들의 마음은 맑고 깨끗해서, 그들이 감각 기관을 통해서 받아들이는 많은 것들이 그대로 쉽게 각인된다. 어른들은 무엇을 보아도, 비록 주의를 기울이고 들여다보아도 그것이 좀처럼 인지 구조 내에 각인되지 않는다. 왜냐하면 어른들의 두뇌 또는 인지 구조 속에는 이미 수많은 정보가 각양의 형태로 들어가 있기 때문에 웬만큼 새로운 정보가 아니면 각인되고 저장되기가 어렵다. 그러나 아이들은 다르다. 머릿속이 어른들보다 훨씬 깨끗하고 맑다. 그래서 어떤 정보든 어린 시절에 받아들이는 것들은 그 속에 새로운 파장을 일으키면서 각인된다. 마치 이런 차이라고 하겠다.

이를테면 흙탕물에 잉크 한 방울 떨어뜨려 보면, 떨어뜨렸는지 안 떨어뜨렸는지를 분간하기 어려울 만큼, 잉크 한 방울은 금세 그 더러움 속에 흔적도 없이 사라져 버린다. 그러나 맑은 물에 잉크 한 방울을 떨어뜨려 보라. 그 잉크가 물속 저 깊이 퍼져 나가는 것이 눈에 들어오지 않던가. 그렇기에 아이들을 유명한 유적지나 풍광이 수려한 자연에 데리고 가려면, 가능한 어린 나이에 데려가는 것이 좋다. 이를테면 대나무 숲을 구경하더라도 어른들은 가서 한번 슬쩍 보고 「야, 멋있다」 하고는 쉽게 잊어버린다. 그러나 어린아이들은 그 대나무 숲의 장엄한 맛과 멋을 기억의 흔적 속에 오래 보관하는 것이다. 그리고 커가면서, 기회가 있을 때마다 아이들은 그때의 그 신비스러움을 되새기게 된다.

그렇기 때문에, 부모들은 가정생활에서 어린 자녀들에게 행동으로 보여 주는 것들이 아이들의 가슴속에, 머릿속에 매우 깊게 각인된다는 것을 심각하게 인식하여야 한다. 정말이지 아이들은 부모로부터 모든 것을 배운다. 부모의 일거수일투족을 배운다. 숟가락 쥐는 법부터, 밥을 숟가락으로 뜰 때 얼마큼을 뜨는가, 밥을 소리 내어 씹는지 입을 다물고 씹는지, 밥을 다 먹은 후에 물을 마시는지 밥을 먹기 전에 물을 마시는지, 식탁에서만도 아이들은 별의별 것을 다 따라 배운다. 언뜻 보기에 아이들이 아무것도 안 배우고 있는 것 같아도 나중에 돌이켜 보면, 그러한 것 모두가 부모로부터 배운 행동임이 드러나게 된다.

심지어 저만치서 혼자 놀고 있는 아이가 뭘 듣겠느냐 생각하고 부모가 자기네끼리 이야기해도 아이들은 다 듣고 있는 것이다. 하나도 안 들었을 것 같은데, 아이들은 지나가며 하는 소리도 다 듣고 있다. 나중에 기회가 있을 때 보면, 어떻게 그것을 알았나 싶을 정도로 아이들은 빠짐없이 모든 것을 다 듣고, 기억하고 있다.

더 이상 예를 들지 않아도, 가정생활을 통하여 아이들에게 행동으로 보여 주는 것이 곧 가정교육의 근본이라는 데에 많은 부모들이 동의하리라고 믿는다. 그리고 어른들이 자녀를 출가시킬 때, 즉 사위를 맞아들이거나 며느리를 볼 때, 집안을 왜 따지는지도 이해하리라고 믿는다. 그 집안이 얼마나 부자인가 가난한가를 따지는 것이 아니라, 어떤 부모 밑에서 그들이 어떤 상호 작용을 하며 성장하였는가, 즉 그들이 무엇을 보고 자랐는가를 따지는 것이다. 또, 때로는 당사자가 조금 부족해 보여도 그 부모를 만나 본 뒤 선뜻 결혼을 허락하는 경우가 있는 것도 바로 그런 이유에서이다. 반대로, 당사자가 제아무리 겉보기에 좋은 조건을 갖추고 있어도 그 부모가 어떤 사람이라는 것을 알고 나면 결혼을 반대하게 되는 경우도 모두 그런 이유 때문이다.

  사실 상호 작용을 통한 학습이 가정교육에서만 중요한 것은 아니다. 이 책이 자녀 교육에 초점을 맞춘 것이라서, 가정에서 부모들이 어떻게 행동해야 하는지를 강조한 것일 뿐이다. 그러한 실천적 상호 작용은 학교에서 교사와 학생 간에, 직장에서 상사와 부하 간에도 매우 밀도 있게 이루어지고 있음을 첨언해 둔다. 나는 가끔 동료 또는 선배 교수들로부터 이런 이야기를 전해 들을 때가 많다.

「이 박사, 당신 연구실의 학생들은 어째 하나같이 당신하고 똑같아?」

「무엇이 그리 똑같은데요?」

「그 아이들 좀 봐. 은준이도 그렇고, 형택이도 그렇고, 모두가 말하는 거며, 일 처리하는 거며, 하여튼 당신하고 똑같아.」

  늘 내게 따뜻함을 보여 주었던 선배 교수의 칭찬(?)이었다. 그러니까 그 친구들은 모두 대학원 석·박사 과정에 있을 때 내 연구실 조교를 하면서, 나와 함께 연구 프로젝트도 수행하고 밥도 함께 먹으러 다니는 등 나와 보낸 시간이 많았던 제자들이다. 그러나 나는 그들에게, 말할 때는 「너희들은 반드시 이렇게, 이런 방식으로 말해라」 또 행동하고 사람을 만날 때는 「이렇게 해라, 저렇게 해라」 하며 앉혀 놓고 강의한 적이 없다. 그저 그들과 함께 연구하며 연구실에서 오랜 시간을 함께 보냈다. 그들도 나의 어떤 행동을 어떻게 배우겠다고 목표를 세워 놓고 배운 것이 아니라 그저 나와 함께 보낸 시간 속에서, 나와 함께 지낸 학교에서의 삶 속에서, 그들이 원했건 원하지 않았건 간에 알게 모르게 그런 것들을 배우고 만 것이다. 그렇기에 나는 오늘도 그들과 함께 있는 시간 동안 모든 것이 조심스럽기 그지없다. 그들이 옆에 앉아 있으면 걸려 온 전화를 받을 때에도 나는 신경을 쓴다. 물론 그렇다고 옆에 있을 때와 없을 때의 내 행동이 결코 다를 수는 없다. 다만 내가 늘 기억하려고 애쓰는 것은 나의 삶을 통하여, 그들 자신도 모르는 사이에 많은 것을 내게서 배운다는 사실이다.

끝으로 한 가지 에피소드를 더 소개한다. 언젠가 나는 어느 학부모를 대상으로 한 특강에서 논리적 사고, 관계적 사고, 발산적 사고의 중요성을 설명하고 그것을 길러 주어야 함을 강조한 적이 있었다. 그리고 그런 사고의 특징이 무엇인가를 이해시키기 위하여, 실생활에서 예를 들어 설명해 주었다. 이를테면 논리적 사고는 엄마가 집에서 밥 하는 순서를 통해 설명하고, 관계적 사고는 교회에 가서 앉을 때 다음에 오는 사람을 배려하여 앞줄 가운데서부터 앉아야 함을 통해 설명하고, 발산적 사고는 간자장은 꼭 비벼서 먹어야만 하는 것이 아니듯 타성에서 벗어나야 가능하다는 것 등을 예로 들어 설명해 주었다.

그랬더니 이 강의를 들은 어떤 엄마가 집에 들어가자마자 놀고 있는 두 아이를 불러 앉혀 놓고는 강의를 한 것이다.

「너희들, 잘 들어. 지금 엄마가 이성호 교수님 강의를 듣고 왔거든.」

「이성호 교수님이 누구신데?」

「그런 것은 몰라도 돼. 그냥 연세대에 계신 교수님이니까, 그리만 알아.」

「……」

「근데, 세 가지 사고가 중요하대.」

엄마는 열심히 적어 온 쪽지까지 꺼내 들고 아이들에게 강의를 시작한다.

「애들아, 세 가지 사고력을 키워야 한대. 첫 번째는 논리적 사고래.

그건 말이야, 엄마 밥 하는 것, 앞으로 잘 지켜봐. 그것이 논리적 사고래. 두 번째는 관계적 사고래. 이건 말이야, 관계를 따지는 것인데, 하여튼 그런 것을 키워야 돼. 너희들 교회 같은 곳에 가서 앉을 때 꼭 가운데 들어가서 앉아. 끝에 앉아 있지 말고. 그리고 세 번째는 발산적 사고래. 이것은 말이야, 타성에서 벗어나는 거래. 간자장 있지? 우리 어떻게 먹었어?」

「비벼 먹었지.」

「그래, 인제는 비벼 먹지 마, 그냥 따로 먹어. 알았지? 하여간 세 가지 사고력만 키워. 얘, 많지도 않아서 좋지. 그냥 세 가지! 알았지? 세 가지만 키워. 엄마나 하니까 그래도 이런 것 알아다 주지.」

「알았어, 엄마.」

두 아이는 합창을 하고 일어섰다. 그러면 아이들은 그 세 가지 사고를 키우게 되는 것일까? 그렇게 말로 일러 주면, 아이들은 앞으로 논리적으로, 관계적으로, 발산적으로 생각하는 힘을 키우게 되는 것일까? 키우라고 하면 키워지는 것인가? 한번 가만히 앉아 생각해 보면, 우리 모두 그렇지 않다는 것을 금세 깨닫게 된다. 아니, 그리 오래 생각할 필요도 없다. 자녀들을 앞에 앉혀 놓고, 백 번 천 번 말로 가르치려 하기보다는 자녀들이 보는 앞에서 부모가 단 한 번이라도 행동으로 실천해 보일 때 진실로 자녀 교육에 성공을 거둘 것이다.

아빠, 또 언제 놀러 오실 건데요?

진희 아빠는 참으로 유능한 사람이다. 회사에서 남들보다 빨리 승진하기도 했지만, 정말 그 회사에서 보배라고 할 만큼 매우 유능하고 헌신적인 직장인이다. 그러다 보니 여섯 살짜리 딸아이랑 함께 지내는 시간이 적을 수밖에 없다. 밤늦게 퇴근해서 집에 들어가면 진희는 이미 잠자리에 든 상태이고, 또 아침 일찍 출근해야 하다 보니 일어나 있는 딸아이의 얼굴을 보기가 힘들다. 누구보다 딸을 사랑하는 아빠는 출근 전에 자고 있는 진희에게 다가가서 잠이 깰세라, 아주 조심스럽게 뽀뽀를 해주고 출근한다. 주말에도 진희 아빠는 평일과 다름없이 직장 일로 분주하다. 특히 회사 일로 지방에 출장 가는 경우가 많다. 그러다 보니 진희 아빠는 늘 아내와 딸아이에게 미안했다. 불만이 없는 것은 아니지만, 진희 엄마는 남편의 마음을 이해하였기에 뭐라고 불평을 할 수가 없었다. 더욱이 딴 짓 하고 돌아다니는 것도 아니고, 회사 일로 파김치가 되어 집에 들어오는 남편을 보면 불평은커녕 오히려 안쓰러웠던 것이다.

미안한 마음에 진희 아빠는 가족과 함께 시간을 보내기 위해서 월

차 휴가는 꼭 얻는다. 그리고 그동안 못해 준 것을 한 번에 다 해줄 요량으로 아내와 진희를 위해 할 수 있는 모든 노력을 다한다. 어느 날 진희 아빠는 월차 휴가를 내어 아내와 진희를 데리고, 서울대공원에 갔다. 온종일 잔디밭에서 함께 뒹굴며 놀았다. 다음은 저녁때가 되어 짐을 꾸리고 집으로 오는 차 안에서 나눈 대화이다.

「오늘, 진희 재미있었어?」

「응.」

「얼마큼 재미있었어?」

「정말 정말 많이 재미있었어!」

「그랬어.」

「응…….」

그러자 진희가 운전하는 아빠의 목을 뒤에서 껴안으면서 한마디 물었다.

「근데 아빠, 또 언제 우리 집에 놀러 오실 건데요?」

처음에 진희 아빠는 그 말이 무슨 뜻인지 못 알아들었다.

'집에 놀러 온다고! 아니, 내가 네 아빤데, 그리고 집에서 함께 살고 있는데, 뭐, 언제 놀러 올 거냐고?'

잠시 머뭇대던 아빠는 이내 얼굴이 화끈거리기 시작했다. 그 말의 뜻을 알아차렸기 때문이다. 오죽 집에서 아이와 함께 얼굴을 맞대는 시간이 없었으면, 그리고 오죽이나 오랜만에 이렇게 아이와 함께 나왔으면 아이가 저렇게 말할까. 아빠는 속으로 다시금 아이의 질문을 스스로에게 반복했다.

'아빠, 또 언제 우리 집에 놀러 오실 건데요?'

「응, 내일 저녁에 또 올게.」

「정말?」

「그럼! 내일 저녁에 진희는 몇 시에 잘 거야?」

옆에서 반쯤은 웃고, 반쯤은 비아냥거리는 표정으로 듣고 있던 애 엄마가 소리치듯 말한다.

「그 아이 몇 시에 자는지 몰라서 물어요? 10시면 자잖아요.」

「아! 그래, 진희가 몇 시에 자는지 알았어.」

진희 아빠는 결심을 했다. 내일 저녁엔 세상없어도, 하늘이 두 쪽 나도 밤 10시 이전에 꼭 집에 들어올 것이라고. 그리고 그 이튿날 진희 아빠는 밤 9시쯤 집에 들어왔고, 그 후로 진희로부터 다시는 「아빠, 또 언제 우리 집에 놀러 오실 건데요?」라는 질문을 받지 않았다고 한다. 진희 아빠가 처음 그 말을 들었을 때 얼굴이 화끈거린 이유는 진희의 질문이 마치 이혼한 엄마와 함께 사는 아이가 한 달에 한 번쯤 아빠를 만났을 때 하는 질문처럼 들렸기 때문이라고 말했다.

사실, 나는 그의 말을 들으면서, 오늘날 특히 어린 자녀를 둔 젊은 부부라면 누구나 한 번쯤 겪어 보았을 심각한 문제라는 생각을 했다. 겉으로는 엄마, 아빠, 자녀 모두가 있지만, 실제로는 아빠가 없이 엄마와 자녀만 있는 가정이 많다. 이제는 아예, 엄마마저 없는 가정, 그래서 자녀(들) 혼자만 있는 가정이 많다. 그래도 엄마들은 직장 생활을 해도, 저녁 시간 이후에는, 그리고 주말만큼은 꼭 자녀들과 함께 보내려고 애쓴다. 그런데 아빠들은 그렇지 않다. 직장 일로든 무슨 일로든 간에 밖에서 바쁘게 지내고는 집에는 그야말로 잠만 자러 드나드는 것을 무슨 남자들의 특권인 양, 또는 지극히 당연한 것인 양 착각하고 있는 것 같다. 나는 바로 이 점에서 문제의 심각성을 느낀다. 예로부터 우리네 가정에서 잘못되어 온 것 중 하나는 '아빠는 돈 벌러 간다'는 식의 인식이다. 아침에 출근하는 아버지가 가족들과 인사를 나눈다.

「아빠, 돈 벌어 올게.」

그러면 옆에 있는 엄마가 아이를 부추긴다.

「자, 민희, 빨리 인사해야지. 아빠 돈 많이 벌어 오시라고.」

「응! 아빠, 돈 많이 벌어 와야 돼.」

「그럼, 많이 벌어 올게. 그리고 맛있는 것 사다 줄게.」

이렇듯 아빠들은 돈 벌어 온다는 명분으로 집을 나선다. 그리고 집에 늦게 들어오거나 때로는 안 들어와도, 돈을 벌어 온다는 명분으로 아내는 물론 아이들에게까지도 그것을 이해받는다. 그러면서 모든 자녀 교육은 오로지 엄마의 몫이라고 치부해 버린다. 그저 아이의 모든 양육은 엄마의 책임으로 돌린다. 그래서 엄마들은 아이가 혹시라도 작은 일에서든 큰일에서든 잘못되면 모든 책임을 뒤집어써야 했다. 모든 비난을 혼자 듣고 감수해야 했다.「그동안 집에서 뭐 하고 있었길래 애가 저 모양이냐?」뿐만 아니라「당신, 애 혼자 놔두고 도대체 어딜 돌아다녔길래 애가 저 모양이 된 거야!」하는 식의 비난까지 들어야 했다.

사실, 우리나라에서는 아빠들이 아내와 자녀를 집에 놔두고 멀리 돈 벌러 갔던 때가 있었다. 군인으로 월남전에 파병되어 싸운 것은 꼭 돈을 벌기 위해서만은 아니었지만, 그외에도 중동으로, 독일로, 남미로, 저 멀리 넓고 큰 바다로 갖가지 명분 때문에 돈을 벌러 장기간 집을 떠나 있었던 시절이 있었다. 그러한 시절엔, 정말로 어쩔 수 없이 엄마들이 혼자서 자녀 양육의 책임을 질 수밖에 없었다. 물론 그러한 경우, 대부분의 엄마들은 아빠의 몫까지 겸해서 자녀들을 올곧게 키우기 위해 갖은 고생을 하였다. 눈물겹도록 인내심을 발휘하면서 생활 속에서 자녀들에게 삶의 모범을 보여 주기 위해 최선을 다했다. 그럼에도, 아버지가 집을 오랫동안 비움으로 인해서, 아이

들이 아버지로부터 배워야 할 것들을 습득하지 못한 채 넘어갔음을
부인하기도 어렵다.

그런데 지금은 전처럼 아빠가 멀리 외국에 나간 것도 아닌데, 실제
로는 아빠가 집에 없는 가정이 많아지고 있으니 걱정을 하지 않을
수 없다. 몸이 집에 없으니, 자녀들과 직접 대화를 나누기도 어려워
그들을 이해하는 데 어쩔 수 없는 한계에 부닥치는 아빠들이 많다.
자녀에 대한 이해란 거의 대부분 밤늦게 들어와서 아내와 잠시 나누
는 대화 속에서 주워듣는 것밖에 없다.

「애는 오늘 학교에 잘 갔다 왔나?」

「그럼요. 큰애는 내일 학교에서 소풍간대요.」

「어디로 가는데?」

「서오릉으로 간다나 봐요.」

「미경이는?」

「그 아이도 별일 없어요. 어제는 자기 짝하고 싸웠나 봐요.」

「왜?」

「몰라요. 그냥 집에 들어오자마자, 철민이하고 이젠 말 안 한대요.
그래서 왜 그러냐고 했더니만, 엄마는 몰라도 된대요.」

「그래? 엄마는 몰라도 된대? 당신하고는 대화가 안 되나 보지.」

「그런 게 아니고, 쟤가 지금 사춘기에 접어들었나 봐요. 내가 뭐라
고 하면, 그때마다 참견하지 말래요. 자기 일은 자기가 다 알아서
할 거라나요.」

「철이 들었나 보군.」

「철이나 들었으면 좋게요. 근데 사실은 미경이보다도 큰아이가 문
제예요.」

「왜? 뭐가 문제인데?」

「저도 몰라요. 사내아이라고 나하곤 말도 잘 안 해요. 당신이 언제 한번 얘기해 보면 좋을 텐데.」

「알았어.」

애 아빠는 사실 자신이 아이들에게 소홀했음을 절실히 느끼고 있고, 또 말로는 「알았어」 하고 아내에게 대답했지만, 실제로 아이들에게 아빠 노릇을 어떻게 해야 할지 걱정이 많고 점점 자신이 없다. 마음으로는 아이들에게 뭐든 다 해주고 싶고, 늘 대화하며 함께 놀아주고 싶지만, 실제로는 바빠서 그렇게 하지 못하는 아빠들이 너무도 많다. 그러나 단지 시간을 함께하지 못하는 것이 문제가 아니라 아이들을 제대로 이해하지 못하고 있다는 데 그 심각성이 더 크다.

몇 년 전 일이다. 어느 초등학교에서 '아버지 교실'을 열었다며 내게 강의를 해줄 것을 요청해 왔다. '어머니 교실'은 거의 모든 학교에 있었지만 아버지 교실은 처음이었다. 그때 '아버지 교실'을 연다기에 나는 너무도 기뻐서 흔쾌히 응했다. 저녁 시간을 잡아서 그런지 아버지들이 70명 정도나 될 만큼 많이 모였다. 대부분 젊은 아버지들이었다. 나는 우선 아버지들에게 준비해 간 쪽지 시험을 실시하였다. 백지 한 장씩을 나누어 주고는 자녀에 대한 이해도를 측정하겠다고 했다. 그리고 한 문제씩 불러 주면 일제히 답을 쓰는 방식으로 하였다. 금방 생각 안 나는 것은 일단 넘어가기로 했다.

① 지금 이 학교에 다니고 있는 자녀의 이름, 학년, 반을 적으시오.
② 자녀의 현재 짝 이름을 적으시오.
③ 자녀가 가장 친하게 지내는 친구 이름을 한 명 적으시오.
④ 자녀가 가장 소중하게 생각하는 물건을 적으시오.
⑤ 자녀의 (학교에서나 동네에서 불려지는) 별명을 적으시오.

⑥ 자녀가 가장 좋아하는 가수 이름을 적으시오.

⑦ 자녀가 가장 즐겨 보는 만화 시리즈의 제목을 적으시오.

⑧ 자녀가 가장 즐기는 컴퓨터 게임 제목을 적으시오.

⑨ 자녀가 훗날 무엇이 되고 싶어하는지 적으시오.

⑩ 자녀가 가장 먹기 싫어하는 음식을 적으시오.

처음에 아버지들은 웃음으로 응수했다. 서로들 웃으면서 겸연쩍어하기도 했다. 어떤 아버지는 문제를 말할 때마다 즉각즉각 답을 적었지만, 어떤 아버지는 첫 번째 문항에서부터 헷갈리는 듯 보였다. 무엇을 헤아리는지 손가락까지 꼽고 있었다. 학년을 헤아리는 것인가? 이름이야 다 적었지만 간혹 가다 학년을 틀리는 아버지가 있는가 하면, 몇 반인지는 아예 모르는 아버지가 많았다. ①번은 그래도 많은 아버지들이 답을 적는 모습을 보여 주었지만 ②번, ③번, ④번으로 갈수록, 그냥 답을 안 적고 기가 찬 듯 문제만 듣고 있는 아버지들이 많았다. 그래도 '아버지 교실'에 나올 정도면 자녀들에게 어느 정도 관심이 있는 아버지들이라고 생각한 나는 이들이 열 문제 중 절반 이상은 모두 자신 있게 쓰리라고 기대했다. 그런데도 많은 아버지들이 헤맸다. 물론 정확한 채점은 자녀들만이 할 수 있을 것이다. 그래서 나는 아버지들에게 그것을 집에 가지고 가서 아이들에게 채점을 부탁하라고 했다. 실제로 몇 명이나 자녀들에게 채점을 부탁했는지는 확인하지 못하였다. 굳이 확인할 필요도 없다고 생각했다. 평소에 자녀들에게 좀 더 관심을 갖고 대화하고, 지켜보고, 이해해 주기를 바란다는 것, 그리고 그러겠다는 마음가짐을 갖게 만든 것만으로도 나는 충분히 소기의 목적을 달성했다고 생각했기 때문이다.

어떤 회사에서는 자녀들을 아빠가 근무하는 회사에 불러서 회사의 공장 견학도 시켜 주고, 또 아빠와 함께 하루를 회사에서 보내도록 하는 경우도 있다. 매우 바람직한 일이라 생각한다. 좀 우스갯소리 같은 생각이지만 차제에 우리나라 모든 회사에 내가 공개적으로 부탁하고 싶은 것이 있다. 어린 자녀를 둔 사원들은 적어도 일주일에 절반 이상은 집에 일찍 들어가서 자녀들과 온 가족이 함께 모여 저녁 식사를 하면서 시간을 보낼 수 있도록 조기(?) 퇴근 명령을 발동했으면 좋겠다는 것이다. 그리고 그렇게 집에 보내 준 다음, 모두 집에서 식구들과 저녁 시간을 함께 보냈다는 확인서를 부인한테서 받아다 제출(?)하도록 하는 강제 명령을 내리면 좋겠다는 것이다.

자녀는 엄마 혼자서만 키우는 것이 아니다. 왜 하나님이 엄마, 아빠, 자녀, 이렇게 가정을 꾸미도록 했겠는가? 아버지들이여, 회사 일도 중요하지만 또 밖에서의 일도 중요하지만, 그 이상으로 가정도 중요하고, 집 안의 일도 중요함을 깨닫기 바란다. 집에 들어가서 설혹 특별한 일을 안 해도, 그냥 자녀들과 집에 있어 주는 그 자체만으로 아이들에게는 크나큰 의미가 있다는 것을 인식하기 바란다. 그냥 그렇게 식구들이 모두 같은 공간에 머물면서 시간을 함께 보내는 것 자체가 곧 자녀 교육이기 때문이다.

자녀 교육의 비법은 없다

초판 1쇄 발행일 · 2004년 7월 26일
초판 5쇄 발행일 · 2004년 8월 5일
지은이 · 이성호
펴낸이 · 임성규
펴낸곳 · 문이당

등록 · 1988. 11. 5. 제 1-832호
주소 · 서울시 성북구 동소문동 4가 111번지
전화 · 928-8741~3(영) 927-4990~2(편)
팩스 · 925-5406
ⓒ 이성호, 2004

홈페이지 http://www.munidang.com
전자우편 webmaster@munidang.com

ISBN 89-7456-253-7 03810

값은 뒤표지에 표시되어 있습니다.

잘못된 책은 바꾸어 드립니다.
저자와의 협의로 인지는 생략합니다.
이 책의 판권은 지은이와 문이당에 있습니다.
양측의 서면 동의 없는 무단 전재 및 복제를 금합니다.